中学地理教育笔谈

（2008—2017）

林培英　著

中国环境出版集团·北京

图书在版编目（CIP）数据

中学地理教育笔谈. 2008-2017/林培英著. —北京：中国环境出版集团，2018.5

ISBN 978-7-5111-3559-9

Ⅰ. ①中… Ⅱ. ①林… Ⅲ. ①中学地理课—教学研究 Ⅳ. ①G633.552

中国版本图书馆 CIP 数据核字（2018）第 048849 号

出 版 人 武德凯
责任编辑 董蓓蓓 沈 建
责任校对 任 丽
封面设计 岳 帅

出版发行 中国环境出版集团
（100062 北京市东城区广渠门内大街 16 号）
网 址：http：//www.cesp.com.cn
电子邮箱：bjgl@cesp.com.cn
联系电话：010-67112765（编辑管理部）
010-67113412（第二分社）
发行热线：010-67125803，010-67113405（传真）
印 刷 北京市联华印刷厂
经 销 各地新华书店
版 次 2018 年 5 月第 1 版
印 次 2018 年 5 月第 1 次印刷
开 本 787×1092 1/16
印 张 14
字 数 290 千字
定 价 42.00 元

自 序

“笔谈”是人们用文字、文章交流看法的一种形式。这本集子由笔者2008—2017年发表的文章组成，共36篇，其中有几篇文章是与他人共同完成的。这些文章主要涉及中学地理课程与教学主题。

我国涉足地理教育领域研究的主要是两个群体：一个是在高师从事地理师范生培养的大学教师，另一个是从事中学地理教学的地理教师和地理教研员。我是高师群体中的一员，主要工作是为地理师范生开设地理教育类课程、指导地理教育方面的硕士生和博士生，并承担各种形式的地理教师职后培训任务。这个群体专业所属的“地理课程与教学论”学科是一门应用学科，它融合哲学、社会学、心理学、教育学、传播学、技术等领域的研究成果，并将其应用到地理教师的职前和职后教师专业的教育中。在这个专业背景下，一方面，我们将中学地理教育作为一个客观现象，对它进行观察、描述、分析、判断，并尽可能从整体上去梳理和探讨，提出个人的观点，丰富地理教育领域的学科体系；另一方面，我们也会有机会参与基础教育地理课程的研制和评价，参与中学地理教师的活动设计和教学研究，将理论应用于实践，为中学地理教育的发展做出自己的贡献。

我早期的学术兴趣主要集中在计算机辅助地理教学和环境教育。2000年有机会进入国家地理课程标准研制组，参与至今尚未结束的基础教育课程改革。自此，关注的重点逐渐转向地理课程研制和地理课堂教学实践的各个方面。所选文章反映的是我个人对中学地理教育教学过程的观察、参与和思考，按发表时间顺序排列，希望能为有相同研究兴趣的教师和师范生提供一些参考。

本书对收录的文章进行了标点符号和个别字句的修改，但内容基本保留原样，文章的格式也保留原样，未作统一；补充了部分发表时因各种原因被删去的参考文献，也有些文章因发表年代较早，没有再做参考文献的补充工作。书中文章发表的时间跨度较大，若引用，请核实并标注原刊信息。

汇集出版并不代表其中没有错误或缺陷，若读者发现，请给予批评和建议。

林培英

2017 年 12 月 31 日于北京

目　录

以行为动词为标识研究教科书“活动”设计初探①

中学地理教科书在多年的发展中逐渐形成了以“栏目”作为正文以外内容呈现形式的编写模式，传统教科书中的一些成分在“栏目”中得以保留，例如，过去教科书中的“选学”部分是用不同字体呈现并注明“选学”，现在大都进入“阅读”或“知识窗”栏目；过去教科书中的“作业”和“练习”大都进入“活动”栏目。与此相应，现在对地理教科书的研究也十分关注“栏目”的设置和作用。

在教科书中的诸多栏目中，与活动有关的栏目占了比较大的比重。一般进行教科书的比较研究，都会关注这些活动栏目。但教科书活动栏目的名称五花八门，相互之间的比较容易停留在“各自设置了什么栏目”的浅层上，如果再想深入比较，就会发现不同教科书中栏目的可比度很低。此外，就一套教科书来说，不同活动栏目内的具体内容常常互有交叉，栏目的名称与栏目内的活动也有不一致的地方。为解决这个问题，本文尝试用“行为动词”②作为“活动”的标识，即，把行为动词看作是教科书为学生设计的活动的最小单元，例如“分析”“思考”“阅读”“观察”“举例”“说（说）”等。通过研究教科书所用行为动词来研究教科书中活动的设计，并以人民教育出版社（以下简称人教版）、中国地图出版社（以下简称中图版）、湖南教育出版社（以下简称湘教版）和山东教育出版社（以下简称鲁教版）的四种版本（以下称四本）高中地理课程标准实验教科书《地理 2》（均为 2004 年版）为例进行初步的比较研究。本研究属于教科书编写技术和研究方法层面的文本研究。

1 研究的内容和方法

用行为动词作标识研究教科书中的活动设计，比较适合研究教科书与课程标准在培养学生能力方面的切合程度、教科书在培养学生能力方面的设计思路以及不同教科书活动设

① 原载《中学地理教学参考》2008 年第 2 期。

② 本文中使用的行为动词也包括教学领域常用因而无法回避的少量非外在行为的动词，如“了解”“分析”“思考”等。

计之间的异同。

研究采用数据统计与质的研究相结合的方法。数据统计主要是对四本《地理 2》中要求学生做的“事情”中出现的行为动词进行多角度的统计[①]；质的方法包括对四本教科书使用的行为动词与课程标准中的行为动词进行比较，四本教科书之间行为动词使用量的比较，以及各版本中优势活动与低频率活动的比较。最后，对比较结果进行讨论。

在这个研究中，课程标准是比较和分析的重要依据之一，所以也需要对课程标准中使用的行为动词进行统计。统计的对象是课程目标和内容标准条目（用黑点标记的内容）两部分中的行为动词，因为这两部分具有规定性。但其中有些动词作为课程目标恰当，但不易转化为可操作的学生活动，所以比较时没有包括这类动词，例如“掌握”“获得”“增强”“领悟”等。

行为动词量的统计有两个数字。一个数字是以行为动词为标识的活动个数，例如，“分析”就算一“个”活动。另一个数字是某个行为动词出现的次数，例如，“分析”一词出现过 50 次，就统计为“分析”这个活动共出现了 50 次。有些行为动词在教科书的同一个活动题目中可能出现一次以上，统计时也按实际出现的次数统计。我们把这种现象理解为在编者的潜意识里，该行为很重要，所以会多次使用，这并不影响研究的结果。有些行为动词的含义十分接近，统计时就将它们合并为一类，例如，“谈谈”“说一说”“讲讲”“说出”都被归为一类，用“谈谈”标识；“探究”“探索”“探讨”被归为一类，用“探究”标识等。

2 统计结果分析

2.1 四本《地理 2》使用的行为动词与课程标准动词数量的比较

课程标准使用并可转化为教科书活动的行为动词（以下简称“课程标准动词”）有 22 个，出现次数较多的是“说明”“分析”“举例”和“运用”四个动词。表 1 是课程标准动词在四本《地理 2》中使用情况的统计。

从表 1 可以看出，在 22 个课程标准动词中，有 10 个被四本教科书使用，另有 2 个被 3 本教科书使用，有 5 个没有被任何版本的教科书使用。总体来看，教科书编者对课程标准动词的认同度还是比较高的。但就某一本教科书来看，还有较多数量的课程标准动词没有被采用，这个数字在四本教科书中的统计结果是：人教版 10 个、中图版 6 个、湘教版 8 个、鲁教版 10 个。这种现象的原因可能有以下几个方面：

① 不统计正文和活动材料中出现的动词。

表 1　课程标准动词在四本《地理 2》中出现次数统计

	课标	人教版	中图版	湘教版	鲁教版	版本数
运用（结合、联系）	12	14	5	10	7	4
说明（解释）	9	12	6	6	13	4
分析	7	57	24	30	8	4
举例	6	1	3	1	2	4
了解	3	5	4	5	3	4
提出	2	5	9	5	2	4
概述	1	0	0	0	0	0
说出	1	0	1	2	5	3
归纳	1	7	1	1	4	4
观测	1	0	0	0	0	0
实验	1	0	0	0	0	0
调查	1	3	13	17	1	4
阅读	1	17	15	58	4	4
收集	1	3	7	5	2	4
整理	1	0	6	1	0	2
发现	1	0	0	0	0	0
合作	1	0	2	1	0	2
研究	1	10	22	0	0	2
表达	1	1	0	0	0	1
交流	1	0	6	1	2	3
反思	1	0	0	0	0	0
关注	1	0	2	0	0	1

注：表中的行为动词数据是使用电脑“查找”功能在教科书电子文本中搜索得出的。

第一，有些没有使用的行为动词，其意义可以通过其他类似行为动词体现，例如，“表达”可以理解为通过“说一说”或“撰写”实现；“想一想”或者“思考”也能包含“反思”的意思。

第二，有些行为动词标识的活动不适合《地理 2》人文地理的内容，例如“观测”“实验”。

第三，编者没有考虑课程标准中行为动词的问题，而仅仅按照自己的方式编写。

2.2　四本教科书优势活动与低频率活动数量差异分析

因为四本教科书中行为动词出现的总次数都比较大，本文仅选择其中的优势活动和低频率活动进行比较。

本文定义的优势活动是指在教科书中出现次数等于或大于该书平均每章（单元）1 次的活动。其中包括两个数据，一个是出现次数大于或等于平均每章（单元）一次的活动，另一个是大于或等于平均每节一次的活动。低频率活动是指全书仅出现过一次的活动。在四本教科书比较时，因各版本章节数目不同，需要将上述数据转换成百分比。表 2 是四本《地理 2》优势活动和低频率活动统计。

表 2 四本《地理 2》优势活动与低频率活动统计

版本	活动总数	等于或大于平均每节一次的活动	等于或大于平均每章一次的活动	全书仅出现一次的活动
人教版	38	1（2.6%）：分析	11（28.9%）	13（34.2%）
中图版	43	8（18.6%）：分析、思考、讨论、研究、检查、调查、阅读	22（51.2%）	9（20.9%）
湘教版	41	6（14.6%）：阅读、探究、分析、思考、谈谈、调查	16（39.0%）	15（36.6%）
鲁教版	33	1（3.0%）：谈谈	9（27.3%）	14（42.4%）

注：括号中的数字是该数据占该本教科书活动总数的百分比。

从上面的统计中可以看出，各版本教科书节层面上的优势活动所占比例差别较大，平均每节都有的活动最多占到 18.6%，活动性质也有差别；章层面上的优势活动在各本教科书中所占比例比前者大，最大的达 51.2%。全书仅出现过一次的低频率活动在各个版本中比例也是较大的，有的版本高达 40%多。这表明，四本《地理 2》的活动设计都处于比较分散的状态。

在四本教科书内部，“活动”的分布情况也有较大差别。人教版使用数量最多的活动“分析”处于绝对优势，与位于第二的活动“读图”相差近 40 次。中图版的优势活动差距最小，它的前 5 个优势活动出现次数都在 20～25 次，这与中图版有统一的探究活动设计有关。

2.3 四本教科书优势活动举例分析

在比较平均每节一次的优势活动时发现，四本教科书没有共同的优势活动，但有出现次数较多的类型，例如，三个版本都有“分析”这一活动。使用比较多的活动还有“思考”“阅读”“谈谈”“讨论”“运用”等。

“分析”是四个版本都使用较多的活动，也是课程标准中出现次数较多的行为动词。“分析”作为一种学习或思考问题方法，是把一件事情、一种现象、一个概念分成较简单的组成部分，找出这些部分的本质属性和彼此之间的关系。“分析”是一种理性思维活动，比较适合高中地理教学理性内容相对多的情况。更重要的，它是一种适合利用资料在室内完成的活动，一般不需要太多额外的准备。所以四套教科书都把“分析”作为优势活动是有道理的。

当教科书为学生设计的活动以“分析”为主导方式时，所期望的结果是学生学会将地理事物分解开来逐“块”或逐“点”认识。高中地理教学使用比较多的是影响因素分析，就是要求学生从不同的角度来看一件地理事物存在的理由。例如，“任意选择两个大洲或地区，从人们的生育观念、生活质量、经济发展水平等方面分析形成这些差异的主要原因。”[1]在这个活动中，教科书先把构成差异影响因素的主要方面分解出来，再由学生去“分析”每个要素是如何影响两个区域之间差异水平的。这里，学生要做的事情是要分别建立起人们的生育观念、生活质量、经济发展水平等与区域间差异的联系。

“分析”的反义词是“综合”。虽然“分析”是四套教科书都有的优势活动，但四本教科书中却没有出现过一次以“综合”为标识的活动。“综合”是描述地理学科性质的重要术语，它的意思是把分析过的对象或现象的各个部分、各属性联合成一个统一的整体。“综合”也有把不同种类、不同性质的事物组合在一起的含义。这个动词虽然在教科书中使用较少，但在编者的认识中，这类活动还是很重要的。例如，人教版编者认为，人教版教科书的一个特点或编写意图就是培养学生“综合地看待问题：揭示地理要素之间的相互联系，把环境—社会系统或自然与人文现象联系起来”能力。[2]在使用时，“分析”有时也多少包括了培养学生“综合”能力的意思。例如，在从人们的生育观念、生活质量、经济发展水平等方面分析形成区域人口发展差异的主要原因后，教师希望学生认识到区域差异的形成是多种因素共同作用的结果；在工业区位的学习中，学生通过“导向型”工业布局的学习认识各种因素的综合影响。在习惯的用法中，人们有时会使用“综合分析”的说法来表达既有分析又有综合的含义。从两种活动的内涵看，在设计相应的活动时，“分析”比“综合”更容易设计出学生容易把握的学习活动。

“思考”是课程标准中没有出现过，但却是除鲁教版外都有的优势活动。“思考”本身是个意思很广泛的动词，包括分析、综合、推理、判断等思维活动，在这三本教科书中都用作一类活动的总称，下面则会有不同的具体活动，例如“分析”“比较”等，甚至还有的教科书在“思考”的标题下安排“调查”“简述”“解释”等不属于“思考”的活动。所以在本文分析中，并没有把“思考”当作一种具体的活动，而是更关注具体的思考方式如“分析”“判断”等活动。

“阅读”是另一个除鲁教版外优势度很高的行为动词，但需要说明的是，这三本教科书中都有专门的“阅读”栏目，这是“阅读”成为教科书优势活动的重要原因。而在人们的习惯做法中，教科书中的“阅读”栏目一般都是用作“选学”或“课外阅读”，目的是扩大学生的知识面，并无明确的“阅读”能力培养的要求。在这些教科书中，没有一本为“阅读”栏目设计了相应的思考或操作性活动，也没有设计与教科书中其他内容如正文或图像的联系，而且“阅读”栏目一般是和“活动”栏目并列的，这说明了“阅读”栏目并不在编者专门的“活动”设计范围内，只不过使用了一个统计时不能忽略的行为动词。如果对“阅读”栏目标题中的“阅读”忽略不计，教科书活动中“阅读”所占比例就会很小。

2.4 教科书优势活动与课程标准活动的比较

课程标准中出现最多的行为动词是“运用”（含“结合”“联系”）。“运用”要求学生掌握更多联系实际的学习方法，强调学会使用资料来阐述对某一道理的认识，而避免死记硬背理论的知识。同时，也有帮助学生学会在不同地理知识之间建立联系的作用。特别是“运用”搭建了地理事实与地理原理之间的桥梁，值得我们重视。“举例”也是课程标准使用较多的动词。课程标准中使用比较多的“举例”，是减少教学内容要求，降低课程难度的一种方式，同时也用来引导教学方法的改变。对某些主题来说，学生只要能够举出例子说明就行了，不一定去“死记硬背”“成套”的地理原理或地理事实。“运用”和“举例”在实际使用中会有重叠的地方，例如，“运用实例”就是“举例”的意思。但“运用”很多时候不一定是运用实例，也可以是其他形式的资料，“举例”又是此次课程标准中特别强调使用的行为动词，所以统计时还是作为两个活动。在四本教科书中，“运用”都是章层面的优势活动，“举例”使用的数量较少，但也有两个版本的数量达到章优势活动的程度。

在课程标准中，“说明”是出现第二多的行为动词。从词义上来讲，“说明”是解释明白的意思，也有“证明”的含义。联系课程标准里的具体内容，“说明”主要是“解释”的意思。所以，“解释”和“说明”被看作是同一种活动。“说明”与“分析”相比，前者更多地含有表达出来的意思，在思维活动的水平上，“说明”要低一些。例如，“说明人口迁移的主要原因”，学生只要解释清楚人口迁移受哪些主要因素影响就可以了。如果是“分析人口迁移的主要原因”，则不仅需要找出主要原因，还要建立各个方面之间的本质联系。在四本教科书中，“说明”都是章层面的优势活动，但除鲁教版外，使用的次数都远远少于“分析”。

从这些行为动词的含义看，课程标准使用“说明”“运用”“举例”等行为动词较多，有降低学习难度的导向作用。

“概括”“概述”是三套教科书中没有使用的行为动词。另外，有两个版本没有出现过“归纳”。这两点可以放到一起讨论。同“分析”“解释”“说明”等倾向于演绎的行为动词相比，“概括”“概述”和“归纳”更接近归纳思维，其中涉及从分散的事实中提取事物本质属性和精炼资料能力的培养。在我们习惯的教学中，演绎的方法使用较多，即先告知学生一个概念或原理，再举例说明，而先给学生一些事实，然后让学生通过归纳获得概念或原理的方法则应用较少。这一特点在实验教科书中被保留下来。

总的来说，教科书优势活动与课程标准有共同关注的地方，也存在一些偏差。教科书对学生活动要求的难度要略大于课程标准，这主要是从课程标准出现频率较高的行为动词与教科书中优势行为动词比较得出的。此外，教科书的活动比较倾向于演绎能力的培养。

3 对教科书编写活动设计方面的建议

3.1 关注课程标准中的行为动词

编写教科书时，人们会更多地关注课程标准使用的内容结构、地理概念、地理原理、地理规律等，对其中衡量学生学习成就的行为动词容易忽略。让课程标准中规定的行为动词成为教科书的优势活动，再配以其他活动，将更利于教师利用教科书实现课程标准的要求。

3.2 统筹安排学生的活动

在统筹安排学生活动方面，四本教科书的编者都做了各具特色的设计，例如，人教版的“问题研究”、中图版的“课题”、湘教版的“双语学习”和鲁教版的“单元活动”。这些活动着眼于章（单元）层面上的综合性活动，对学生应用所学知识能力和解决问题能力的培养都很有好处。如果在以行为动词为标识的具体活动设计上也能够精心设计，加大优势活动的比例，避免活动的过度分散和低频率活动过多的情况，会提高教科书在培养学生能力方面的作用。

3.3 通过以行为动词为标识的活动设计形成教科书的特色

在“一标多本”的背景下，各个版本教科书可以从多个方面形成自己的特色。将某个或某类活动作为教科书的优势活动，围绕优势活动设计其他活动，使教科书在某种能力培养方面有突出的表现，也可构成教科书的特色。

参考文献

[1] 人民教育出版社课程教材研究所地理课程教材研究开发中心. 普通高中课程标准实验教科书必修地理 2. 北京：人民教育出版社，2004.

[2] 韦志榕. 继承·发展·创新——人教版新课标高中地理教材简述. 信息技术与课程整合——中学地理，2007（2）.

学校地理教科书作用变化的讨论

——我国地理课程变革中的继承与发展研究之教科书篇①

新的一轮课程改革开始后，人们对于一直处于我国大陆中学地理课堂教学重要位置的地理教科书，在编制理念、编制方法、教科书管理方法、教科书的作用、教科书的使用等多方面产生了不同的认识，其中既有新的认识、新的说法，也为地理教师带来很多困惑。作为参与有关地理教科书问题的讨论，本文尝试对我国大陆近百年地理教科书功能的变化进行初步的梳理，试图从历史发展的角度，对目前地理教科书问题的产生和实质进行再分析，形成我们自己认识地理教科书的新思路。

一、地理教科书功能的变化

（一）以承载地理知识为基本功能的教科书

在过去近百年的时间里，地理教科书的功能是随着人们对地理教学的认识和地理课程发生的变革而发展变化的。20 世纪早期的地理教科书以承载地理知识为主，教科书的主要作用就是提供地理教学的内容。当时的教科书就像一本知识手册，全书都是地理现象的描述，所使用的方式主要是文字叙述和少量的图像。在内容上，教科书对地理事物的描述非常详尽具体。例如，绝大部分的中国地理教科书中的“河流”一节，均是逐一描述我国的几条大江大河，每一条河流的叙述都是该河流从何处起源，流向何方，在何处和哪条支流相汇，然后于何处出现改向，之后又在何处与哪条河流相汇，最后流入哪个海，以及该河流经过哪些地方、河道宽窄、两岸的山脉等内容，但对于该河流的主要特征、对人们生活的影响、存在哪些利弊及原因等，涉及极少[1]15-30。除了文字外，有的教科书中也配有相关的地图、简单的示意图和一些景观图，用来提供直观形象的教学信息。

20 世纪早期以承载地理知识为主的教科书，具有内容翔实、结构严谨、逻辑清晰等优

① 合作者：孙玥，原载《首都师范大学学报》（社会科学版）2008 年第 2 期，人大复印资料《中学历史、地理教与学》2008 年第 8 期全文转载。

点，但在内容选择和文字表述上单调乏味，缺少与现实问题及学生生活的联系，没有与学生交互的活动设计，不易激发学生的学习兴趣，也不利于培养学生掌握运用地理知识去认识世界的方法。由于教科书在地理教学中占有重要的位置，教科书的内容选择和结构编排方式，直接导致了当时课堂上教师讲学生听的接受式教学，在一定程度上也使学生认为地理学习仅仅是死记硬背地名、物产等地理事实。

（二）地理教科书承载教学方法和教学过程设计功能的出现

随着教育教学的改进，地理教科书也发生了一些明显的变化，其中之一是章节后出现了练习题。对于练习题的称谓各教科书不尽相同，如“学习问题”“习题”“作业题”“练习”等，不一而足。1934 年中华书局出版的由葛绥成编著的《高中本国地理》，分为上中下三册，每册供一学期使用（仅见到上册）。该书在每章的后面均有“学习问题”“以供学者研究”[2]1。各章题量不等，一般 2～9 道题。如“第二章中华民族”分为四节，分别是“中华民族的分布”“中华民族的生活状况和特质”“人口密度和移民垦殖问题”“侨民问题”，在全章之后，共有六个“学习问题”：“1. 种族和民族有什么分别？我国各族的分布情形怎样？他们受汉人的同化程度怎样？2. 中华民族的生活状况为什么不同？各地住民的衣食住情形是怎样的？3. 中华民族的特质怎样？哪些是缺点？哪些是优点？4. 我国历来对于人口的统计怎样？我国各地人口分布的疏密是怎样的？又为什么会发生疏密的现象？移民垦殖为什么是目前的一个重大问题？5. 华侨历来在各地发展的情形是怎样的？其中以哪几省人最多？他们的总人数有多少？6. 华侨对本国和世界的贡献是怎样的？此后应当怎样努力？”[2]27 这些安排在章节之后的练习题，为指导教师开展当时倡导的“设计法”教学提供了参考，同时对于训练学生的概括和表达等能力也起到了很大的作用。练习题的出现，增强了地理教科书的实践性，改变了过去只是从头至尾一味地课文叙述的编写方式，使教科书第一次具有了与学习者对话的功能，也是第一次将教学中的环节体现在教科书中，为教师构建了在教学中与学生交流互动的平台，教科书承载教学方法的功能显露端倪。

（三）地理教科书承载教学方法功能的变化

随着近百年来地理课程的变革，所采用的方式也随之发生着变化，地理教科书承载教学方法的功能日益凸显。

“练习题”一直是教科书的一个重要内容。早期的练习题都是出现在一章或者一节的最后，题目以读图绘图和问答题的形式为主，通过练习题使学习者再现前面课文中的知识，达到复习巩固的目的。在题目的设计上，一般比较笼统，理论性也比较强，有些问题对于中学生来讲有一定难度。

20 世纪 50 年代，地理教科书的习题中开始有意地加入了一些与学生实际生活相关的问题，如人民教育出版社1953年出版的初中《中国地理》中，“地形的主要分界和大地形区”一节的练习第3题为“学校所在地是在上面所讲的哪一个大地形区里？简单地描写一下学校所在地的地形。”在“复杂的气候”一节的练习中，问到“学校所在地区的农作物一年可以收获几次？并说明气温和作物的关系。”“河湖概况”一节的练习第3题为“学校附近的河流和湖泊的水量是不是随季节变化的？冬季是不是结冰？一年中结冰的时期大概有多少天？”[3]22,35,43。这些问题均是以学校作为问题场景，虽然在提问形式上有些雷同和生硬，但对于引导教师联系学生生活实际进行教学，启发学生观察生活中的地理问题有非常重要的意义。

这个时期地理教科书的另一个特点就是在课文中加入了“读图”“实验”“观察”等内容，让学生参与到知识的生成过程中来。如人民教育出版社1955年出版的初中《世界地理》中，“日本”图下就有下列问题：“日本的大城市集中在哪一个大岛的哪一部分？煤、石油、铜分布在哪些大岛的哪一部分？濑户内海被哪些大岛包围着？”[4]44 1956年人民教育出版社出版的初中《自然地理》中，“地下水”一节中安排了这样一个实验：“拿两个同样大的玻璃漏斗，漏斗里面垫上一层布。然后在一个漏斗里盛一半的沙子，在另一个漏斗里盛一半的细黏土，又在两个漏斗里注入等量的水。观察它们并回答下列问题：①吸水较快的是沙层还是黏土层？②通水较快的是湿的沙层还是湿的黏土层？③全部的水通过沙层要多少时间？④全部的水通过黏土层要多少时间？”[5]32 在这里，教科书没有像过去那样直接给出结论，而是先设置疑问，激发学生的求知欲望，再通过简单易行的实验让学生自己得出答案。若让教师自行设计书中类似的各种实验恐怕难度较大，这样教师只要按照书中的步骤在课堂上进行演示实验或者让学生分组实验，就可以收到较好的效果。此外，这本教科书一改过去练习题仅出现在章节末尾的模式，将不同习题分别插入到了相应内容的段落之后，方便教师在教学中讲练结合，也可以将习题作为“引子”导入教学。可见，在这一时期，教科书与教学实践的关系密切起来，在某种程度上为教师提供了一些教学方式。

人民教育出版社1978年出版的初中《世界地理》（上册）中，在每一节的正文之前，都有一段读图的问题，例如，“太平洋”一节的问题是“读图：在世界地图上，找出太平洋、大西洋和印度洋；指出太平洋周围的大洲、白令海峡和太平洋西部的主要群岛。”[6]79 可以看出，当时的编写者已经注意到教科书在教学内容引入上的作用，希望通过这种方式激发学生的兴趣和求知欲，使他们通过读图参与到教学过程中来。

进入20世纪90年代后，地理教科书的面貌发生了很大的变化。这个时期人民教育出版社出版的九年制义务教育教科书，承载教学方法的功能进一步增强。这套教科书除了“读图”版块之外，又新增了“做一做”“读一读”“想一想”等小栏目，将社会热点、生产生活的实际问题穿插于课文之中，用资料、问题、读图等环节将课文连接起来，为教师设计教学活动提供了参考。穿插于课文中的问题也不再以复习巩固为主要目的，更多的是启发学生思考和激发学生的兴趣。承袭了初中教科书注重体现教学过程的编写思想，人民教育出版社 2003 年出版的高中地理教科书在每课之后都安排了“活动”，将传统作复习巩固之用的习题置于全章末尾。“活动”的设计较初中教材中穿插于课文中的小栏目更贴近教学实际，类型也更加多样化，例如，对我国应当大力发展大城市，还是应该合理发展中小城市开展讨论；搜集世界早期城市的相关资料，研究早期城市的分布与地理环境的关系；对北京西客站站址选择的三个方案进行评价等。这些“活动”突出了学生在知识生成中的作用，重在培养其开放型思维和解决实际问题的能力，为地理教师的教学提供了新的思路。

课程理论的发展，使人们认识到通过探究活动学习地理的重要性。2000 年以后出版的各个版本的地理课程标准教科书中，“活动”都已成为一个非常重要的组成部分。一些过去用课文阐释的知识，现在改用“活动”的形式呈现，“将分析过程及结论的得出留给教学”[7]29。“教师必须很好地以教材给出的材料，设计整节课的教学活动”[8]，让学生通过设计的活动或提出的问题来获得知识。在这里，“活动”又同时具有承载知识和承载教学方法的功能。这种教科书的编写方式，改变了教师教学照本宣科、学生学习死记硬背的教学现状，并为教学方法的改革提供了一定的空间。

综上所述，近百年来我国地理教科书的编写从承载地理知识到同时承载教学方法和教学过程设计，在所具有的功能上发生了带有根本性的变化，这种变化在 2001 年以后颁布的地理课程标准（实验稿）实验教科书中有了突出的体现。

（四）研究者对地理教科书功能的看法

从 20 世纪 80 年代到 21 世纪初的研究文献来看，人们对于地理教科书功能的看法是逐渐深入的。地理教科书承载知识的功能历来被我国的学者所认同。1984 年，在《学校地理教材现代化研究》一文中，作者指出在当时，“教材存储和传递教学信息的功能是为大多数人承认和理解的”[9]5。90 年代出版的著作中，有作者认为“教材是以信息储存和传递为主要功能的”，即教科书“是一个信息系统”[10]11,15。但同时，也有研究者指出以承载知识为基本功能的教科书存在一些缺陷，如有“地名罗列，材料堆砌”的现象，“知识显得零散而不易掌握”，一些早期的教科书中缺乏启发引导学生学习的过程[11]96,97，等等。

通过对传统地理教科书的重新审视以及对国外相关教材理论的研究，在 20 世纪 80 年代初，我国一些研究人员开始认识到教科书还应该具有“教学方法的指导功能”，并且“在教科书中，方法指导性的部分应占显著地位”[9]5,6，教科书“既要符合知识的结构逻辑，又要符合教学的规律”[11]91。还有人指出，教科书“不但要回答学什么，还要回答如何学”[12]128，“教科书不仅为教师提供了教什么，还大体上制约着教师怎么教”[10]11，因此教科书的编写直接关系着课堂教学的质量。1999 年出版的《地理教学论》中，作者认为，“教材应含有教学要领，蕴含教学方法指导的内容，以帮助教师组织教学，推动教学进程，便于教学反馈”[13]84。一些作者还引用了布鲁纳的看法来说明这个观点：“一门课程不但要反映知识本身的性质，还要反映求知者的素质和知识获得过程的性质”，因此“教材和教法的界限势必愈益模糊不清”[14]112。由此可见，地理教科书承载教学方法的功能正逐渐得到人们的认同。

进入 21 世纪，教育理论界的工作者对地理教材承载教学方法的功能展开了进一步探讨。有的学者认为，“教科书除了要落实课程设计的客观要求”，“符合教育改革精神”，还要“为不同教师、不同条件的学校采用不同的教学方法提供广阔空间”[8]。也就是说，教科书不再仅仅是指导教师采用适宜的方法进行教学，还要把教学从教科书的束缚中解放出来，使“教法和学法能有充分的空间进行改革”。还有研究者认为，教科书要成为教师“与学生进行的一种双向交流与对话”的“中介”，要有助于教师进行创造性的教学，师生“在这种交流对话中进行知识的建构，获得心灵的沟通与发展”[15]16。我们可以看出，教科书承载教学方法的功能，已经不仅具有了“教学方法指导”的含义，还蕴含了为地理教师使用不同方法进行教学和创造性地进行教学方法改革提供广阔空间的更深一层的意义。

二、问题讨论

（一）如何看待地理教科书承载功能的变化

地理教科书从只承载地理知识到同时承载地理教学方法及教学过程设计，这个过程是与地理教学理念的改变同步发生的，即人们对如何进行地理教学的观点与人们如何看待地理教科书的看法是同时发生变化的。在 20 世纪早期，教育界虽然也在引进西方的教学方法，如“设计教学法”，但总的来说，整个社会经济文化发展水平较低，地理课程和教学方法的进步程度也较低，可选择使用的方法比较少，在这种背景下，人们对教科书功能的认识也不可能超越当时的总体水平。随着社会的进步和地理课程的发展，人们对教学的认识越来越丰富，对地理教科书功能的认识自然也会发生变化。这种发展在新的课程实验教科书的编写中有了明显的表现。

地理教科书承载地理教学方法和教学过程设计功能的存在有一个前提，即我们必须把地理教科书看作是一种课程资源。当我们用这种开放的观点看待地理教科书时，地理教科书承载地理教学方法和过程设计的功能才不会反过来成为阻碍地理课程发展的“绳索”。例如，20 世纪 90 年代地理教科书中出现的“做一做”“读一读”“想一想”等小栏目，从某种程度上已经帮助教师构建出了教学过程的基本框架。从积极的意义看，它们既方便了教师教学，又保证了在教学中学生能够参与。但是从另一个角度讲，这也容易把教师的教学方法限定在一个模式之内，从而减小了教师自主发挥的空间。因此，在新课程的背景下，帮助教师理解教科书（也包括其他课程资源）的优势和有限性变得十分重要。通常教师会关注教科书内容和编排适当与否，很少有人会意识到教科书本身的意义和局限，这也是过去大陆教学中教科书独特地位的反映——教科书的作用太权威了，以至于人们已经不需要关注教科书本身的问题了。

实际上，教科书同其他任何事物一样，都是有着两面性的。它的局限性表现在教科书可能会限制教师的教学思路，教师越信任一本教科书，越容易在无意中被它约束。当然，这种“局限”也可以变成一种传播某种教学理念的优势。很多教科书实际都在传播编者对于教育教学的观点，在为教师和学生建构一条编者认为是最合理的通往理想目标的“隧道”。如果“隧道”修建得合理，这样走是可以省时省力的。除了编制者的合理设计外，教师如何对待教科书，也成为能否将教科书的局限性转化为优势的关键。

（二）有关“教教材”与“用教材教”的争论

“教教材”还是“用教材教”这个问题在地理教师中一直存在不同看法，也存在很多疑问。在进行教师培训中我们了解到，有一些教师认同“用教材教”的提法，也有教师不认同，还有教师认为二者没什么区别。更有教师担心要求教师“用教材教而不是教教材”，是不是意味着原先由教材编者承担的任务有一部分转移到了教师身上，担心这种提法会无形中加重教师的工作负担。我们认为，在讨论这个问题时，要先搞清各自所说的“教”和“学”是什么含义，还要搞清这个问题是如何产生的，否则，对问题的不同理解将导致讨论无法进行，或者表面上持不同观点的人也许根本就没有实质上的分歧。

讨论“教（学）教材”还是“用教材教（学）”并非否定教科书存在的必要。前面对地理教科书承载教学方法的分析表明，在传播先进的地理教学方法和地理课程理念方面，高质量的地理教科书是有着重要作用的。特别是在目前我国社会文化和经济发展地区差异很大的背景下，教学中有一本固定的教科书还是很有必要的。在这个讨论中，“教”教材中的“教”并不是仅仅指在课堂上使用教科书这个行为；“学”也不是仅仅指在学习中使用教科书。因此，我们要讨论的并不是课堂上是否要使用教科书，而是如何看待教科书与教学的关系。这个问题之所以成为问题，是有着大陆课堂教学传统背景的。

在以地理教科书为“教学依据”的教学中，教师不仅教教科书上的内容，而且一般是按照教科书的顺序教。最重要的，考试的内容都是教科书上的东西。所以教师不敢忽略教科书中哪怕很微小的一个知识点，担心它会出现在考卷上；也不会去教教科书上没有的内容，因为那些东西肯定不会考。过去的教科书是分为正文和小字的，正文必教，而小字是选教，这是为教师规定好的，而不是由教师根据课程标准和学生基础进行取舍。在这种情况下，教科书是教学事实上的核心，教科书上的内容就是教学的实际目标和考试内容，教师教学要做的就是要把教科书上的东西向学生解释清楚，学生要做的就是学会（更多的是背下）教科书上的东西。还有一点也是需要说明的，当时的“教材”主要是被教育行政部门指定使用的教科书，而不是今天广泛谈论的带有课程资源意义的教材。这就是所谓的教“教材”，也是需要转变的地方。

“用”教材教和“用”教材学是另外一种教材观，同时也是一种教学观的反映。这里的“用”不是指在课堂上使用教科书这种表面的行为，而是反映了教学关注点的转变。从课程层面上看，教学关注的是课程目标，例如，如何使学生能够利用地理教科书上的资料或其他资料说明某个地理问题，如何利用地理教科书达到课程目标等；从学生层面上看，教学关注的应该是学生的接受程度、兴趣、需求和进步的程度。这种教材观倡导的是把教科书看做是重要的教学资源，在实际课堂上，教科书的使用也应该是多样化的。因此，对教科书使用的讨论不必过分纠缠在“教”还是“用”的概念上。问题讨论的内在意义还在于理解课堂教学正在逐步开放，教学的关注点不能只停留在教师是否把教科书上的东西讲清楚，要关注的主要还是学生是否真正得到进步和发展。

三、结语

通过对中国大陆近百年地理教科书功能变化线索的初步研究，我们发现，有关地理教科书认识的各种变化是地理教学理念进步和地理课程变革的结果，也是这种变革和进步的组成部分。目前地理教科书仍承担着承载地理知识的重要任务，但已经越来越多地表现出承载地理教学方法和教学过程设计的功能。这种承载功能的变化有优势也有局限性，人们对它的看法也会各有不同，对地理教科书功能的认识和讨论，对教科书承载地理教学方法和教学过程设计功能的评价，还将是地理课程研究的重要议题之一。

参考文献

[1] 刘师培. 中国地理教科书[M]. 北京：国学保存会，1912.

[2] 葛绥成. 高中本国地理[M]. 上海：中华书局，1934.

[3] 王钧衡，田世英，等. 初级中学课本中国地理（上册）[M]. 北京：人民教育出版社，1953.

[4] 颜卿，周光岐. 初级中学课本世界地理[M]. 北京：人民教育出版社，1955.

[5] 褚亚平，芮乔松. 初级中学课本自然地理[M]. 北京：人民教育出版社，1956.

[6] 中小学通用教材地理编写组. 全日制十年制学校初中课本（试用本）世界地理（上册）[M]. 北京：人民教育出版社，1978.

[7] 中华人民共和国教育部. 全日制义务教育地理课程标准（实验稿）[S]. 北京：北京师范大学出版社，2001.

[8] 高俊昌. 试论近十几年来我国中学地理教材的改革[J]. 课程·教材·教法，2003（5）.

[9] 林培英. 学校地理教材现代化研究[A]. 褚亚平. 80 年代地理教育硕文[C]. 北京：测绘出版社，1984.

[10] 郭英英. 中小学地理教材改革讨论[M]. 上海：上海教育出版社，1996.

[11] 王肇和. 学校地理教材表述的研究[A]. 褚亚平. 80 年代地理教育硕文[C]. 北京：测绘出版社，1985.

[12] 董远骞. 教学论[M]. 杭州：浙江教育出版社，1984.

[13] 陈澄等. 地理教学论[M]. 上海：上海教育出版社，1999.

[14] 褚亚平，林培英，王肇和. 地理学科教育学[M]. 北京：首都师范大学出版社，1998.

[15] 靳玉乐. 新教材会给教师带来些什么——谈新教材新功能[M]. 北京：北京大学出版社，2002.

我国地理教具发展及应用三十年回顾与思考[①]

自 1978 年我国开始恢复中小学地理课程，至今已经三十年整。这三十年是我国改革开放、经济体制改革、社会结构和思想观念都发生重大变化的时期。地理课程作为基础教育的组成部分，在这三十年中，从课程设置、教学内容、教学方法到教学手段，也随社会的发展发生了很多变化。本文主要对其中地理教具的发展和应用进行简要的回顾，并提出本文作者对此的思考。

一、三十年来地理教具的变化

我国中学地理教学使用的教具可以分为五大类。第一类是平面教具，如教学挂图和纸质的地理图片等。第二类是立体教具，如地球仪、等高线地形模型、褶皱和断层模型、岩石和矿物标本等。第三类是可操作仪器，如气象观测仪器、手持 GPS 等。第四类是展示设备，如电影机、幻灯机、电视机、录像机、投影仪、计算机等。第五类是多功能设备，目前主要是指以计算机技术为核心的多媒体设备和网络。

在这五类地理教具中，平面教具、立体教具和可操作仪器属于地理教学专有教具，即这些教具服务于特定的地理教学内容，内容和载体是不可分割的。展示设备和多功能设备是通用教学设备，其特点是有硬件和软件之分，硬件可用于任何学科，特定学科的内容则通过软件表现。专有教具与通用设备有着不同的发展路径和趋势。

专有教具从地理课开设之初就是实现地理直观教学的重要工具。在最近三十年的时间里，随着科技的发展，这些教具的使用产生了分化。平面教具的使用明显减少，在经济发达地区的学校，教学挂图和地理图片的展示功能逐步被通用教学设备，特别是计算机多媒体的软件替代；在中等发展水平的地区，教学挂图还是主要的直观教具；在经济欠发达地区的一些学校，因无足够的经费，连教学挂图也不能保证。立体教具无法用其他设备替代，特别是普通地球仪，到现在为止仍是大多数学校必备和经常使用的教学设备。立体教具的

① 原载《地理教育》2008 年第 3 期。

发展主要表现为种类更加丰富，并趋向电动化和多功能。这一点早在20世纪70年代末和80年代初就已经表现出来，当时的地图、地理模型等传统教具趋向电动化、多功能，“并在形式上有和电教手段相结合的趋势”[1]。可操作仪器在中学课堂教学中应用不多，本文不再多作讨论。

专用设备都是电教设备，但因教学设备的特点有明显不同，又可以分为两大类讨论。一类是传统电教设备，包括电影机、幻灯机、电视机、录像机、投影仪，另一类是计算机网络设备。

传统电教设备中的幻灯机和电影机早就被视为地理教学的直观教具。1978年恢复地理课后的十多年时间里，不同版本的地理教学大纲都明确指出“教学时应该尽可能利用电影、幻灯、图片、模型等教具”。20世纪80年代高师地理专业普遍使用的地理教学法教材中，主要阐述的也是“电影”和“幻灯”的使用①。不过，因电影放映不易普及，真正在课堂上使用电影教学的很少。到20世纪90年代初，地理教学大纲不再对使用“电影”提出要求，录像机和计算机很快代替了电影机的功能。幻灯机的运用则不同。广义“幻灯机”包括透射式幻灯机和投影仪。透射式幻灯机多使用专门制作的幻灯片，放映时也需要合适的光线，所以应用也不是很普遍。实际使用较多的是投影仪，教师可以通过自己制作投影片来实现不同的教学效果。例如，通过叠加和组合，本来是“静态”和平面的投影片也有了“动态”和立体的效果。在这三十年里，投影仪在改善教学条件、提高教学质量方面起到了不可忽视的作用。

传统电教设备的配置取决于学校的经费状况和投入意向，各个地区和学校的差别较大。早期的电教课需要到专门的电化教室去上，或者由任课教师将设备搬到教室使用。20世纪90年代后期，有条件的地区或学校开始实施“四机”进课堂的工程，即为每个教室配置电视机、录音机、录像机和投影仪②。在发达地区，这种配置又很快被计算机多媒体设备替代。硬件的到位，才使地理教师有可能充分使用电教手段进行教学。

计算机技术出现得较电影和幻灯要晚很多，但一进入教学领域，就显示出迅速发展的势头。在地理教学领域，较多的应用从20世纪90年代后期开始，但“计算机”作为教学手段，早在20世纪70年代末就出现在大学地理教师培养用书中了。1979年，为解决恢复高考后大学急需教材的问题，当时的北京师范学院等九个师范院校合编了《地理教学法》作为试用教材③，书稿对电化教学的概念做解释时，已经使用了“程序教学机”“电子教学计算机”的名词。1982年，褚绍唐、孙大文先生在《地理教学法》一书中写道：“电化教育手段主要有幻灯、电影、录音、录像、电子计算机……”[2]曹琦先生在1989年出版的《中

① 见褚亚平、曹琦、周靖馨合著的《中学地理教学法》（1982年高等教育出版社出版）等教材。

② 不同地区“四机”的设备可能略有不同。

③ 北京师范学院等九院校：《地理教学法》，内部印刷稿，1979年版，第105页。

学地理教学法》一书中，不仅指出“微机已经开始进入课堂”，还简要说明了计算机的优势。[3]不过那个时期的大学教科书还不可能对计算机技术在地理教学中的应用做出更多的阐述。

1992 年，国家颁布的地理教学大纲将“计算机”列为教学手段，提出教师在教学中要“运用投影、幻灯、录像等电化教学和计算机等现代化教学手段”。到 2001 年颁布的义务教育地理课程标准和 2003 年颁布的高中地理课程标准，都对多媒体、网络、计算机软件、光盘、空间定位系统接收机等的使用提出了要求。今天，在条件较好的地区和学校，计算机及网络技术已为广大地理教师所熟知。

计算机在中学地理教学中的实际应用大体可以 1997 年为界。1997 年以前，虽然有计算机辅助地理教学的文章发表，但大都为论述和介绍。在公开发表的教案中，将计算机列为教学手段或设备的几乎没有。也有教师在开发地理软件，但数量很少。大约从 1997 年开始，情况有了明显的变化，公开发表的教案中，计算机作为教学手段或教学设备的越来越多。中国教育学会地理教学研究会为推动计算机技术在地理教学中的应用和研究，于 1996 年成立计算机辅助地理教学专业委员会，1998 年召开了第一次全国计算机辅助教学软件开发和应用研讨会，以后每两年一次组织全国范围内计算机技术应用的专题研讨会、成果评奖和技术培训活动。随着计算机技术的发展，一些新的名词陆续出现，如“多媒体”“计算机网络”“计算机辅助教学”等，后来出现了含义更广的“信息技术”“信息技术与课程整合”等词汇，并迅速在教学界传播，现在“使用信息技术”已经是“使用计算机”的同义语。

另外，值得一提的是在这三十年中地理教室的发展。就地理教室存在的历史来看，它并非一个新事物，早在 1923 年就有人提出过建立“地理试验室”。[4]但地理教室在我国中学有重要的发展，则是近三十年的事。20 世纪 80 年代后期由黄就顺先生创建的澳门培正中学地理教室在内地产生很大影响。受其影响，90 年代广东省中学地理教室的建设形成一种潮流。最近一些年，我国其他大城市也陆续有学校建设地理教室。地理教室本身并不是地理教学设备，但它使得各种地理教学设备组合在一个特定的空间里，为发挥各自的优势提供了条件。

二、对地理教具发展和应用的几点反思

人们对教具作用的认识是在长期的教学实践过程中逐步深化的。当一个地区或学校具有足够的经济实力时，为学校和课堂配置先进的教学设备是个自然的过程。就地理教学来说，近三十年的地理教具的发展和应用极大地改善了教师的工作条件，也为学生带来了更多更好的地理信息，拓展了他们的视野，帮助他们认识在传统手段下难以感知的地理事物，

同时降低了那些依赖直观手段的知识的学习难度，客观上也帮助学生了解了计算机等技术的广泛用途。在地理教具的应用过程中也不断出现了一些问题，解决这些问题的探索和研究促进了地理教具更有效的应用。下面是本文作者对相关问题的简要梳理。

第一，地理教学是一个系统，教具的先进并不能单独用来说明地理教学的先进程度。只有全面考察教具与教师、学生及教学过程的关系，才能合理评价教具的作用。一般来说，教师决定教学方式，教学方式制约教具的使用，教具的丰富程度和使用的结果又反过来制约或强化教师已有的教学行为。我国课堂教学长期以教师讲授为基本教学方式，自然更容易接纳用于展示的教学设备。以地理图片的使用为例，用于集体展示，印刷图片有明显的局限性。为了克服这种局限，增强展示教学的效果，我们先是引入了幻灯机、投影仪，后来是计算机多媒体，大量精美的计算机图片最终取代了印刷图片，在丰富了地理课堂的同时，也强化了教师展示教学的行为。教具的使用也互相关联。电化教学设备的便利和引人入胜的展示效果，会使人们对其更加关注，结果在有意无意中使原本应用就不多的地理专有教具越来越萎缩，一些本来应该用于个别教学和小组学习的教具，也更多地成为展示的素材。例如，学生通过实物投影或PPT来观察矿物、岩石标本而不是“摆弄”真实的标本；通过计算机展示来“看”模型，而不是亲手触摸、拆分或制作。这使得学生在课堂上的“观看”越来越多，动手实践的机会越来越少。在教具使用涉及的各种关系中，起根本作用的还是教师对教学的理解。以计算机的使用为例，计算机多媒体进入课堂后，一度出现过对“人灌变机灌”现象的批评。实际上，“机灌”的原因还在“人灌”，是以“灌”为特征的教学习惯的反映，而不是计算机使用带来的必然结果。

第二，要不断认识各种地理教学设备的特点，才能有针对性地进行配置和使用。不论是传统的地理直观教具还是电教设备，使用者都有一个对其特点以及与教学的关系不断认识的过程。例如，传统的印刷图片，固然在用于集体展示时多有不足，但它不受设备限制、传递灵活、可反复观看的优势又可以在个体或小组学习中发挥投影设备无法实现的作用。我们不应该让投影设备在改善了图片展示功能的同时，却使图片方便学生使用的特性在课堂上消失。再如传统的黑板，计算机多媒体的出现使它的存在价值受到挑战。显然，它的重现性和丰富性远不如PPT，但它有PPT不及的灵活性，我们可以用PPT展示图片和动画内容，用黑板记录学生的发言和其他即时的教学内容，使黑板成为教师处理课程生成过程的有力工具。[①]

在电教设备的使用中，我们对软件的重要性认识较多。软件固然重要，但对硬件的认识也不可忽视。学校中的大部分电教设备并不是专为教学设计的，这就需要我们充分考虑硬件特点与课堂教学本质的切合程度。例如，投影仪的主要功能是集体展示，不管投影片

---

① 单从技术的角度，PPT也完全可以用来记录教学生成的东西，但黑板更符合人们的习惯，也更方便。

的设计和制作如何创新，设计者都只是在“如何展示得更好”这个圈子里作文章。然而，“集体展示”并不是课堂教学的本质特点。投影仪的硬件性能只能满足课堂教学某一环节的需要，其他传统电教设备也是如此，如果过度使用，很可能“放大”某一环节如“集体展示”，从而导致对更为重要的教学过程的忽视。

关注新设备、新技术的新功能这一点也很重要。新的教学设备一般都在保留原有功能的基础上做了新的拓展，所以购置了新的设备就要重视和使用其新的功能。这些新功能有可能帮助我们克服原有硬件功能的不足。例如，计算机多媒体进入课堂后，在展示素材方面不论数量还是质量都高于幻灯机和投影仪。在让学生制作幻灯片方面，也因有了 PPT 工具更得心应手。但这些还只是对幻灯机、投影仪和录像机已有展示功能的“升级”，如果对计算机的使用仅仅停留在展示功能上，而忽视计算机技术作为个体工具而具有的强大的交互和通信功能，就会导致教学手段“高技术、低开发”以及教学“设备先进、使用落后”。

第三，在电教设备应用方面，需要更多开展以学生应用为主题的研究。在以往的发展中，教学设备应用的研究多以教师课堂上的应用为核心。例如，在投影仪使用较多的时候，我们研究教师如何设计和使用投影片。计算机多媒体出现后，我们又研究软件的开发，从课件到积件到素材再到素材库加组合平台不断发展，从内容到形式再到软件的结构不断更新。这些研究对提高教师使用教学设备的技能毫无疑问是有意义的。但大部分研究是在这些设备作为教师教学工具的前提下进行的，以教师为使用主体来探讨如何使这些设备更适合于教师使用，对技术设备如何成为学生使用的学习工具、如何利用计算机技术支持学生的探究学习和合作学习、如何将教师把握的教学资源变成学生的学习资源等问题研究得还不多。而这些以学生为使用主体的研究对课堂教学结构更趋于合理是十分重要的。回顾一下已有的经历。在过去的三十年里，人们也尝试过利用电教手段改革课堂教学模式。但这么多年过去，传统电教设备还大都停留在教师工具的水平，对教学结构并没有产生根本的影响。原因之一是在使教师“教”的工具和资源转变为学生“学”的工具和资源方面，传统的缺乏个性化特点的电教设备有很多局限。而要使课堂教学摆脱以“讲-听”为主的结构，使教具和“教”的资源转变为学具和“学”的资源是重要的条件。计算机技术进入教学后，这种情况有了转变，计算机技术完全可以帮助学生进行个性化学习。现在进行以学生应用为主题的研究，不仅有了教学理念正在变化的背景，而且已经不存在技术上的障碍。

第四，提倡在有条件的学校建立地理教室。地理教室表面上看是一个地理教学的专用空间，但它的重要意义则在于形成地理教学的特色环境，而这个环境的形成则直接借助于各种教学设备的组合。教学条件较好的学校，有可能每个教室都已安装上计算机多媒体设备。所以在设计地理教室的功能时，不必把电教手段的展示使用放在重心，可以多考虑便于学生动手操作的地理专有教具的配置和使用，为学生自主学习和小组合作学习创造条件，这样可以避免把地理教室建成另一间多媒体教室。暂时没有条件购置计算机设备的学校，利用价格比较低廉的简易地理教具也同样可以建成一个具有地理教学特点的专用教室，也可以达到改进地理教学的目的。

参考文献

[1] 林培英. 近年来我国研用地理教学手段的进展[A]. 地理教学研究[M]. 上海：上海教育出版社，1983：224.

[2] 褚绍唐，孙大文. 地理教学法[M]. 上海：华东师范大学出版社，1982：147.

[3] 曹琦. 中学地理教学法[M]. 北京：高等教育出版社，1989：116.

[4] 杨尧. 中国近现代中小学地理教育史（上册）[M]. 西安：陕西人民教育出版社，1991：129.

考试命题和学习评价不能依赖的两件事①

最近接触到考试命题和学习评价的事情，有两点思考。

一是考试命题和学习评价不能依赖学生的生活经验。有一道试题考查学生能否用物理原理辨别生活中出现的现象，结果是学生答对率出乎意料的低。在分析原因时，说得比较多的是学生生活经验不足，主要包括：农村等经济比较落后的地区家庭中大都没有这样的生活设备；城市家庭过去见得比较多，现在新的装修方式也使这种现象减少了很多；用的材料不同了，这种现象可能不常见到了；一般人平时不大注意这个现象等。类似的试题还有，如不同地区的学生对某个自然现象的生活感受不同，这会造成某些地区学生答对率低。实际情况可能会是这样：有生活经验的比没有的更能理解或答对某些试题。但作为命题者或学习评价者却不能把评价建立在学生的生活经验上，因为我们考查的不是学生的生活经验，而是运用所学知识理解生活现象的能力。让学生依靠生活经验获得高分也是不公平的，因为我们不能假设所有学生都有相同的生活经验。理性的命题者是不会这样出题的，教师在利用考试分数评价学生时，也不宜把考试成绩差的主要原因归结为生活经验不足。实际上，从来没有见过这个现象的学生也完全可以回答出正确答案。

二是考试命题和学习评价不能依赖学生平时是否做过同样的题目。还是那道试题，有人解释为试题中给出的生活现象过去经常出现在练习题和复习题中，但现在的实际情况有了变化，题目中的现象离现在的生活比较远了，教师很少再让学生做这个练习，所以学生考得分数会比较低。同样的试题还有一些，有些从本身看难度确实比较大的题目被认为并不难，是因为教师平时会反复让学生做这类练习，尽管学生还是无法很好地掌握其中的成因，但却可以在试题背景资料和正确答案中建立起表面联系，即“背下来”了，所以可能会有比较高的答对率。然而，当我们把平时练习中的背景资料“原封不动”地复制到考试中来时，原本考查学生在新情境下运用知识的目的就转变成考查学生是否“背下”某些具体的结论。

① 原载《网络科技时代》2008 年第 5 期，卷首语。

其实这类题目学生答对率低的原因只有一个，就是没有真正掌握相应的知识并会运用它解释问题。平时的教学要大力提倡利用学生的生活经验，也需要给学生足够的运用知识的情境（练习），但考试命题和分析考试结果时不可如上所述地依赖学生的“经验”。同样，当我们要改进教学提高学生的分数时，只是简单地把考试题中出现的例子补充到日常练习中并不能从根本上解决问题。

利用信息技术支持高中地理选修课的开设①

2004 年起，我国普通高中开始实验新的课程方案。该方案规定："课程由必修和选修两部分构成，并通过学分描述学生课程修习状况。"[1]"学校在保证开设好所有必修模块的同时，要积极创造条件，制定开设选修课程的规划，逐步开设丰富多彩的、高质量的选修课程。"[2]多层选修课的设置是此次课程改革的重要组成部分，因此，能否开出、开好选修课，关系到高中课程改革的目标是否能够充分实现。但在实验过程中，选修课程的开设遇到许多实际困难，很难做到按需开课。以高中地理新课程为例。根据统一的课程方案，高中地理课程标准设置了七门国家选修课。这些选修课设置的本意是从生活、文化、科学三个层次来满足不同学生对地理课程的需要，但操作上的问题使不少实验区采取了折中的方法，最终由省区规定统一的选修课，门数两到三门，主要对象为文科班学生，使本来面向全体高中学生设置的选修课调整成文科学生的"必修课"。

造成这种局面的因素有多种，其中胜任选修课的地理教师不足是重要原因之一。七门选修课的主题涵盖自然地理、人文地理和地理信息技术三大领域，其中有的课程内容本身很新或教师职前教育课程中没有开设或所占比例很小，造成教师知识的背景教育不足，如"地理信息技术应用""城乡规划"和"海洋地理"；有的课程对教学设备的硬件和软件要求较高，如"地理信息技术应用"；有的课程则涉及其他学科的内容，如"宇宙与地球"。另外一个潜在的因素就是开课成本过高的风险。现在大部分地区是文科班学生必修规定的"选修课程"，暂时不会出现开课成本问题。如果由全体高中学生在这七门选修课程中任选，就可能出现某一门课只有几个学生选修的情况，学校将不得不考虑因开课成本过高而放弃开课。就这两个因素来说，教学管理部门如何从长远考虑，尽早解决选修课开设面临的实际问题，使课程标准设置的选修课程顺利开出、开好？北京市利用计算机网络平台进行跨校选课的方法是个很好的尝试。

北京是 2007 年进行高中课改实验的。在高中新课程实验过程中，北京市尝试利用计算机网络平台跨校开设选修课，利用计算机记录学习状况，统一计算学分，是将信息技术

① 2008 年 5 月北京教育学会信息技术与高中教学研讨会大会发言，部分内容原载《中小学信息技术教育》2008 年第 6 期。

远程教育的优势和开设选修课对课程资源的迫切需求很好地结合在一起，使信息技术在教学中的应用有了新的突破，其重要的意义在于：

第一，真正利用信息技术解决课程实施中的实际问题。信息技术在我国基础教育中的应用已经有十多年的研究历史，近些年北京的很多学校已经实现可以在课堂上方便地使用计算机及多媒体技术。但目前的应用大都限于使用计算机的 PPT 工具辅助教师课堂讲授。网络教学的实验也早在多年前就已出现，但也多局限于教室内进行的小规模同步教学。已有的网络教学实验大都局限在课堂上，是否真的有必要使用网络，网络到底能解决课堂教学中的哪些问题，往往会受到人们的质疑。计算机网络技术用于远程教育“异地异步”教学的强大的通信功能和资源共享功能实际上一直没有条件充分实现。除了人们常说的观念和技术等因素外，在传统的课堂集中授课的教学制度下，确实需要用计算机网络来解决的“对口”问题并不很明显，这也是一个影响因素。高中新课程实验开始后，选修课的开设面临师资严重不足、课程资源缺乏和分布不均等实际困难，而选修课的性质又为开拓新的授课方式提供了可能。所以，北京在新课程选修课中使用计算机网络平台，利用信息技术切实解决新课程实施中其他手段难以解决的实际问题，是信息技术在基础教育课程实践中非常有价值的应用。

第二，可以将其看作是高中课程形式发展中的一种创新。不论教学方式如何变化，在相当长一段时间内，班级课堂教学还是学校教学的基本形式，信息技术的发展对教学形式整体上的影响也是很有限的。利用高中大规模开设选修课的机会，由教研部门统筹开设网络课程，则为学校提供了除传统课堂教学和综合实践活动以外的另一种教学方式——网络远程教学。这种利用信息技术丰富高中课程的形式是我国学校课程管理中的一种创新。

第三，开辟利用信息技术促进学生学习方式改变的有利场所。到目前为止出现较多的以演示为主的计算机多媒体应用可以有效解决教学的直观性问题，但如果使用不当，也会强化以教师讲授为主的教学方式，从而影响新课程实施中学生自主、合作、探究等学习方式的形成。就目前北京学校课堂教学状况而言，信息技术应用在转变学生学习方式方面的成效还不是很显著。各方面对教师如何使用信息技术的关注远大于如何使其变为学生学习的工具。这种状况的形成受多种因素，特别是现有教学制度的影响，很难在短时间内有较大的改变。高中选修课尝试使用网络平台进行跨校教学，使学生“不得不”采用一种完全不同于传统课堂教学的方式学习，这在促进学生自主、合作、探究等学习方式的形成上会有较大的作用，也是对目前以听讲为主的学习方式的重要补充。

第四，鼓励教师发展个人的专业特长。无论国内外，学校教师的本职工作都是为本校学生上课；教师个人无论具有什么样的专业特长，也只能在一个学校的范围内发挥作用。在我们这种学生人数庞大、优秀教师资源不够充足的现状下，管理部门应该想办法发挥每个教师的专业特长，使其为更多的学生共享。高中选修课跨校网络教学的尝试为教师开辟了又一条充分实现个人价值的途径。例如，目前熟悉并能开出地理信息技术应用选修课的地理教师还不多，具有这方面专长的教师就可以在网上开设这门选修课，面向全区甚至全市的选课学生授课，他（她）的专业特长就有了更广阔的应用天地。这种机制反过来会鼓励教师不断提高自己的业务水平，争取开出更多特色鲜明的选修课，在满足学生需要的同时，也促进了教师的专业发展。

综上所述，将信息技术应用到高中跨校选修课程的开设上是一个很有意义的尝试。当然，在开始阶段更多的是在探索。为了能使信息技术与高中地理选修课的性质和目的更有效地结合，笔者认为可以在以下方面做深入的探讨：

第一个方面，探索如何将课程的统一管理和使其具有教师个性结合起来。由区或市教研部门统一设计课程，有利于课程标准的把握和教学的实施，也有利于区域内教师资源的共享。同时，也要考虑如何在统一的技术平台上，让教师有更多的自主权，使不同的教师开出风格各异、丰富多彩的选修课，避免新的“一统天下”的教学。

第二个方面，探索如何将网络远程学习与选修课的特点结合起来。就技术平台来说，信息技术“异地异步”通信的功能已经基本实现，完全可以解决资源共享问题；就选修课的特点来说，如何在新技术平台上兼顾这些特点的实现，也是需要考虑的问题。选修课开设的初衷是满足学生不同的学习需求。在理想状态下，选课的学生都是对该课有浓厚兴趣并愿意对该领域进行深入探究的，开课教师也应该是对这方面有同样的兴趣并对该课有较多的研究，因此，选修课应是个性色彩突出的课堂。同时，与必修课堂相比，选修课的形式应该更活泼，例如，有的课程更具探究、动手、户外等实践的性质；有的课程需要更多学生间面对面的合作；有的甚至就可以用研究性学习或任务驱动的方式进行。在网络平台上如何照顾到选修课不同于必修课的种种特点，是一个很有价值的研究课题。目前北京采用的是远程教育的基本模式：分散自学和集中面授相结合，学生用大部分时间网上学习，教师网上辅导并定期安排集中授课，这里的“集中授课”可以弥补网上分散学习的不足之处。还有没有其他方式兼顾网络学习和选修课的特点？这一点还可以继续探讨。

第三个方面，如何建立开放和生成的课程资源。网络课程的资源分基础资源、教师资源和学生资源。北京市地理网络选修课的设置从开发课程的基础资源入手，为推广使用打下了很好的基础。以后的运作会是一种互动生成模式的，根据开课的需要不断补充和调整。课程基础资源库因其建设、维护和更新的工作量很大，可以研究如何与互联网上的资源自动链接，加快某些专业信息的更新速度。教师资源取决于区域内能开出选修课的教师数量，可以有主讲教师，也可以有辅导教师。目前北京地理课程处在刚刚起步的实验阶段，参加实验的三个学校各出一名教师共同建设。课程成熟后，会覆盖到没有足够选修课师资的学校，该校学生将选修由其他学校教师主讲的课程，选修课的任课教师也会逐渐适应为不同学校、不同背景学生上课的任务。这个过程中培训选修课教师适应网络远程教学也是一个必要的步骤。学生资源是指学生选学过程及其学习结果，这些本身就是很好的课程资源。北京现在的平台技术可以记录学生学习的全部信息，当前主要用于管理，逐渐积累起来，就可以补充到基础资源库，作为其他学生的学习资源，使整个选修课的课程资源总“有源头活水来”。

参考文献

[1] 中华人民共和国教育部. 普通高中课程方案（实验）[S]. 北京：人民教育出版社，2003：3.
[2] 中华人民共和国教育部. 普通高中课程方案（实验）[S]. 北京：人民教育出版社，2003：6.

地理教师网络远程研修的意义和课程开发初探①

2007 年上半年，在教育部基础教育课程教材发展中心的组织和指导下，我们开发了高中地理远程研修课程并在网络上进行了集中研修。这是网络远程教育技术在中学地理教师继续教育中高起点、大范围应用的一次尝试。参加研修的高中地理教师主要来自新疆、陕西、天津、湖南和海南等省区，学员总人数为 1400 多人，其中大部分没有接触过高中地理新课程。本文将在 07 远程研修实践的基础上，对如何利用现代远程教育技术开发符合地理教师需要，也符合成人教育规律的地理远程研修课程进行初步探讨。

一、集体创作的开发模式

在远程教育技术发展的历史上，印刷媒体被认为是远程教育的基础[1]351，这与远程教育始于函授教育有关。随着传播技术的发展，视频材料越来越受到人们的重视，并逐渐成为远程教育中重要的课程形式。07 高中远程研修正是以视频课程为核心材料组织的教师继续教育活动，与我们习惯的印刷教材写作和以文字、图像等静态媒介为基础的早期网络课程开发有很多不同。在视频课程中，因为需要活动的画面来传送课程设计者的意图，媒体技术在其中就起了不可或缺的作用。作为课程主持人，不仅要把握本专业的相关内容，还要熟悉媒体技术的基本情况，以便使课程设计适应视频媒体的特点并尽量发挥它的优势。07 远程研修课程开发之前，我们了解到已开发的类似课程大致有三种组织模式。第一种是专题分组包干为主的方式。课程主持人负责设计整体思路，地区或一个小组的负责人提供思路专题、设计脚本并完成拍摄。第二种是课程主持人主导式为主。整个课程的设计由课程主持人负责提供整体思路和每个专题的思路，再分小组去准备脚本和拍摄。第三种是课程团队核心成员共同提出思路和完成拍摄。三种类型的不同主要在由谁提供课程思路以及团队中小组承担任务的比重。高中地理研修课程采用的是第二种模式，主要原因是这种模式比较适合开发时间紧张、团队成员比较分散的现实情况。但从整体上看，视频课程的开

① 原载《课程・教材・教法》2008 年第 7 期。

发必然是个集体创作、多方协作的模式。集体创作是指在课程主持人确定课程基本框架后，课程的成型以及细节的展示是由参加制作的全体教师在摄制过程中动态生成的。多方协作是指课程的形成不仅需要大学教授和中学教师构成的学科专业团队，还需要技术部门的参与，如视频摄制人员和视频编辑。

二、有地理教师继续教育特点的课程框架

07 远程研修是一个有组织、有正规课程支持、有指导教师团队辅导、学员可以获得学习证明的活动，而不是相互之间没有太多关联的讲座群。这就要求课程开发者对课程内容有一个内部关联密切的整体设计。设计思路有多种选择，总的来说有两个大的设计方向，一个是按照学科教育的理论框架设计，另一个是按照问题框架设计。学科教育理论框架的设计看上去更适合系列课程的使用，但根据教师在职继续教育属成人教育的特点，问题框架的课程更适合成人学习以兴趣为基点、以工作环境为情境、以工作经验为资源、以自我教育为目的的特点。所以，在远程研修项目办公室（以下简称“项目办”）的建议下，07 高中地理远程研修课程最终选择了问题框架的设计思路。

07 高中地理研修课程设置有六个专题：高中地理新课程新在哪里？如何把握自然地理教学中的度？如何从“决策”的角度设计人文地理教学？如何在区域发展教学中用好案例？如何将地理信息技术应用的学习融入高中地理日常教学？如何设计和实施高中地理的学习评价？在为每个专题选择具体内容时，我们力图照顾到以下几对事物的结合：

第一是地理科学内容与地理教学的结合。同样是问题框架，专题内容的选择也至少还有两种完全不同的思路。一种是依据教学环节或方法的思路展开。例如，以备课的思路展开专题，包括如何设计教学目标、如何选择教学素材、如何使用教材、如何组织教学过程、如何探究、如何评价，等等，这是大部分其他学科设计时倾向选择的思路。另外一种思路是以学科主要内容为线索。经过反复思考和比较，我们采取了学科内容思路的专题框架。我们认为，随着学生年龄的增长，高中地理在学科内容的广度和深度上都大大增强，高中地理教师通过对学科内容的深入理解来选择、运用适当的教学方法是提高高中地理教学质量的有效途径之一。此外，采用内容框架也能够突出研修课程的学科特点。

第二是宏观与微观的结合。整体把握高中地理新课程是本课程设计的基本出发点。六个专题覆盖了高中地理的主要内容，但在每一专题里面，都还有不少东西可以讨论，为了使学员能够在较短的时间里对所学内容形成比较深刻的印象，我们并没有对这些内容做全面的阐述，而是把最终讨论的内容聚焦在该内容领域的一个侧面。例如，专题三是人文地理教学的内容，我们只选择了“从决策的角度设计人文地理教学”这个侧面，而没有系统论述高中人文地理教学各种可能的方法和问题。

第三是热点与基础的结合。在选择和确定每个专题的核心内容时，我们遵循了尽量将热点问题和基础问题相结合的原则，即同时考虑高中新课程实验过程中教师关注的难点和高中地理课程发展本身的问题。因为有了 4 年实验区的实验，教师在实验过程中积累了经验，也积累了问题，有些问题到目前为止还没有很好地解决。这就为本课程专题的选择提供了重要的来源。我们分析了实验区教师遇到的问题，选择出比较有代表性或比较有研讨价值的形成专题的主题，所以最后形成的专题都有它的实践基础。例如，我们从实验区教师那里了解到，自然地理模块教学遇到的主要问题是普遍感到难度较大，而造成难度非正常增大的原因之一是不容易处理新课程自然地理教学中的若干个“度”，如讲课的“深度”、探究活动的“开放度”等，根据这些情况，我们把专题一的主题定为“如何把握自然地理教学中的度”。在组织该专题的学习内容时，又特别注意从讨论自然地理教学的本质特点入手，这就把“热点”和“基础”结合起来。

第四是事实与道理的结合。根据项目办的整体安排，这次视频课程内容教学课例展示和课例分析各占 50%。课例展示在课程中占到一半甚至更多的比例，这在一般继续教育课程中是比较少见的。另一半的内容也不是系统的学科或教学理论，而是对呈现的课例进行分析，在分析的过程中又会展示一些新的课例。这一点正是体现了前面提到的成人教育的特点：“成人教育的核心方法是经验分析”。[2]271。当然，没有系统的理论讲述并不意味着没有理论，整个课程的设计以及案例的分析都是在一定的教育教学理论的指导下进行的，而且现场讨论也是梳理观点的过程。只不过我们没有就理论讲理论，而是让学员在课例观摩和课例分析中去体会。

三、以优秀地理教师为主力的课程团队

本次研修课程团队分为两大部分。一部分是核心成员，主要参与视频课程的开发和研修指导；另一部分是专为现场指导邀请的教师。除此之外，还为现场拍摄邀请了一些嘉宾，为集中指导邀请了一些辅助人员。在参与视频课程拍摄和现场指导的全部 28 位人员中，教研员和中学教师有 22 位，其中特级教师 4 位，包括江苏省两位教授级中学高级教师。在核心团队的 20 位成员中，中学教师有 11 人（含一名刚刚离开中学的教研员），所以这是个名副其实的以一线中学教师为主体的国家级课程团队。

一线中学教师担任教师继续教育授课教师的做法在各国是不同的。例如美国，“教师通过正式的在职教育教其他教师的情况并不多见，但呈上升趋势”[3]212。在我国教师教育历史上，优秀中学教师在学校之外为其他中学教师讲课的现象则一直存在，近些年更为普遍，即使在国家级课程培训或研修课程表中，优秀中学教师也是必要的组成成员。但在大部分情况下，中学教师的任务主要是介绍自己的教学经验，组建一个以中学教师为主体的

国家级新课程研修团队，优秀的一线教师正式以专家的名义出现在视频课程和集中研修指导现场，这种情况还很少。实践表明，中学优秀教师作为专家，受到了学员的普遍欢迎。而从教师专业发展的角度看，这正是教师团队内部自我教育的有效形式之一，也是在一线教师中传播先进教学思想的理想途径。

四、将地理专业内容与流行传播形式结合的视频课程

视频材料是 07 高中地理远程研修的基础材料，所以设计视频是远程研修课程的主要工作。视频课程材料在媒体形式上相当于“电视教材”，是以声形结合而区别于印刷教材的。视频材料也有不同的表现样式，并且随着媒体技术和传播文化的发展而不断丰富。有人在 20 世纪 80 年代总结过，当时电视教材常用的样式有专题解析式、示教师范式、现场记实式、课堂讲授式、情景表演式、资料辑纳式等。[4]3 仔细阅读作者对这些样式的说明，就会发现当时还没有现在已经比较流行的“座谈式”“访谈式”或“谈话式”。远程教育中使用座谈式或谈话式呈现授课内容，是受大众传播媒介——电视节目的影响。我国电视节目中出现较早、保持时间较长、影响较大的是 20 世纪 90 年代中期出现的香港凤凰卫视“锵锵三人行”节目，以后这种形式活泼的“谈话式”节目逐渐流行，并影响了教育电视、录像片的制作风格。

谈话式的视频材料因形式活泼而具有更强的亲和力，也更适合于非面对面教学的远程教育课程。但课程设计和制作的难度显然要比讲座式视频大得多。特别是作为专业教学视频材料，以学科业务擅长的课程主持人和教学专家同时要了解和掌握基本的电视节目制作程序和规范，使自己的课程设计便于技术人员使用，在拍摄现场的言行也要与媒体形式相匹配。我们体会，在视频课程设计和拍摄中，需要处理好以下几方面的关系：

脚本创作的粗与细。为视频拍摄撰写脚本是将课程框架和教学内容转化成可操作程序的过程，可粗可细。所谓“粗”是指脚本只写到每个相对独立的段落，例如，某位教师谈某个内容，但不用写出细节；所谓“细”是指脚本中写出现场要说的每一句话。在高中地理课程脚本写作和现场拍摄的实践中我们体会到，根据教学视频的专业特点，结合拍摄的技术要求，脚本既不宜太粗，也不宜过细。脚本太粗会影响拍摄时的连贯性，也会耗费过多的时间；脚本过细会导致无法很好发挥谈话式节目自然、活泼、变化的优势。比较理想的脚本是将每个要讨论的要点和资料写出来，如何具体表达则留给教师现场发挥。

拍摄前准备程度的多与少。不论选择哪种视频形式，既然是专业性质的教学节目，拍摄前必须要有充足的准备，这相当于备课。特别是参与现场的教师大都是第一次拍摄谈话节目，没有准备是不可想象的。但做多少准备却是可以探讨的，正如传统的备课，其程度也与参与教师对内容的熟悉程度和表现力大小有关。我们拍摄实践的体会是，先各自熟悉

脚本内容和顺序，在正式拍摄前集中到拍摄现场把谈话过程大致“过”一遍，然后立即进入正式拍摄，这是所用时间和效率比较高的准备方式。我们认为，应该避免过度准备，即让每位现场教师事先流利地背下每句“台词”，那样会使视频呈现的讨论过程过于呆板和机械。同样，也应避免现场教师“照本宣科”。这些“精细”的准备都容易形成与“谈话式”这种表现形式不匹配的效果。在拍摄视频中需要有明确认识的是：我们制作的是专业教学视频，内容的专业性是第一位的，教师在现场表现以不影响教学的视觉效果为准，没有必要对他们提出过于苛刻的要求。

后期编辑的基本工作和艺术处理。对于视频课程来说，后期处理使粗糙的原始录像变得可视。其中最主要的工作是把现场录像与事先准备好的素材整合并去除影响学员观看的东西，这属于必须要做的基本工作。除此之外，后期编辑也可以创造性地处理原始材料，用一些技术手法遮掩个别无法更改又影响观看的镜头，或利用大小画面的重叠处理教师讲话场景与展示素材之间的关系。高中地理课程后期制作在这方面做了一些尝试，取得了比较好的效果。

五、让视频课程承载部分互动的功能

以视频课程为核心材料的课程摄制如何体现师生互动的学习过程，是一个网络远程课程开发值得深入探讨的问题。互动过程的表面意义是指在学习过程中师生有交流对话的活动，深层的意义是指学员的学习过程能够影响后续课程的构建。实现这两种互动的前提是给学员留下思考和自主学习的空间。在面授课堂上，教师可以在提出一个问题后暂停讲授而给学员思考或讨论的时间，然后再根据学员的反馈继续或微调下面的进程。在单一的网络交流形式中，也可以实现类似的互动。但在其他形式的远程课程中，这种互动就比较困难。例如，函授的形式，需要把所有教材寄发给学生，而传统教材的编写是将需要学习的所有内容，包括问题和结论一次性地都给予学生，教师只能通过另外布置作业来检查学生学习的情况，而无法实现学习进程中的互动和生成。电视课程因每次只播放一课或两课，可以做到在前一课中为后一课留有“悬念”来供学员思考，但传统的电视课程多为讲座式，即由主讲教师一人讲授，每节课保持一个主题的相对完整，而且单一的电视课程也无法做到很好的互动。

为了能在视频课程中体现互动的学习过程，项目办采用了将课例展示和观点梳理分离的录制方式。具体做法是，把每一专题的课程分为两讲，第一讲呈现课例，第二讲梳理观点。两讲的播放时间相隔一天，这中间的时间就留给学员思考、分析、梳理自己的观点，并发布在网上。在观看第二讲视频后，再将自己的观点与教师的观点作比较。实际上这也是一种交流：教师和学员就展示的课例和提出的问题展开讨论，学员先发言，教师后发言，只不过这是一种非即时的、有时间差的交流和讨论。

这种做法也无法完全达到互动的目的。因为视频课程是事先录制好的，所以教师无法针对学员在研修中发表的观点进行梳理。课例呈现与观点梳理的分开录制只能达到不直接告知教师观点而给学员留有思考空间的目的。弥补这种缺陷的方法有两个，一个是依靠网络技术，用发帖回帖的方式进行交流；另一个是利用作业进行调整。利用作业进行调整需要随时了解学员的状况，这在早期的远程教育形式如函授和广播电视节目中实施起来比较困难，甚至是无法做到的。在网络远程技术下利用作业调整则相对容易。为了能够发挥网络技术的优势，在课程制作时要将课程内容与作业分开呈现。课程内容用视频的方式呈现，但作业设计好后留待研修开始后发布，以给研修指导者留下根据学员基础和需求进行调整的余地。

在视频课程成为学员学习“资料”的模式下，视频摄制过程融入的互动意图能否很好的实现，在很大程度上还要取决于学员对材料的使用。从对 07 远程研修数据的统计结果中看出，绝大部分学员对视频课程是满意的。但从学员的作业和评论中，我们无法清晰地看出上述视频课程的互动功能是否发挥了作用。很少有学员在作业中将自己的看法与专家的观点进行比较或讨论，而这正是视频课程互动功能设计的意图之一。我们根据研修的具体情况分析了可能的原因。首先，远程研修毕竟还是一种新事物，教师大都习惯讲授式或讲座式的培训方式，而不大习惯通过主动比较不同的观点来学习。其次，视频中互动功能的设计缺少“强制性”的措施来保证其突出显现。例如，没有在布置作业时提出相应的要求。最后，因为研修临时出现的网络意外情况，有不少学员无法按照正常的安排学习，所以有看不到视频、连续阅读两讲电子文本等情况存在，使得设计好的“悬念”和“时间差”失去了作用。当然，即使没有技术上的意外，网络学习的开放性和自主性也会使得部分学员不按照安排的步骤学习，而现在视频课程中隐含的互动功能多少还是以控制学员学习步骤为前提的。如何把二者在网络远程技术平台上很好地结合起来，还需要进一步探索。

六、文字材料使用引发的思考

尽管集中研修并非网络远程研修最佳的实施模式，但在初始阶段，以集中为主的方式还是很有必要的。根据统一安排，2007 年 8 月高中地理新课程进行了集中远程研修，在 12 天的时间里，完成了 6 个专题、24 课时的视频观看和 12 次作业的学习任务，并在专门的研修平台上开展网络研讨，学员发表评论。课程团队也在专门的地点集中进行网上指导，并组织了六次在线研讨，编辑了 13 期研修简报[5]。从上述学习任务看，07 研修是一次大容量、高密度、短时间的远程学习过程。为了帮助学员顺利完成学习，除视频材料外，我们还向学员提供了视频材料的电子文本和拓展阅读材料。在研修过程中发现，电子文本和拓展阅读材料受欢迎的程度超过了视频材料。通过分析学员的留言和评论我们认为，出现这种现象的主要原因是电子文本比视频课程更容易把握阅读的内容和速度，也更节省时间。此外，在完成作业时，电子文本和拓展资料中的内容引用起来更加容易。另外一个不可忽视的情况是有不少学员因为设备和技术原因无法下载和观看视频资料，他们只能依靠电子文本学习。事实说明，在受时间约束和设备约束比较大的客观条件下，课程材料形式受欢迎的程度，更多地取决于材料使用的方便程度和需要时间的多少。相比视频材料，便于使用的电子文本形式的材料更适合快速的学习节奏和学习设备较差的地区。

然而，视频课程有着文本课程无法实现的特点，声形元素传达的信息更为丰富和感性，更便于学员理解、接受和融入学习并避免大量文字材料阅读容易导致的疲劳和乏味，更重要的是如前所述，视频材料可以在适当的程度上留下悬念而展开思考的空间。所以，在以学员自主学习为主的网络远程研修中，应尽量创造技术条件和时间条件，最大限度地发挥视频材料的作用。文字材料特别是电子文本应主要做应急材料使用，在研修顺利的情况下，可在专题学习结束后再提供给学员，用于他们进一步学习的参考。

研修过程中引起我们关注的另一个现象，就是每天一期的研修简报起到了意想不到的重要作用。研修简报也是研修中指导教师与学员互动生成的文字材料，是对事先制作好的视频材料及电子文本的必要补充。从学员们的留言中发现，很多学员是通过简报来了解其他学员的学习情况以及指导教师的反馈意见的。我们特别注意到，学员对简报的形式也十分关注。高中地理课程团队不断改进简报的形式，并在研修后期同时发布 Flash 和网页两种版本的简报，这在学员中引起强烈的反响。我们分析了这种现象认为，一方面，简报实际起到了在网络“海量”信息中提取和聚集有价值内容的作用，它可以使学员免于花很多时间从原始的网络信息中进行搜寻和整理；另一方面，学员更关注指导教师对自己学习情况的反馈、评价和指导。同时，丰富多彩的简报形式也是对学员高强度学习的一种调节。“简报现象”提示我们，针对网络学习信息有可能达到“海量”的特点，网络远程研修需要充分使用先进的网络技术建立课程资源分层管理体系。同时，从课程开发的角度，也需要关注对课程简报编写的研究，如栏目的设计、人员的分工合作、版面的设计，使它成为远程研修课程中不可缺少的组成部分。

综上所述，高中地理远程研修课程的开发是个涉及专业内容、成人教育特点、远程教育技术、视频呈现方式等多方面的系统工程。我们只是在一期高中地理远程研修实践的基础上，对远程教育视频课程开发进行了讨论，希望能与同行进行更深入的交流和探讨。

参考文献

[1] 丁兴富. 远程教育研究[M]. 北京：首都师范大学出版社，2002.

[2] 叶澜. 教师角色与教师发展新探究[M]. 北京：教育科学出版社，2001.

[3] [美]约翰·D. 布兰思福特，安·L. 布朗，罗德尼·R. 科金.人是如何学习的——大脑、心理、经验及学校[M].程可拉，等译.上海：华东师范大学出版社，2002.

[4] 宋志平，赵志才，程凤翔. 怎样编制教学录像[M]. 北京：解放军出版社，1985.

[5] 中国地理课程网[Z]. http：//geo.cersp.com.

伴随高考走到今天的高中地理课程[①]

2009 年 9 月，中国教育学会地理教学研究会会刊《地理教学》创刊 50 周年，段玉山博士约我结合 50 年我国地理教育的发展写篇纪念文章。关于我国地理教育的发展，有的主题我已经写过，有的一时找不全资料，最后，我的目光停留在《地理教学》20 世纪 90 年代前几年发表的一组文章上，这组文章的主题是要求恢复地理高考。

严格地说，高考只是一种为高等学校招生设置的公共考试，并不属于中学地理教育评价范畴，也就不在地理教育的研究范围之内。我国目前高中教育在很大程度上被“高考”主宰的现象是诸多社会经济、文化、历史等原因共同造成的。高考中是否设有一门学科，可以决定该学科在高中教育中的生存，高中地理学科是个典型的例子。1949 年以后，我国大陆的高考科目设置中，地理科目几上几下。1954 年高考开始分文、理两大类，地理是文科必考科目。1959—1976 年，由于“教育革命”和“文化大革命”的影响，地理高考被取消。1977 年，高考制度恢复，地理重新被划入文科考试的科目。1989 年上海的地理高考因考生太少“名存实亡”，北京则在 1993 年的高考改革中取消地理和生物两个科目，随之地理高考在全国范围内再次被取消。1995 年上海恢复地理高考，1999 年开始，全国各省区又都陆续恢复地理高考。1995 年全国范围内高考取消地理科目后，我国地理教育界很多专家、学者以及广大的中学地理教师都发表了反对的意见，并呼吁给予恢复。《地理教学》上的这一组文章反映的就是当时大家的心声。要求恢复地理高考的理由主要是地理教育有着不可替代的重要性、取消高考会导致学校和学生更加不重视地理，等等。回顾那一段历史，高考取消地理科目确实给当时我国中学地理教师队伍和地理教育事业带来了很大的损失，为地理科目在高考中争回一席之地，也确实保证了地理教师队伍不断壮大、教学水平不断提高，一批优秀的地理教研员和高中地理教师脱颖而出。

不过地理高考的功能也确实与高中地理教育的功能不同，我相信当初地理教师呼吁恢复地理高考，并不是想把高中地理课程变成高考的“附庸”，而是希望高中地理课程因此获得一定的地位，进而比较好地完成中学地理教育自身培养全体中学生地理素养的任务。

---

① 原载《地理教学》2009 年第 9 期。

但这十年来，当初影响地理教育不得不走借高考而正名之路的诸多因素如“社会对地理科的认识水平”（见《地理教学》1993 年第 2 期湖北黄网地区教研室江砥的短文《困境中，我们该怎么办？》）、“教育观念还没有真正转变，教育体制还未根本完善”（见《地理教学》1993 年第 2 期安徽舒城县龙河中学王传兵的短文《高考改革不能影响素质教育》）并没有发生根本的改变，高中地理课程也越来越依赖地理高考的存在。这一点在高中地理新课程开始实验时得到了很好的说明。高中地理新课程开始实验后，地理高考成了新实验区地理教师最为关注的问题。在教师培训中，对新课程还没有了解的教师问的最多的就是新课程以后高考改不改，高考怎么改，如果不能获得这方面的肯定信息，大家就感觉不知“何去何从”。地理教育中课程与高考的关系实际上成为很多教师心目中最为重要的关系。在实际的教学内容选择中，也会有教师根据高考是否考来决定教什么和如何教。结果，对新课程与高考关系的解释往往就变成了“新课程实施后高考也会改”“高考也会依据课程标准命题的，按照课程标准教没问题”“新课程高考结果证明新课程实施是成功的”，等等。这种本末倒置的现象很多教师已经习惯成自然。

但是一个现实总是被忽视，即并不是所有高中地理教学都与高考有关，例如，不论新、旧课程，其中面向全体学生的必修部分的教学，可以说就与高考没有任何关系。原因很简单，当年恢复地理高考时，只是恢复了地理科目的设置，但没有规定全体考生必考，所以每年与地理高考有关的高中学生只是一部分人，更多的时候是一小部分人。我从网上查找到 10 个省区 2009 年高考报名时文科生和理科生各自的比例（表 1），数据中所有文科考生的比例都小于理科考生，最好的情况是接近 50%，平均为 37.2%。也就是说，在这些高考分文理科考试的地区，平均只有不到 40%的高中学生会参加地理高考，这个比例在重点高中会更低。当我们把地理课程与地理高考的关系视为最重要的关系时，当我们从高中一年级就开始从地理高考的角度设计教学时，实际我们关注的就只是将来要考地理的少数学生，我们的潜意识里，那些理科学生怎样得到最好的地理教育，已经不在考虑范围之内了。这种“偏爱”会导致大多数高考不考地理的学生更加“不好好学地理”。这与当初人们努力争取恢复高考要达到的美好愿望是相悖的。

在强化高中地理课程对地理高考依赖性方面，“利用高考‘指挥棒’”的说法起了不可忽视的作用。让基础教育能够和高考分离一直是人们努力的方向，但因为在目前我国的国情下，将二者分离一时无法做到，人们就转向二者的深度融合，提出要利用“指挥棒”改善中学地理课堂教学。为了实现这种融合，高考命题本身也在不断改革，如突出能力立意、减少对机械记忆知识的要求等，并积极宣传这些改进对高中地理教学的作用。高中新课程实验开始后，有关部门颁布了依据课程标准制定的高考大纲，将高中地理课程标准的要求与地理高考的要求结合起来，试图做到两全其美。但对只有部分而且是少部分考生的地理课来说，无论地理高考命题如何研究和改进，这一切还是局限在为“少数学生服务”的圈子里，无法与必修模块的教学改革真正结合、互相促进。原因也并不复杂，不论高考命题怎样改革，高考为高校选拔人才的功能是无法改变的，它永远也不可能与以公民素质教育为目标的高中地理必修课程“无缝衔接”。

表 1　2009 年部分省区高考报名文、理科考生数量情况

省区	文科报名人数/人	理科报名人数/人	文/理比例
北京	29 140	59 052	33.0%∶67.0%
安徽	（没有查到数据）	（没有查到数据）	49.1%∶51.9%
浙江	101 173	185 242	35.3%∶64.7%
福建	88 520	173 161	33.8%∶66.2%
重庆	189 277	189 277	34.7%∶56.8%
湖北	190 523	308 559	38.2%∶61.8%
江西	148 828	192 171	43.6%∶56.4%
吉林	6 482	9 558	40.4%∶59.6%
陕西	107 159	254 982	29.6%∶70.4%
山东	196 000	376 000	34.3%∶65.7%

注：表中的数据均来自互联网，通过百度搜索引擎获得。

所以，当我们不断听到地理教师诉说“高考不改，新课程就是空话”时，我们应该意识到，恢复高考 10 年后，高中地理教育与地理高考的关系实际上已经越走越窄。我个人认为，既然“剪不断，理还乱”，不如从认识上和实践上还是将二者分开。高考就是高考，它只需要负担为高校选拔人才的工作，只需要“指挥”那些备考地理的班级，因此，它只需根据高考的规律命题即可。而在面向全体学生的高中地理基础课程阶段（主要是在必修阶段），也只需按照高中地理教育自身的规律去教学即可，不适宜过早渗透与大多数学生无关的高考问题，这样也许会使一些原本棘手的问题变得简单。

如果因国情关系，高考暂时无法与高中教育脱离这种密切关系，那我们应该承认应试地理高考在高中存在的合理性，对地理备考班级，针对高考进行准备是理所应当的，是名正言顺的，而对分班以前的必修课程，则应与高考完全脱离关系，以使高中地理教育能够完成它的“以人地关系为主线”的公民教育。为什么这样说？仔细阅读高中地理课程标准，每一段话、每一条内容标准都体现了高中地理新课程“人地关系”主线的基本思想，都落脚在人与环境、可持续发展观的形成上，而非简单的删减和重组内容。地理高考完全能够体现这些新的理念，但反过来，这些理念和目标的真正实现却是备考、应试的教学模式无法负担的。

例如，当我们真正把可持续发展教育放在首位时，严密的地理学科体系（实际应描述为大学学科体系）就会变得不那么重要。我们需要的是用人地关系的事实和问题使学生对人地关系产生兴趣和切身的感受，而不是在他们的头脑中建立起严密的地理学科的知识体系。这个过程中当然要用到地理知识，但学习这些地理知识的目的是帮助学生形成正确的

人地关系观念，而不是为了深钻地理知识本身，所以地理知识的“深挖”要适可而止。特别是当课时不够需要教师选择时，人地关系教育的价值取向应该是选择的标尺。

当我们真正把可持续发展教育放在首位时，知识数量的多少也会变得不那么重要。对于高中学生，地理课中更重要的是帮助他们形成地理观念、地理思想，这些观念、思想的形成并不是靠记住大量具体的知识，而是靠对知识的理解和在解决具体问题中的应用。例如，角色扮演的学习活动可以帮助学生体会，在一个重要环境问题决策时，社会中的各种利益集团是如何相互作用的。角色扮演的活动会花费更多的时间，但有时把时间花费在这上面远比花费在记忆大量事实性知识上有价值。

当我们真正把可持续发展教育放在首位时，我们才能真正关心地理课的情感态度价值观的教育，把它看得比事实性知识的获取更为重要。过去人们喜欢说“渗透”情感态度价值观点教育，而在高中地理课堂，情感态度价值观的教育不再是“渗透”，也不是口号式的“表面文章”，它就是我们直接的教育目的和教育内容。在课堂上组织讨论、辩论、角色扮演等活动经常受到人们的质疑，最常见的描述就是“表面上热热闹闹，实际上没有学到什么东西”。这个“东西”里面是否包含了学生情感态度价值观的变化？哪怕学生通过一次这样的活动仅仅是深切感受到以前没有感受过的环境危机，哪怕学生只是表示对这样的学习很感兴趣，哪怕学生只是说“开了眼界”，我们认为也是值得的，因为它对学生来说“有意义”。

即使是“纯”地理学科的内容，也有许多是在备考的课堂上难以实现的，如地理实验，需要我们以“非应试”的态度来设计课堂。总之，事实性的地理知识可以通过很多其他途经获得，有共性的科学研究方法或学习方法在其他学科中也可以学到，但比较系统地接受人地关系的教育，接受环境与可持续发展教育，只有在地理课上，而这种主题、这种特色的课程是需要用独特的方式方法去学习的，我们应该保持并强化这种特色。

这些才是高中地理必修课程开设的意义所在。地理课程标准研制初期，有些课程曾提出过不设必修课的设想，但地理课程却从始至终坚持要有全体学生都上的必修课，不论他（她）以后是否考地理。这种坚持显然不是为了我们有更多的考生可教，而是为了前面所描述的人地关系教育。当然，这些离应试教育很远，不论从内容上还是形式上，所以，地理课程除在应试教育之外需要一定的空间保持自己的独立性外，它还应该是跳出传统课程模式的“公益”课程，同时还需要一大批有志于让高中学生，特别是将来不考地理的学生的环境和可持续发展意识真正得到提高的地理教师“志愿者”。这里的“志愿者”显然不是指真的无偿劳动或低收入工作，而是指愿意只为保护地球环境而开地理课、而教地理课的所有教育管理者和地理教师。

我把这篇有些地理教育“科幻”味道的小文送给《地理教学》，感谢 50 年来它一直陪伴地理教育的发展和地理教师的成长，也祝《地理教学》未来能有崭新的篇章。

网络远程培训视频课程形式的改进及问题探讨

——以中国高中地理新课程网络远程研修为例①

摘 要：本文在2007年和2008年两年三次高中地理新课程远程培训实践的基础上，着重探讨了视频课程形式上的改进和实施的问题，认为近些年中国中学教师远程培训用视频课程在新的课程理念和作为大众传播媒体的电视节目流行元素的双重影响下，已经从单人讲授的“讲座式”转向更为生动活泼、平易近人的多人“座谈式”。同时，用于网络远程研修的视频课程如何引发学员深入思考所学内容，使课程形成某种程度的互动效果，也是本文关注的问题。文章梳理了高中地理新课程远程培训视频材料在这方面的开发过程，分析了实施效果及存在问题。作者认为，针对网络远程培训将成为中国中学教师未来继续教育的重要方式之一的国情，如何开发出适合中国国情，又有时代特点的视频课程，并将视频课程与网络技术有效结合，将是未来教师网络远程研修的重要研究课题之一。

关键词：远程教育 视频课程 计算机网络 高中地理新课程 在职培训

一、网络远程培训课程开发的背景

基础教育课程改革开始以后，中小学教师培训成为新课程得以顺利实施的重要环节之一。我国普通中小学专任教师的数量早已超过1 000万人。为这么一个庞大的群体组织新课程的全员培训，是一项在经费和人力投入上非常大的工作。新课程开始的前几年，教育部师范司采用的形式主要是骨干者培训，每个实验省选派少量骨干教师，到师范司确定的若干所师范大学进行培训，然后回到自己所在地区进行二级骨干培训，这些骨干再进行下一级培训。这种方式不仅投入多，而且效果并不很理想，最主要的问题是层层培训自然会损失很多信息，减弱了新课程传播的力度和准确程度。2007年上半年，教育部基础教育课程教材发展中心组织开发了高中新课程远程培训课程并在网络上进行了集中培训。这是网

① 2009年10月加拿大温哥华 E-Learn 2009—World Conference on E-Learning in Corporate，Government，Healthcare，and Higher Education 会议论文，收入本书时译成中文。

络远程教育技术在中学地理教师继续教育中高起点、大范围应用的一次尝试。以高中地理学科为例，参加培训的高中地理教师主要来自新疆、陕西、天津、湖南和海南等省区，学员总人数为 1 400 多人，其中大部分没有接触过高中地理新课程。培训采用的是异地同步的方式，学员按地区组成大小不等的班级集中学习。培训的时间共 12 天，学员需要观看 6 个专题、24 课时的视频课程，完成 12 次作业，并在专门的培训平台上参加网络研讨，发表评论。课程开发团队也在专门的地点集中进行网上指导，并组织了 6 次在线研讨，编辑了 13 期培训简报。2008 年，教育部师范司吸取 2007 年实验的经验，将网络远程培训的方式正式纳入高中新课程教师培训计划，用这种方式对新进入新课程的 5 个省区教师进行全员培训，大约 10 万高中一年级的教师直接接受了新课程的国家级培训。从 2004 年开始高中新课程实验的山东省在 2008 年进行新一轮高中新课程全员培训，也使用了网络远程培训的方式，使用的是 2007 年开发的视频课程。在中国，网络远程学习正在成为未来中小学教师专业发展和教学研究的重要形式。在这些网络远程培训课程体系中，视频课程被用作基本的学习材料。本文以 2007 年和 2008 年两年三次国家级高中地理新课程远程培训为例，对中学地理教师网络远程培训中视频课程形式的改进以及使用中存在的问题进行了初步探讨。

二、在视频课程呈现形式中融入流行的电视节目元素以体现新的培训理念

1. 高中地理新课程培训视频课程形式的变化

视频课程是高中地理远程培训的基础材料，所以设计视频是远程培训课程开发的主要工作。视频课程材料在媒体形式上相当于“电视教材”，是以声形结合而区别于印刷教材的。视频材料也有不同的表现样式，并且随着媒体技术和传播文化的发展而不断丰富。有人在 20 世纪 80 年代总结过，当时电视教材常用的样式有专题解析式、示教师范式、现场记实式、课堂讲授式、情景表演式、资料辑纳式等。[4]3 仔细阅读作者对这些样式的说明，就会发现当时还没有现在已经比较流行的“座谈式”“访谈式”或“谈话式”，我们见得比较多的远程培训视频课程大多是“讲座式”，也称“大头像式”，即屏幕上只有一位教师坐在那里讲课，很像是把教师在课堂上的讲课录下来重新播放。2001 年中国基础教育课程改革开始后，建立新型师生关系的思想也开始体现在教师培训课程上，培训的方式开始由单一的讲座式向研讨式转变，培训组织者注意强调培训者与学习者之间平等的师生关系。这种新的教师专业进修的理念也影响到视频课程的开发，首先从形式上融入更贴近观众的流行电视节目的现代元素，例如，采用谈话法而非讲授法；采用“主持人+嘉宾”的人员组

合，力图使远程培训视频课程更加生动、活泼，尽量使学习者能够感到与培训者之间是一种平等的关系，避免培训者以“高高在上”或“权威”的面貌出现在视频课程中。

2007年和2008年制作的高中地理新课程远程培训视频材料，最终采用的是深受中国电视观众欢迎而长久不衰的“锵锵三人行”的形式。[①]课程开发者仔细研究了“锵锵三人行”节目的构成和特点，将其中适合为教育视频节目借鉴的现代元素尽量融合在课程开发中，例如，参加者平等的关系、深刻内容与轻松气氛的完美结合、鲜明的个性化特征、能放（“海阔天空”式“聊天”）与能收（始终围绕既定话题）、谈话者之间的自然的互动等。视频课程开发试图通过呈现形式的变化改变传统电视课程喜欢“板着脸”说教的形象，使中学教师更容易接受和参与。

当然，教育视频材料还应该有自己的特点，高中地理新课程培训视频材料开发者没有采用“锵锵三人行”节目使用专业主持人的做法，而是选择了富有教学经验又能活跃气氛的专家教师兼作主持人，使视频材料更有地理教学专业的特点。此外，制作时插播了大量地理课堂教学录像片段和访谈录音、录像，使整个视频课程的形式更加丰富多样，也更符合教师培训的需要。

2. 实施中出现的问题和反思

“谈话式”视频课程制作的效果总体来说是不错的。在拍摄结束后的外审中，审查者对这种形式的视频课程给出的评价是：“语言通俗易懂，适合于教师理解，不是纯学术性的长篇讨论；视频形式多样活泼，讨论流畅。”培训结束后，学习者对视频课程的满意度也达到87.7%。但是在视频课程拍摄过程中也发现一些问题，主要有两点：第一点是不少担任培训者的专家还不太适应“谈话式”的录像方式，在摄像机前不容易做到轻松自如地探讨教学问题，尽管这些问题都是他们非常熟悉的。课程首席专家在选择培训者时当然主要是考虑他们的专业水平而非“电视人”的水平，这就造成某些主题的拍摄效果并没有达到预想的水平，减弱了内容的连贯性和视频的可视性，本来是谈话节目优势的“谈话者之间自然、流畅的交流和互动”，反倒成了影响拍摄效果的限制因素。第二点是视频拍摄的难度明显加大，开放者不得不使用远远多于“讲授式”视频拍摄的时间用于谈话者之间的协调、重复拍摄和后期剪辑。因为后期剪辑难度较大，也造成部分视频画面连续性上出现问题。除了这两点，外审意见中也建议“谈话的主持方式与讲座可相结合”，因为讲座可以在较短的时间里给予学习者更多的信息。

谈话者对“谈话式”视频课程形式拍摄的适应问题可通过调整选择出镜人员条件和拍摄前进行适当培训的方法加以解决；拍摄的难度问题可以看成开发“谈话式”视频课程必

---

① “锵锵三人行”是香港凤凰卫视1998年推出的“脱口秀”节目，每期由一位主持人和两位嘉宾针对社会热点问题进行讨论，内容深刻；嘉宾各抒己见，不追求定论；节目个人色彩鲜明，形式活泼，气氛轻松。

须付出的成本，是需要在开发前的项目设计中给予充分考虑的。

三、利用视频课程的优势引发学员深度思考所学内容

1. 远程视频课程在引发学员思考方面的优势

课程视频与作为大众传媒的电视节目不同，它需要有学习者较大程度的参与而不仅仅限于视频中谈话者的高度互动，否则学习者还只是被动的观看者。师生在学习过程中的互动，表面意义是指在学习过程中师生有交流对话的活动，深层的意义是指课程的每一步都为学员留下思考的空间，使他们能够带着自己思考的结果和问题进入下一步的学习。在面授课堂上，教师可以在提出一个问题后暂停讲授而给学员思考或讨论的时间，然后再根据学员的反馈继续讲授或对后面的过程做些调整，实际的课程是在这种师生互动的过程中完成的。在单一的计算机网络交流形式中，也可以实现类似的教学生成过程，如学员和指导教师在网络上进行交流。使教师在教学过程中根据学生学习情况进行调整的前提条件是可以分步呈现教学内容，在每一步呈现之间留有一定的时间供学员思考。但在其他形式的远程课程中，做到这种师生互动就比较困难。例如，采用函授形式的远程课程，往往需要把所有教材寄发给学生，而传统教材的编写是将需要学习的所有内容，包括问题和结论一次性地都给予学生，教师只能通过另外布置作业来检查学生学习的情况，所以传统的函授课程除其中的面授环节外无法实现学习进程中的互动和生成。电视课程因其形式的灵活，特别是学员无法控制课程的播放，开发者可以利用这种优势做到在前一课中为后一课留有“悬念”来供学员思考，但传统的电视课程多为讲座式，一般多关注每次课的相对完整，很少考虑利用电视技术的优势为学生与课程互动留下空间。网络远程学习使用视频课程，既有电视课程的特点，也有网络带来的可随时重复播放优势，同时网络技术本身还可以让学员针对视频课程发表议论，这为在网络远程视频课程中融入互动和生成的元素创造了更好的条件。为了使网络远程培训课程能够更好地引发学员对课程内容的思考，以视频课程为核心材料的课程摄制如何为学员思考留有一定的空间，就成为网络远程课程开发值得深入探讨的问题。

2. 视频课程设计的具体方法

为了能在视频课程中体现互动的学习过程，高中地理新课程远程培训视频课程开发采用了将事实性材料展示和专家观点梳理分离的录制方式。具体做法是，把每一专题的课程分为两讲，第一讲呈现课例，第二讲梳理观点。两讲的播放时间相隔一天，这中间的时间就留给学员思考、分析、梳理自己的观点，并发布在网上。在观看第二讲视频后，再将自

己的观点与教师的观点作比较。实际上这也是一种交流：教师和学员就展示的课例和提出的问题展开讨论，学员先发言，教师后发言，只不过这是一种非即时的、有时间差的交流和讨论。表 1 是 2007 年制作的高中地理新课程网络远程培训视频课程的互动设计一例。

表 1　2007 年高中地理新课程网络远程研修专题——视频课程设计

<table>
<tr><th>专题</th><th>第一天播放的事实性材料</th><th>需要学员思考的问题</th><th>第二天播放的专家观点</th><th>学员对比专家观点进一步思考</th></tr>
<tr><td rowspan="2">高中地理新课程新在哪里</td><td>第一课：
课程标准组专家对新课程的介绍；
新课程实验区和非实验区教师对新课程的感受和理解</td><td>第一课：
（1）教学设计时如何把握课程目标和内容标准？
（2）教学中如何看待高中地理课程的系统性？</td><td>第一课：
课程专家谈教学设计时如何把握课程目标和内容标准，以及教学中如何看待高中地理课程的系统性</td><td rowspan="2">我与专家的观点有何异同？
如果不同，我是否同意专家的观点？
在听了专家的观点后，我的观点是否有变化？
……</td></tr>
<tr><td>第二课：
六个地理教学探究方式的录像片段</td><td>第二课：
（1）什么样的问题值得探究？
（2）探究学习中如何培养高中学生的理性思维？
（3）探究学习与案例教学有向关系？
（4）探究学习与地理内容特点的关系是什么？
（5）怎样认识和实施教学和学习方式的多样化？</td><td>第二课：
课程专家通过逐个分析前一天视频课程所给的六个教学片段，阐明对有关地理探究学习的五个问题的观点</td></tr>
</table>

表 1 展示了视频课程设计时如何为学生留下思考的空间。在同一主题两讲之间的一列，就是留给学员的空间，以避免课程开发者一讲到底，在学员没有充分思考和建立自己观点的时候就先告知授课者的观点，这会干扰学员的独立思考。最后一列是希望学员看完某个主题的全部视频课程后能够产生的思考，由此形成自己对新课程的正确认识。

3. 使用效果和问题分析

要实现预想的效果，需要采用在网络上分步给出视频课程的方法，以确保学员有时间独立思考。从课程结束后对远程培训数据的统计结果看，绝大部分学员对视频课程是满意的，很多学员都分别对第一天视频课程中的事实性材料和第二天专家观点的梳理发表了自己的看法，但我们发现，很少有学员在作业或网络讨论中将自己的看法与专家的观点进行比较或讨论，而这正是课程开发者如此设计视频课程的主要意图之一。我们根据培训的具体情况分析了可能的原因。

第一，远程培训毕竟还是一种新事物，学员大都习惯讲授式或讲座式的培训方式，而不大习惯通过主动比较不同的观点来学习。第二，视频中互动功能的设计缺少“强制性”的措施来保证其突出显现。例如，没有在布置作业时提出相应的要求。第三，因为培训临时出现的网络意外情况，有不少学员无法按照正常的安排学习，所以有看不到视频、连续阅读两讲所提供的电子文本等情况存在，使得设计好的“悬念”和“时间差”失去了作用。当然，即使没有技术上的意外，网络远程学习的开放性和自主性也会使得学员有可能不按照课程开发者设计的步骤学习。第四，这种视频课程的使用需要有相应的管理方式，在课程的呈现上采用半开放的管理，即视频一定要按照课程进程逐步提供给学员，已播放过的视频应该长久保留在网络平台上，供学员随时回顾，但新的视频不宜提前提供，以免开发者设计的“时差”失去作用。

总之，两年三次高中地理新课程网络远程培训视频课程的开发和使用带来了视频课程形式上的改进，吸取了社会大众传播媒体所具有的流行元素，同时特别考虑了如何利用视频材料帮助远程学习者积极思考。本文作者认为，在中国未来教师在职培训的远程视频课程开发中，如何把视频手段和计算机网络技术在远程平台上很好地结合起来，形成适合教师在职进修需求、在形式上又能吸引学习者的开放式网络远程课程会是一个有很大继续深入研究价值的话题。

参考文献

[1] 丁兴富. 远程教育研究[M]. 北京：首都师范大学出版社，2002.

[2] 叶澜. 教师角色与教师发展新探究[M]. 北京：教育科学出版社，2001.

[3] [美]约翰·D. 布兰思福特，安·L. 布朗，罗德尼·R. 科金. 人是如何学习的——大脑、心理、经验及学校[M].程可拉，等译.上海：华东师范大学出版社，2002.

[4] 宋志平，赵志才，程凤翔. 怎样编制教学录像[M]. 北京：解放军出版社，1985.

[5] 中国地理课程网[Z]. http：//geo.cersp.com.

中学地理新课程中的“科学探究学习”①

摘　要： 笔者通过网络和实地两种调查方式，对现行高中、初中地理新课程中的自然地理部分的科学探究学习情况进行了初步调查。本文将初中、高中地理课程标准中的相关要求和来自实践的资料进行了梳理，认为课程改革使地理教师对探究学习有了较多的了解，并有意识和愿望去尝试。原本起源于自然科学概念学习的探究学习方式也在新课程实验中产生了多种使用灵活的“变式”。本文主要讨论地理课程中科学探究的实施问题，认为目前的地理探究教学中，针对自然科学性质内容的科学探究研究和实验的还不够；在普通课堂上，探究学习中教师以讲授的框架用过多的问题“牵引”学生的现象比较普遍，如何利用自然地理内容的特点，发挥地理课程培养学生科学素养的功能，充分调动学生探究的主动性还需要认真研究和实验。

关键词： 科学探究　中学　新课程　自然地理

一、对科学探究的基本认识

（一）科学探究起源和探究对象

在中学地理课程中，“探究学习”或“探究教学”有两层意思。一层是“泛化”的“探究”，在用途上与“启发式”很接近，更类似于原则或理念而非方式方法。很多被定义为“探究”的地理教学过程与传统的“问答法”本质上是一样的，就是“探究”“泛化”的一种表现。另一层是指一类教学方式方法，它是被限制在一定范围内的程序、步骤，表现出不同于其他方法的特性。

认识探究学习是如何兴起的，关系到我们对它的理解和合理应用。关于探究学习的起源，不同学者有不同的解释。在钟启泉编译的《现代教学论发展》一书中，探究学习是 20 世纪 50 年代后半期美国掀起的“教育现代化运动，尤其是理科教学的现代化运动中提出的主张”（钟启泉，1992：350），主要代表人物是芝加哥大学的施瓦布教授。他同当时布

① 合作者：曹温庆、韩英。2009 年云南玉溪中国教育学会地理教学专业委员会学术年会论文。

鲁纳的主张一样，要求把学习者作为“小科学家”看待。“探究学习说”不是强调儿童中心主义的教学活动，而是强调通过探究的过程，“掌握科学概念，发现科学的基本概念”。这样，教学过程便成了一种在教师指导下展开的具有严密的学术性的创造性活动。与布鲁纳不同的地方是，布鲁纳从教育内容的侧面，提出并展开他的“发现学习”的理论，而施瓦布则是从教学方法的侧面，展开他的“探究学习”理论（钟启泉，1992：351-352）。

陆璟的《探究性学习》一文则认为，“最早提出在学校科学教育中要用探究方法的是杜威。”在1909年美国科学进步联合会的发言中，杜威第一次对当时流行的传统科学教学方法提出批评。“他说，科学教学过于强调信息的积累，而对科学作为一种思考的方式和态度没有予以足够的重视。杜威认为科学教育不仅仅是要让学生学习大量的知识，更重要的是要学习科学研究的过程或方法”（陆璟，2008）。

不论哪一种说法，探究学习的方法起源于科学课程，这一点是可以确定的。随着教学研究和实践的发展，探究学习的方法逐渐扩大到人文社会科学的教学中，形成目前多种形式和特点的探究学习。按照陆璟的分类思路，目前的基础教育中的探究学习大致可以分为三类。第一类是科学探究，主要用于自然科学性质的内容教学，目的是获得一般性的科学概念和原理，并掌握一定的科学探究的学习方法；第二类是问题探究，主要偏重开放性的问题的解决；第三类是社会探究，主要是针对人文社会知识方面的学习，需要同时运用主观价值判断的方法。地理课程跨自然和人文两大学科，兼有科学课程与人文课程的性质。在地理课程中出现的探究学习，会包括上述三种类型。当然，这种划分也不是绝对的，在地理教学中，问题探究与社会探究就常常交叉在一起，这一点在偏重人文地理的课堂中表现比较明显。本文主要针对目前地理课中与自然地理内容有关的部分，讨论地理课程中科学探究的问题。

（二）科学探究学习的基本过程和核心问题

作为学习过程的科学探究，其基本过程如图1所示：

图1　探究过程（钟启泉，1992：363）

具体到地理教学中，每个环节都可以有不同形式的细化和补充。在第一个环节“发现问题”中，具体到课堂上就形成“谁发现和提出问题”的问题，是教师还是学生，或是教师引导学生。按照自然科学研究的方法，在第一和第二个环节之间，还可以有一个“提出假设”的步骤，根据问题提出结果的假设，再根据假设去“收集信息”来验证或推翻假设。“收集信息”有多种方法。对自然地理性质的内容来说，主要应该是观察、实验、实践等科学方法，也可以包括文字资料的收集。甚至在“收集信息”前还可以有一个设计收集信息步骤的环节。“处理信息”在课堂上可以形成思考、讨论、绘图等操作性较强的活动。围绕“发现法则”或“发现”其他任何一般性原理，还可以有展示、反思等过程。如果把上述比较具体的过程补充到上图中，科学探究学习大致是这样一个过程：提出问题→提出预测或假想→设计验证的步骤→收集信息→处理信息→解决问题→得出结论→展示与反思。

在地理教师的探究教学设计中，常常会有“创设情境”的步骤，但我们没有把它放进上述过程。这是因为上述过程是针对学生在探究中行为而言的，“创设情境”则是教师的行为。

二、中学地理课程标准对科学探究教学的要求和相关内容

课程标准中适合科学探究的内容有哪些、分量如何、对科学探究是否有明确的要求，都对课堂探究学习的开展有直接的影响。针对科学探究的主要对象是自然科学内容的特点，我们主要梳理地理课程标准中针对自然地理知识的内容标准。课程标准对探究学习的理念、目标和实施建议则是面向所有地理教学内容的。

表 1 中学地理课程标准中对探究学习的要求和内容梳理

学段	课程理念	课程目标	内容标准	实施建议
义务教育	鼓励主动学习、合作交流、积极探究	尝试从学习和生活中发现地理问题，提出探究思路，收集相关信息，运用有关知识和方法，提出看法或解决问题的设想	● 提出证据说明地球是球体 ● 举例说明地球表面海洋和陆地处在不断的运动和变化之中 ● 举例说明纬度位置、海陆分布、海拔高度、地形等因素对气候的影响 ● 运用地图和其他资料概括出某一大洲的地形、气候、河流特点及其相互关系 ● 运用地形图和地形剖面图，描述某一地区地势及地形特点 ● 运用图表说出某一地区气候的特点以及气候 ● 运用地形图说明某一地区主要河流概况 ● 运用资料说出我国气候的主要特征以及影响我国气候的主要因素 ● 在地图上找出我国主要的河流，并说出我国外流河、内流河的基本特征 ● 运用资料，说出我国水资源的时空分布特点	教学建议： 提倡探究式学习，培养探究意识，要引导和鼓励学生独立思考、自主学习，体验解决问题的过程，逐步学会分析问题、解决问题的方法 评价建议： 学生在地理探究学习过程中的表现（如：怎样提出地理问题；怎样收集、整理、分析地理信息资料；怎样表达研究成果；等等）。 教科书编写建议： 地理教科书的编写要关注课程基本理念所提倡的“积极探究”学习方式。例如，可适当安排学生进行探究学习；课文有时可不直接提供问题的结论；把部分“活动”设计成学习新内容的过程等

学段	课程理念	课程目标	内容标准	实施建议
高中阶段（必修）	注重对地理问题的质疑和探究	尝试从学习和生活中获取地理信息，发现地理问题，提出探究方案，与教师或同学合作，开展调查和研究，作出评价，提出解决问题的相应对策 激发探究地理问题的兴趣和动机，养成求真、求实的科学态度	● 运用资料说明地球是太阳系中一颗既普通又特殊的行星 ● 阐述太阳对地球的影响 ● 分析地球运动的地理意义 ● 概括各圈层的主要特点 ● 运用示意图说明地壳内部物质循环过程 ● 结合实例，分析造成地表形态变化的内、外力因素 ● 运用图表说明大气受热过程 ● 说出气压带、风带的分布、移动规律及其对气候的影响 ● 运用简易天气图，简要分析锋面、低压、高压等天气系统的特点 ● 运用示意图，说出水循环的过程和主要环节，说明水循环的地理意义 ● 运用地图，归纳世界洋流分布规律，说明洋流对地理环境的影响 ● 举例说明某自然地理要素在地理环境形成和演变中的作用 ● 举例说明地理环境各要素的相互作用，理解地理环境的整体性 ● 运用地图分析地理环境的地域分异规律 ● 以某种自然灾害为例，简述其发生的主要原因及危害	教学建议： 指导学生开展观察、实践、探究和研究活动； 教师要在高中地理教学中转变学生机械模仿、被动接受的学习方式，促进学生主动和富有个性地学习，可以有意识地加强对学生自主性学习的引导。例如，帮助学生学会自己设计和实施野外观察、观测、调查等实践活动；在日常教学中使用探究方法，帮助学生形成主动探究地理问题的意识和能力；积极创造条件开展研究性学习等 评价建议： 对地理科学方法掌握及探究活动质量的评价； 对地理科学方法掌握的评价，应重点了解学生对地理观察、区域分析与综合、地理比较等常用地理研究方法的领悟、掌握状况和运用水平。其评价标准：一是评价学生是否了解地理方法运用的步骤、要领；二是评价学生能否灵活运用正确的地理方法分析和解决问题； 对学生探究活动质量的评价，建议从学生能否发现和提出地理问题，提出问题的假设，独立思考和解决地理问题，合理表达、交流探究成果等方面进行评价 教科书编写建议： 通过为教学提供必要空间的方法体现“注重对地理问题的探究”和“满足不同的地理学习需要”的基本理念。例如，适当安排学生进行探究活动；课文可不直接提供问题的结论；把部分学生活动设计成学习新内容的过程等

注：选修模块也有适合于开展科学探究活动的内容，本文仅限于必修部分的讨论。

从表 1 可以看出，地理课程标准在提倡探究学习的基本理念下，在课程目标中加入了探究学习的要求，并在教学、评价和教科书编写 3 个方面对探究学习提出了建议。在核心部分“内容标准”的表述上，标准采用将能力要求与知识要求结合起来的方式，其中含有使用探究学习的可能和空间，如“提出证据说明地球是球体”“运用地图和其他资料概括出某一大洲的地形、气候、河流特点及其相互关系”，但因标准文本的性质，对探究学习的要求不可能很具体。

表1中义务教育地理课程标准涉及的科学探究学习的知识内容主要是从“内容标准”中提取出来的，大致分为地球、地图、地形、气象与气候、河流等。这些内容有部分集中在总论部分，其他则分散在区域地理的学习中。

在教学设计方面，课程标准在教学建议中提供了一个比较接近探究学习的案例，但这个案例只提供了一个教学的思路，而且使用的是“问题解决式”学习的概念，而非“探究学习”（见专栏1）。

专栏1　经纬网的学习

在学习经纬网知识时，教师可以采用“问题解决”式的教学方式。

将学习内容转化为“问题”。教师提出问题：一艘海上遇难船只如何向别人报告自己所在位置？请在一个球体表面上标出假想遇难船只的位置。

理解“问题”。让学生边观察边讨论，然后教师引导学生认识到，这实际上就是“如何在地球表面确定一个点的位置”的问题。进一步引导学生运用生活经验，提出确定某一学生在教室里座位或者在电影院里找座位的方法。

寻求解决“问题”的办法。教师引导学生把生活中确定“座位”的方法概括为利用“行”和“列”定点的方法。

把已找到的方法运用到“问题”解决的实际情境中。学生会联想到可在空白球面上通过“遇难船只”这一点画两条十字交叉的线。但怎样向别人描述这两条线的交点是一个新问题。教师由此引出经纬线、经纬度和经纬网的知识。学生观察地球仪并阅读课本，理解经纬线、经纬度和经纬网等概念。

“问题”的解决。遇难船只报告它所处经纬度（船上配有显示经纬度的仪器），让别人知道其在茫茫大海上的位置。

（中华人民共和国教育部，2001：19-20）

高中地理课程标准必修部分的科学探究学习内容主要集中在必修一模块中。必修二和必修三在实际教学中有可能加入科学探究的内容，但从课程标准看，适合科学探究的内容主要是在必修一。

在教学建议部分，高中地理课程标准所给案例中并没有典型的科学探究学习案例，但在《就“沙尘暴有百害而无一利”展开辩论，发展批判性思维》和《利用现代信息技术分析“冷锋对北京天气的影响”》两个案例中，都有科学探究的学习思路（中华人民共和国教育部：2003：26-27）。

三、中学地理新课程实验中科学探究学习的实施

（一）高中新课程中的科学探究学习

我们通过浏览互联网相关网站（页）进行调查，并参阅中国期刊网上关于“地理探究学习”[①]主题的文章，同时与教学一线的地理教师进行接触与沟通，对目前高中新课程中地理科学探究学习的情况做了一个大致的梳理。在这个过程中我们发现，虽然在新课程的基本理念下，探究学习正在成为高中地理的一种重要的学习方式。但是，什么是地理科学探究学习？哪些地理内容适合进行科学探究学习？如何指导学生进行科学探究学习？……这些貌似熟悉、实则陌生的问题困扰着一线的地理教师们，也影响着高中地理课程中科学探究学习活动的开展，导致实际开展的状况并不令人感到乐观，教师们对地理科学探究的理解水平和对学生开展科学探究活动的指导水平都有待进一步提高。

根据表 1 对“普通高中地理课程标准”中教学内容的分析，大致有 15 个内容要点可以用科学探究的方式进行学习。围绕这 15 个内容要点，我们搜集了地理教师科学探究学习的教学课例并对这些课例逐一进行了分析，结果可以从以下几个方面讨论。

从所用教学时间长短看，有些科学探究学习只是一堂课的一个教学环节或组成部分，所占用的课堂时间不长，内容和过程都比较简单，如在“概括各圈层的主要特点”“运用示意图说明地壳内部物质循环过程”和“以某种自然灾害为例简述其发生的主要原因及危害”等案例中，科学探究学习过程就符合以上特征。有些则用到一课时以上的时间，如与表 1 所列其他要点有关的案例。相比较而言，用时较长的课例比重更大些。

从探究的过程看，各案例基本上都属于一个较为完整的探究过程，当然由于内容的多少有别，所以探究过程也有区别。

从探究活动进行的场所分析，15 个内容要点的案例中科学探究过程均是在课堂教学和教室中完成的，没有在课下和教室之外进行的活动过程的案例。课下学生进行的就某一主题（问题）进行的科学探究学习也属于不可或缺的一部分。实际开展不多，其原因之一可能是学生学习负担重，无法再安排室外或课下的科学探究学习活动；原因之二可能是课堂之外缺乏必要或适当的课程资源，无法安排类似的探究学习活动；原因之三可能是我们的调查不全面，遗漏了相关的教学案例。还有一种原因，课下的活动更多地以研究性学习的

---

① 本文所用文章和课例，均以作者自定义“探究学习”或“探究教学”为准。

名称出现。

从探究的类型来分析，可以包括四种情况：提问法、发现法、实验法和研究法。

提问法和发现法，在大部分案例中均有运用。如《宇宙中的地球》案例中要求学生能够运用资料说明地球是太阳系中一颗既普通又特殊的行星。在教学中教师出示“太阳系模式动态图”，并在学生看图和相关资料表格之前提出了一系列的问题，提示学生察看的内容，让学生带着问题去发现问题、探寻表象背后的本质规律。学生先对教师所给学材进行观察、发现、思考，然后采用主题讨论、辩论等形式进行探究学习，最后达成共识，得出地球的普通性与特殊性的结论。①

再如《河流地貌的发育》案例中，教师以长江为例，以一对父子的游览路线为线索，根据长江上、中、下游不同的地貌形状，设置一系列的问题，引导学生通过观察、发现、思考来解释河流上、中、下游地貌形态各异的原因，从而分析出影响地表形态变化的内、外力因素（佚名，2008）。

可以说，提问法是教师指导学生进行探究学习时常用的方法。发现法的思路也可以在课例中看到。

实验法在我们查找的案例中没有出现，但在实际课堂观摩时，确见有教师使用实验的方法引导学生探究。

研究法由于比较注重相应的程序，实施需要较多的时间，在课堂教学的有限时间里无法完整地进行，因此在所研究的教学案例中没有此种类型的探究活动。这反映了目前地理科学探究学习的真实情况。作为一种重要的类型，需要在今后的教学实践中，通过课堂外、课堂与课外相结合等形式，在地理科学探究学习中使用研究法，使学生能够体验完整的科学探究过程。

总之，通过调查分析，我们的总体印象是由于种种原因，中学高中地理课程中科学探究学习的实践可以说才刚刚起步，教师对科学探究学习的认识水平也有待提高。同时，教学实践需要理论的支撑，对于地理课程中的科学探究学习的相关理论需要进一步的研究与完善。

（二）义务教育阶段地理课程中探究学习的实施

义务教育阶段科学探究学习状况分析的数据，主要来源于中国期刊网和网络搜索引擎，时间为 1994—2008 年。在利用关键词搜索的基础上，再根据三个条件（义务教育阶段、自然地理内容和尽量接近科学探究的概念）对所得结果进行筛选。同时调查了北京市十一学校初中地理备课组全体教师，获得了一手的教学设计案例。作者在平时工作和研究

① 案例由北京市通州区第四中学地理教师李金霞提供。

中对初中地理科学探究学习状况的了解，也是本文的基础之一。

文献和部分第一手资料的分析显示，目前初中地理课程中的探究教学（自然地理部分）已经逐步开展，不少教师进行了一些实验或尝试，也有很多经验总结。我们对义务教育阶段探究学习用到的主要方式进行了归纳，主要有以下类型：教师引导、教师借助模型或演示、学生小组合作、乡土调查、网络探究。

教师引导型的探究，主要是教师提出问题，并为学生提供文字、图表或视频、动画等材料，学生借助这些材料，集体（全班）讨论，逐步完成对问题的探究。例如，《海陆变迁》主题的探究学习，教师“发给每个学习小组一份关于海陆变迁的资料，要求学生从中找出能证明海陆曾经或正在发生变化的实例，说明地球表面海陆是处于不断的运动变化之中的”（佚名，2008）。在《探究世界气候类型》的学习中，教师采用为学生提供学习软件《世界气候类型的分布》，师生合作建立简单的世界气候类型空间分布模型。然后以小组为单位选取至少一种气候类型，访问互联网获取该种气候类型的气候资料，利用计算机绘制“气温变化曲线与降水量柱状图”，建立简单的气候类型定量分析模型。再利用“世界气候类型分布模式图”，根据气压带、风带及季风等已学知识分析本组选定的气候类型的特点与成因，并以此方法迁移到探究其他气候类型，初步学会探究气候类型的方法。最后学生交流（口述）与展示（网上论坛）本小组的探究成果，并对其他小组的结论进行质疑（吴照，2008）。

借助模型或试验演示，学生可以去探究宏观地理事实和规律。例如，学习《世界的海陆分布》这一节时，教师发给学生一个地球仪，在每个学生手中传递，让学生观察记录手先碰到地球仪上海洋部分的同学多还是碰到陆地部分的同学多，通过统计手先碰到海洋部分的同学占的比例以及碰到陆地部分的同学占的比例，同时阅读地图，认识地球上海陆分布不均，并计算出海洋和陆地各占的总体比例，以及为什么人们又称其为“水球”的原因，而不是先入为主地介绍。

小组合作学习是指分成小组展开探究，寻找问题答案。例如，在学习“欧洲地形、河流、气候特点及其相互关系”时，教师把学生分成三组。第一组探究主题是：欧洲地形的特点；第二组探究主题是：欧洲河流的特点；第三组探究主题是：欧洲气候的特点。分组时可由学生自由选择主题。教师鼓励每组学生用不同的方法进行探究，除利用教材提供的图片、资料、提示思考以外，还可以自己查阅有关资料或者是利用网络资源。然后做课上交流，最后由教师总结评价（李学军，2008）。

乡土调查的方式是结合乡土地理的教学展开实地调查，在这个过程中进行探究。在自然地理内容方面，组织学生对家乡的河流、水资源进行调查的比较多，其他方面相对较少。如广东省佛山市顺德区红旗中学在乡土地理教学中开展了主题为“让水乡更美”的探究性学习，学生带着设计好的问题深入实际调查探究，通过考察了解家乡（顺德）河流污染状况（张雅芸，2008）；再如指导学生学习《泉州地理》时，要求学生调查家乡的水资源利用等方面的情况，调查活动在教师的指导下分小组进行，由各小组分工合作完成。各小组带着自己的课题进行探究活动，并要求每位学生根据调查探究写一篇地理知识小论文，然后在班上交流（谢文明，2006）。

网络探究是学生利用教师搭建的学习平台，借助网络，完成探究学习。学习网站的建立，既可以是教师自己设计制作的，也可以使用 Webquest 网络探究平台。如 Webquest 教学设计——黄河，借助 Webquest 探究模版，教师设计和完善各部分内容，提供学习资源，学生完成探究（周海军，2007）。

在实际教学中，教师们正在逐步积累帮助学生探究学习的经验。这些经验包含了探究教学的各个方面，如情境创设、问题设计、气氛优化等，以及各个过程的操作指导等。还有一部分教师则停留在对有关文献如国家课程改革文件、探究学习方法等的理解与分析层面上。

四、问题讨论

（一）地理教学科学探究学习现状特点总结

1．实施探究学习的意识明显增强。新课程实施以后，探究学习作为新的研究热点，受到了地理教师的广泛关注。尽管在日常教学中实施得还不普遍，但是很多教师尝试使用探究的方法上公开课或评优课，说明了探究学习的概念正越来越多地被教师熟悉和接受。

2．教师能够根据实际条件，在课堂上采用多种具有“探究”意义的教学方式。例如，在上述初中和高中地理课程的科学探究课例中，教师为学生提供了更多的自主学习的机会，教学方法也呈多样化的趋势，特别是“问题”和资料的运用，与传统教学相比有了明显的改进。

3．就自然地理性质的内容来说，科学探究学习方法的运用还不足。在很多情况下，自然地理类知识的探究采用的是社会探究的方法，如以搜集文字资料和思辨为主。地理课程中的探究学习过程大都不是严格意义上的科学探究，例如，很少有使用“提出假设”和“验证假设”这两个步骤的。这一点和地理课同时具有自然学科和人文学科的性质有关，也与在中学被划分在“文科”的影响有关。自然地理有些内容如“分布”确实不能用实验、演示等方法进行探究。但也有部分内容有比较强的自然科学的特点，是可以用科学探究的方法学习的。因此，地理课程需要根据自然地理教学内容的性质，选择适当的课题进行科学探究学习，为培养学生的科学素养发挥应有的作用，同时突出地理课程综合性的特点。

目前比较可行的方法就是将实验和观察有计划地引入自然地理性质的教学，强化它们在课堂上的地位。

4．科学探究课上有教师引导过多、学生主动探究不足的倾向。不少教师喜欢用“问题”引导学生进行探究，结果容易出现教师引导过多，形成教师用大量问题“牵”着学生走的状况。这样的课被有些教师质疑“是否是探究学习”。教师提问过多或问题过细，也导致了学生缺少真正自主探究的体验。

5．地理课堂上“部分探究”或“点”的探究较多，系统的、完整的探究较少。如借助实验或演示的探究，往往都是讲到这个问题了，就做一个实验或演示，一般时间很短，甚至只有几分钟的时间，表明现有的探究学习还多用于辅助教师讲授。

另外，有一些问题已经被广大教师发现并进行过较多的讨论，如探究学习与课时的矛盾、探究问题的设计等，本文不再展开讨论。

（二）用好科学探究学习中的“程序”

上述问题有一些与科学探究的程序有关。虽然科学探究学习有比较成熟的“程序”，但在基础教育的科学探究学习的规模及程序的设计上，人们一直有着不同的看法。有人认为学生的科学探究学习，应该像科学家那样要经历一个完整的探究过程才能称其为探究；也有人认为学生的学习只要经历了科学探究过程的某一个环节就可以称为科学探究学习。有人认为科学探究学习应该是学生在课下进行主题活动的探究；也有人认为学生在课堂上某一个知识点的探索、思考也可以称为科学探究学习，等等。在实际教学中，教师持什么观点，就会使用与之相应的教学步骤。总体来看，自然地理课堂上的探究学习以“经历科学探究的某一个环节”或“对某一个知识点的探索、思考”的形式为主。在“教师引导探究”为主的课堂上，用“体现探究思想和意识”来定位则更为恰当。

科学探究学习比社会探究更注重程序，这是由科学探究学习的对象决定的。机械的套用科学探究学习的步骤、不顾学生情况“迫使”他们进行某一个环节的探究，并不能带来理想的效果。为使用科学探究步骤而探究，或是把科学探究学习的步骤作为“知识”来学习甚至记忆，更不是倡导科学探究学习的目的所在。不过，在有适当主题的情况下，让学生在一学期的时间里有机会经历一两次比较规范的探究学习过程，对培养他们用科学的方法解决问题的意识和能力也是大有好处的。

（三）科学探究学习中学生的主动性问题

目前地理科学探究学习中存在的问题还与对探究学习性质的理解有关。探究学习从本质上看是以“学生主动”为特点的学习方式。如何理解“主动”关系到教师采用什么样的教学行为。教师对“问题”的设计和使用方式，则会关系到学生“主动”的程度。当教师用一连串的“问题”对学生进行引导时，就某一个问题来说，学生是“主动”的，因为这个问题的答案不是教师告知，而是学生自己思考处理的。但就整体学习过程来说，学生很可能是被动的，例如，探究的问题不是他们感兴趣的；具体的“问题”不是他们提出来的；探究的过程和方法也不是他们设计的；甚至结果也不是他们想要得到的。这种“探究”，学生实际是在按照教师的要求、根据教师设计的步骤、达到教师想要的目的，“学生主动”的成分比较少。这样的教学过程其实就是讲授方法中的启发式，而非真正的探究学习，就自然地理性质的教学来说，更不具有科学探究学习的特点。

在科学探究学习中，学生的主动性可以表现为以下几个方面：

提出问题。在日常的课堂上，不少中学生还是能够主动向教师提问的，但一般发生在学生当堂没有理解教师所讲的情况下，或课后学生的复习或准备考试中。让学生主动提出探究意义较强、密切结合教学目标、又适合大部分学生去做的“问题”，还是很不容易的。这种能力需要教师逐步去培养。例如，一般讲课是教师根据自然现象提出问题，由学生或独立或讨论后回答。科学探究学习中可以尝试让学生就某些与课程目标相关的现象提出可以探究的问题，教师帮助筛选后用于课堂探究学习。

尝试假设。如果有合适的主题，“假设”的环节比较适合由学生去做。由学生提出“假设”，可以使探究过程有适合学生程度的方向和深度，也可以激发学生自主探究的兴趣。

设计实验。地理课堂上的实验本来不多，由学生去设计就更少了。科学探究学习中的基本步骤“收集信息”其实也可以由学生去设计具体的步骤，例如，由学生去设计“要证明某个自然地理原理，可以通过什么样的实验或观察来进行”。同“提出问题”一样，这种科学探究能力也是需要逐步培养的。

动手操作。如果说前面两条难度过大，科学探究学习中让学生动手去完成教师设计的实验或观察，这一点还是可以尽量去做的。这里的操作是指让所有学生都能够有机会动手，而不是一两个学生做给其他学生看。

讨论结果。在目前的科学探究学习中，让学生讨论是比较容易做到的。

反思学习。科学探究的结果出来后，要由学生自己去反思整个探究过程和探究的结果，以巩固科学探究过程学到的东西，找出不足之处，并对结果进行进一步“确定”，而不是一概由教师做“总结”。

综上所述，不论是从地理课程培养未来公民科学素养角度，还是从自然地理教学内容特点的角度，地理课程中的科学探究学习过程都是既有必要也有可能的。在普通学校的普通地理课堂上开展好科学探究学习，需要我们对科学探究本身有正确的理解，并勇于进行尝试。

参考文献

[1] 李学军. 探究课. 欧洲地形、河流、气候特点及其相互关系. 华英论文教学网，http：//xzf.2000y.net/mb/1/ReadNews.asp？NewsID=320970，2008-08-17.

[2] 陆璟. 探究性学习. 中国教育和科研计算机网，http：//www.edu.cn/20020521/3026270.shtml，2008-10-19.

[3] 吴照. 探究世界气候类型教学设计. 中学地理名师培养班，http：//61.155.66.19/blog/more.asp？name=xukuanhong&id=6086，2008-08-17.

[4] 谢文明. 关于地理探究性学习的实践与探索. 福建教育学报，2006（9）.

[5] 佚名. 河流地貌的发育. 中国地理课程网，http：//geo.cersp.com/sGzxkc/rjb/bx1/200711/4116.html，2008-10-19.

[6] 佚名. 关于海陆变迁的探究活动. 中小学资源网，http：//www.i3721.com/cz/tbstdq/stdqc1/xjcdl/200606/183110.html，2008-10-19.

[7] 张雅芸. “乡土地理教学”中“探究性学习”实例剖析. 顺德地理. http：//sddl.sdedu.net/Upfiles/20077121581221330.doc，2008-08-17.

[8] 周海军. webquest 教学设计案例. ET 小屋的 blog，http：//www.blog.edu.cn/user4/amy_sky/archives/2007/1673803.shtml.

[9] 中华人民共和国教育部. 全日制义务教育地理课程标准. 北京：北京师范大学出版社，2003.

[10] 中华人民共和国教育部. 普通高中地理课程标准. 北京：人民教育出版社，2003.

[11] 钟启泉. 现代教学论发展. 北京：科学教育出版社，1992.

高中地理教科书中“城市空间结构”与“城市地域结构”的概念辨析①

一、“城市空间结构”与“城市地域结构”概念辨析

“城市空间结构”的概念是课程改革前高中地理必修课教学大纲中没有要求的内容。与之相对应的是“城市的地域结构”的概念。在《课程标准》中对“城市空间结构”和“城市地域结构”的学习要求是分开表述的。关于城市的空间结构，《课程标准》的要求是：“运用实例，分析城市的空间结构，解释其形成的原因。”关于城市的地域结构，《课程标准》的要求是：“联系城市地域结构的有关理论，说明不同规模城市服务功能的差异”，其重点在城市服务功能的差异。从《课程标准》的要求看，有关“城市空间结构”这一标准主要涉及城市内部功能区之间的空间联系，有关“城市地域结构”的标准主要涉及一个区域内不同规模城市之间的关系。在课程标准实验教科书中，有的版本回避了这两个概念，有的将“城市的地域结构”等同于“城市的空间结构”，这是因为即使在地理学术界，不同的学者对这两个概念也有不同的定义和认识。

在查阅多种人文地理学者的著作后，我们将这些学者对“城市空间结构”与“城市地域结构”两个概念的使用梳理如下：

第一类是用“城市地域结构”描述城市内部各部分之间的空间关系，但没有同时使用“城市空间结构”的概念，即没有将这两个概念成对使用。在王恩涌、陈慧琳、张小林等的著作中，均是如此用法。例如，陈慧琳主编的《人文地理学》中，明确使用了“地域结构”的概念，其定义为：“城市地域结构是指在城市地域内部，各种不同的功能在空间上的有机联系，共同构建的城市整体。”[1]80 但该书并没有同时把某一区域内的城市体系定义为“城市的空间结构”。张小林等编写的《人文地理学导论》认为，城市具有内部功能和外部功能，“相应形成了内部和外部两种空间相互作用和空间结构，前者是城市各组成要

① 原载《中学地理教学参考》2010年第3期，后被人大复印资料《中学历史、地理教与学》2010年第7期全文转载。

素相互作用和制约在城市地域范围内的空间表现，称为城市地域结构；后者是指城市（点）之间以及城市与区域（面）之间的有机组合，形成一定区域内的城市体系”。[2]173 该书在用“城市地域结构”描述城市内部的空间关系的同时，也没有将“城市空间结构”专门用于城市体系的定义。

第二种是明确将“城市地域结构”用于描述区域内城市之间的关系，“城市空间结构”用于描述城市内部的结构。例如，蔡建明等所著《现代地理科学》一书，就明确使用了“地域结构”和“空间结构”这两个名词来描述城市景观，同时将“地域结构”用于分析城市体系。该书第十章第四节“城市景观的地域结构与差异”实际上是用中心地思想分析一个区域内有不同职能城市的现象。[3]229 第十四章“空间结构的理想、现实与未来”涉及的则是城市内部的布局。[3]358-373 顾朝林等编写的《中国城市地理》是在讲中国城市体系时使用“地域空间结构”一词的，而在分析城市内部结构时使用的是“空间结构”。江曼琦著的《城市空间结构优化的经济分析》一书专门研究城市空间结构问题，在“城市空间结构的基本内涵与特征”一章中，作者对城市空间结构的定义为：“这些差别使不同的经济活动占据城市内不同的空间，在城市地域内部出现不同的组合格局，形成不同的城市形态，这就是城市空间结构。”同时强调：“尽管城市内部存在着多种多样的结构，如经济结构、产业结构、社会结构、人口结构、劳动结构、空间结构，但空间结构是城市各种结构图谱中的基础结构。”不过，作者也引用了崔功豪等的观点，认为城市空间结构是有层次性的，可以划分为城市内部空间结构和外部空间结构。“城市内部结构指城市内部的土地利用形式和城市功能区的结构与组合，城市外部结构是作为一个整体的城市的组合形态。”[4]31-32 因为作者只研究城市空间结构，所以书中没有涉及城市体系问题，也没有出现过“城市地域结构”一词。周伟林、严冀等编写的《城市经济学》中，“空间结构”一词也主要针对城市内部土地的分类和相应的理论，[5]169-178 书中没有用“地域结构”来描述城市内部的空间分布状况。

第三种是混用或没有作为专有名词。不少学者是将“城市空间结构”和“城市地域结构”作为相同概念使用，或交叉使用，或没有作为专有名词使用。例如，在许学强等编著的《城市地理学》一书中，多次使用“空间”和“地域”的词汇，但是在“空间”和“地域”的一般意义上使用这两个词汇的，没有出现“城市空间结构”和“城市地域结构”这样的专有名词。在阐述城市地理学研究的内容时，作者将“空间”和“地域”的概念同时用在描述城市内部结构和外部结构上，认为：城市地理学研究的重心“是从区域和城市两种地域系统中考察城市空间组织——区域的城市空间组织和城市内部的空间组织”[6]3。在分析一个区域内城市之间的关系时，作者使用的是“城市空间分布体系”；在其中的“城市经济区”部分，作者描述我国的城市经济区时把它称为“城市地域综合体”，认为它是“一种综合性的城市地域的空间组织形式”。[6]193 这里使用了“地域”一词来描述一组城市的范围，但始终没有出现“地域结构”的概念。在分析城市内部的土地利用时，作者使用了“城市形态和空间结构”的提法，但也不是特意为之，因为在后面的一章中，作者写道：“传统的城市地理学在研究城市空间结构或地域结构时，着重点是城市形态和土地利用，或称功能分区”，[6]234 同时使用了“空间结构”和“地域结构”。可见在该书中，“空间结构”和“地域结构”均不是专有名词。这本书出版几年以后，作者之一周一星等又为中学地理教师编写了一本《城市与城市地理》。在这本书中，“空间结构”和“地域结构”均被用在对城市内部的分析中。该书的第八章为“城市内部空间结构”，其下的文字将这个题目的研究内容解释为“城市形态和地域结构”；其中第三节的题目则为“城市地域空间结构模式”，[7]210-228 把两个概念合二为一。

在人文地理研究中，不同学者对一些地理问题有不同的看法或使用不同的概念是正常的现象。教科书编者在编写教科书时一般会选择自己认可的说法，因此，四本课程标准实验教科书《地理 2》在处理这两个概念时就出现了差别。表 1 是四本教科书该项内容处理的比较。

表 1 四本教科书对课程标准“城市空间结构”和“城市地域结构”内容的处理

版本	对“城市空间结构”和“城市地域结构”内容的处理
人教版	将“城市空间结构”和“城市地域结构”看作是同一概念：不同功能区的分布和组合构成了城市内部的空间结构，也叫作城市地域结构；另有一节讲不同等级城市的服务功能
中图版	将“城市空间结构”和“城市地域结构”看作是同一概念：构成城市的各要素在空间上的位置及其组合状况；城市中不同功能的小区有规律地结合，构成了城市的空间结构（也称地域结构）；“不同规模城市服务功能的差异”主要涉及城市内部结构，城市的外部联系略有提及
湘教版	在“城市空间结构”一节中讲了城市土地利用、城市功能分区和中心地理论，没有解释“城市空间结构”，也没有出现“城市地域结构”
鲁教版	“城市的空间结构”一节主要讲城市功能区，但没有解释概念的含义；不同城市之间的关系使用“城市体系”；没有出现“地域结构”

从表 1 可以看出，对于“城市空间结构”描述的是城市内部土地利用和功能区联系等现象，四本教科书均是认同的。差别主要出现在对“地域结构”的处理上。有两本教科书明确写明“城市空间结构”等同于“城市地域结构”，另外两本教科书没有提及“城市地域结构”的概念。分析课程标准的结构和要求，这两条标准应该是针对两点不同的知识内容，而不是同一个知识内容的两条不同的要求。如果前一条标准要求学习的是有关城市内部区域空间关系的内容，后一条标准应该是有关特定区域内不同城市之间的关系，也就是城市等级和不同规模城市服务功能差异等内容。如何处理在学术界存在不同看法的地理知

识，是以后课程标准制定和修订时应给予特别注意的地方。

二、城市空间结构成因知识的梳理

《课程标准》要求学生能够“解释城市空间结构的成因”。城市空间结构还包括城市空间形态的内容，本文仅就城市功能区之间关系意义上的“城市空间结构”成因进行梳理。通过阅读分析已有文献，学者的观点主要有以下两种：

有的学者将城市空间结构的形成原因解释为受“动力”驱动。例如，在胡兆量等编著的《经济地理学导论》中对城市的地域结构①及其布局问题阐述道：“城市地域结构的形成中，有两种力量在起着重要的支配作用，这就是结节性和均质性。”[8]244“结节性是指城市中的某些地段，对人口流动、物质能量的交换或信息的传递具有强弱不等的聚焦作用或吸引作用。”而具有结节性的点的形成又“与历史、规模、交通状况、地理位置等因素有关”“均质性是指城市在发展中由于职能分化而在地域上表现出来的一种保持等质、排斥异质的特性。”[8]245。王恩涌等编著的《人文地理学》中讲道：“形成地域结构的动力分两方面，即集聚力和离散力”，集聚力主要由两方面原因引起，即市中心的“交通便利和社会条件方面的优势”，而离散力也由两方面原因引起，即“经济条件和社会条件方面”，“集聚力就是向心力，驱使居民和某些部门向市中心集聚；离散力则是向相反方向，驱使其转向郊区”[9]243。

不论是“结节性与均质性”的支配还是“集聚力与离散力”的作用，归结到底仍是由多种因素共同影响形成的。

也有学者将城市空间结构形成直接归结为“多种因素”影响。在《现代人文地理学》中“影响城市地域空间分化的因素有很多，既有经济的，也有社会的，既有客观的，也有人文的，既有个体的，也有集团的”[10]190；而在叶宝明编写的《人文地理学》中虽然没有专门对城市空间结构成因作论述，但在其阐述影响CBD内部空间结构形成的因素时有“复杂多样，不断变换”这样的词语出现。在陈慧琳编著的《人文地理学》中“城市与环境”标题下讲到：土地需求价格的变化是塑造城市地域结构和空间形态的指示器；规划思想则能最直接决定城市的建设模式。[1]97-100张小林等编写的《人文地理学导论》中对城市地域分化的成因概括为四个主要方面：历史成因、经济因素、社会因素和行政因素。[2]179

在人文地理学者看来，经济因素是形成城市空间结构的主要影响因素。“各项经济活动总要落实在一定的地域范围内，各项活动又具有不同的经济特性，对土地的利用形式也不相同”[7]210，而且“任何产业的选址都与用地成本有关，都追求成本的降低”[11]328，由

① 因文章前面分析的原因，这里的“地域结构”同“空间结构”，后同。

此形成了对用地的市场竞争。但如果没有整体规划，产生污染严重的工厂企业可能会处在利润最大的人口密集区域却不考虑环境的问题，因此城市空间结构的形成也离不开行政规划，而其他影响因素在城市空间结构形成中起到一定的调节作用。

在高中地理实验教科书编制过程中，课程标准的要求因融入了编者的理解而形成不同的呈现方法。人教版强调“城市空间结构形成”是由多种因素共同作用的结果，其中的经济因素被视为主要因素，用地租水平和付租能力表示，其他因素则作为略讲内容以举例形式呈现。中图版在形成城市功能分区的多种原因中提取了四点主要原因进行讲解，分别是历史原因、经济原因、社会原因和行政原因。中图版同样将经济原因作为详细讲解内容。另外中图版教科书将城市功能分区的多种原因归为集聚力和离散力两方面。鲁教版教材将城市功能分区的成因概括为三种因素影响，即历史因素、经济因素和社会因素。对于经济因素的讲解内容同样多于对其他因素。湘教版没有对这部分内容进行详细的解释，而是简单概括影响因素有“自然地理条件、历史文化因素、经济发展水平、交通运输状况等”。

关于城市空间结构形成原因的解释教科书与人文地理学研究存在以下差异：

第一，对于推动力的解释，教科书中涉及较少。人文地理学中有学者将城市空间结构形成原因归结为推动力作用，而教科书中只有中图版教科书简单总结各种因素“对城市地域结构形成的影响也可归为集聚力和离散力两方面”。人教版虽没有明确提到，但在表述中有这两种推动力的思想渗透，如“在城市发展的初期，城市的地域范围狭小，它的各类功能用地混杂布置，没有明确的功能分异，市中心以市场、交通等优势吸引了工业的自然团聚。随着……用地紧张交通拥挤……等问题日渐突出……市区的工厂企业纷纷向外搬迁”[12]24。而鲁教版和湘教版对此均没有涉及。

第二，教材注重对经济因素的讲解。与其他影响因素比较来看，教科书对经济原因的讲解力度颇大。人教版教材详细分析经济因素对城市地域结构形成的影响，并附有“各类土地利用付租能力随距离递减示意”，中图版和鲁教版与之类似。从学科角度来讲经济因素是形成城市地域结构的重要原因，从教科书角度来看，经济原因是各种形成原因中的难点，故教材将此作为详细分析对象是合理的。

第三，教材没有将行政因素作为重点内容。只有中图版明确提到在促进城市内部地域结构分化时行政因素的影响很大。鲁教版教材提到政策对城市功能区的形成起着重要作用，而其他版本均没有涉及。事实上，“城市功能区并不是自发形成的，而是在城市规划的引导作用下逐渐形成的”[7]220，由此可以看出行政规划在城市功能分区形成中起到了很重要的作用。与经济因素不同的是，行政规划的人文痕迹更明显，除了遵循必要的规律外还体现了规划者的意志，历史文化因素也是如此。对于这类受人控制的影响因素，笔者认为可以在教学中进行更深入的探讨。

本文仅从高中地理“城市的空间结构及其成因”内容上进行了分析，在实际教学中还需要考虑学生的基础、学习兴趣、接受能力、联系实际等其他问题。

参考文献

[1] 陈慧琳，等．人文地理学[M]．北京：科学出版社，2001.

[2] 张小林，等．人文地理学导论[M]．北京：测绘出版社，1995.

[3] 蔡建明，等．现代地理科学[M]．重庆：重庆出版社，1992.

[4] 江曼琦．城市空间结构优化的经济分析[M]．北京：人民出版社，2001.

[5] 周伟林，严冀，等．城市经济学[M]．上海：复旦大学出版社，2004.

[6] 许学强，周一星，宁越敏．城市地理学[M]．北京：高等教育出版社，1997.

[7] 周一星，陈彦光，等．城市与城市地理[M]．北京：人民教育出版社，2003.

[8] 胡兆量，等．经济地理学导论[M]．北京：商务印书馆，1987.

[9] 王恩涌，等．人文地理学[M]．北京：高等教育出版社，2000.

[10] 李润田．现代人文地理学[M]．开封：河南大学出版社，1992.

[11] 饶会林．城市经济学[M]．大连：东北财经大学出版社，1999.

[12] 袁书棋．高中地理必修 2[M]．北京：人民教育出版社，2007.

人文地理成因教学问题的探讨

——以“城市空间结构的成因”为例[①]

高中地理新课程以人文地理内容为主，其中有关人文地理成因教学因其具有较大的开放性，是培养学生多角度、批判性思考地理问题能力的好机会。本文以“城市空间结构的成因”内容为例，在分析现有课堂教学实例的基础上，讨论如何进行人文地理成因的教学。

一、教学实例分析

首先，我们以教师为学生设计的活动为例，剖析在城市空间结构成因教学中存在的问题。下面的例子来自地理课堂，但在形式上做了些修改。

【例 1】北京的市中心是天安门广场，这里交通便捷，但却不是商业中心。分析影响其城市内部空间结构的主要因素是什么，简要说明判断理由。

【例 2】北京的牛街因为拥有礼拜寺而文明遐迩，是北京市最具特色的少数民族聚居区，这里居住着 22 个少数民族，其中回族群众为 1 万多人。分析影响其城市内部空间结构的主要因素是什么？简要说明判断理由。

例 1 和例 2 有共同的问题。从所给资料中，我们并没有得到整个北京市城市内部空间结构的图景，所以无法完成教师要求的“分析城市内部空间结构的主要因素”的任务。教师的目的应该是让学生说出“北京的中心为什么不是商业中心”和“为什么北京的牛街是少数民族聚居区”的原因，而后者只是北京市空间结构中某个功能分区形成的原因。

例 1 和例 2 教师的预设答案很明显，例 1 的预设答案一般是“历史因素”；例 2 的预设答案一般是“社会因素”。但在实际教学中，有学生提出了疑问：“北京市的中心不是商

---

① 合作者：张孟侠，原载《中学地理教学参考》2010 年第 4 期。

业中心，也可以是行政原因，是政府不让搬（指故宫等古迹仍在原地保留），所以行政的原因也很重要”。历史的因素是指“历史上遗留下来的布局，因某些原因予以保留”。学生的疑问则涉及不同影响因素的关系问题，也就是说，“因素”也是有层次的，从不同的角度看，可以有不同的解释。北京牛街形成原因的讲解也会遇到类似的问题。用社会因素解释城市内部民族聚居区的形成还只停留在功能区的形成因素上，从城市空间结构形成的角度看，为什么在“那个”特定地区形成民族聚居区这个“功能区”才是“结构”上的形成因素，因为结构的成因需要考虑该区与周围环境的关系、该区与其他功能区的关系。如果真的这样追溯，就会发现，我们需要回到历史上去寻找该区在“那里”形成的原因，结果答案就成了“历史因素”。这种对同一类功能分区用不同因素解释的现象是有的，例如例 3：

【例 3】 以北京城核心紫禁城、皇城为例，分析影响城市空间结构的历史因素并补充东京江户川区高级住宅区的案例。

在例 3 中，东京江户川高级住宅区的例子是被作为“历史因素”的产物使用的，而它也可以被理解为社会因素——收入差别的作用，这和北京牛街民族区形成的性质类似，二者的成因，都是既可以从历史的角度也可以从社会因素的角度讨论的。同是高级住宅区的形成，例 4 的表述我们认为更合理。

【例 4】 香港土地利用向山顶发展，半山及山顶地区因环境好、房屋建筑质量高而慢慢成为富人居住的区域，形成了高级住宅区。分析影响其城市内部空间结构的主要因素是什么？简要说明判断理由。

之所以说例 4 的表述更为合理，是因为它引导学生从某个角度（这里是自然环境和住房条件）解释香港高级住宅区为什么“向山顶发展”，而没有停留在为什么会有高级住宅区的层面，这里不仅有了“原始”的理由，也等于涉及香港不同地区的特点，其中多少有了一些解释“城市空间结构成因”的味道。

【例 5】《北京城市总体规划》中指出，到 2050 年左右，北京将建设成为经济、社会、生态全面协调发展的可持续的城市，进入世界城市行列，所以进行了对首钢外迁等一系列的调整。分析影响其城市内部空间结构的主要因素是什么？简要说明判断理由。

【例 6】 为把深圳打造成国际大都市，深圳市政府决定把市政府由原来的罗湖区向西迁到福田区。分析影响其城市内部空间结构的主要因素是什么？简要说明判断理由。

例 5 和例 6 也多少有些空间结构成因分析的意思，例如，例 5 涉及“外迁等一系列调整”，例 6 提到罗湖区和福田区两个区，而且有“向西”这种方向性移动概念，也就有了比较明显的不同区域之间关系的描述。不足的地方是，例 5 中“无效”的信息要多于有用的信息，虽然学生能够比较容易回答出“行政”因素，但没有给出“城市空间结构”，就让学生去分析影响因素，明显就是“背结论”的学习倾向。例 6 如果拓展成一个案例，把其他功能区的相应变化也给出来，对于深圳学生来说，会是一个既有意思也有用，同时能够体现城市空间结构地理思想的好例子。

二、问题讨论

前面所举 6 个例子都不大，但还是能够反映出在城市空间结构成因教学中一些容易出现的问题，这些问题也同样存在于其他人文地理成因的教学中。

1. 如何处理地理成因问题的复杂性

同中学其他学科比较起来，地理教学内容很复杂，除了内容涉及领域较多外，影响地理事象的因素也很复杂。这里的复杂不仅是指影响因素数量较多，还指这些因素之间的关系不是简单并列或简单线性的。这种开放性较大的人文地理内容，即使在人文地理研究领域不同的研究者也会有不同的看法或表述方法。这里以城市空间结构成因的研究为例，人文地理学者也是从不同角度论述城市空间结构成因的。一类论述将城市空间结构的形成原因解释为受“动力”驱动。例如，在胡兆量等编著的《经济地理学导论》中对城市的地域结构①及其布局问题阐述道：“城市地域结构的形成中，有两种力量在起着重要的支配作用，这就是结节性和均质性。”“结节性是指城市中的某些地段，对人口流动、物质能量的交换或信息的传递具有强弱不等的聚焦作用或吸引作用。”而具有结节性的点的形成又“与历史、规模、交通状况、地理位置等因素有关”。“均质性是指城市在发展中由于职能分化而在地域上表现出来的一种保持等质、排斥异质的特性。”[1]244-245 在王恩涌等编著的《人文地理学》中讲道：“形成地域结构的动力分两方面，即集聚力和离散力”，集聚力主要由两方面原因引起，即市中心的“交通便利和社会条件方面的优势”，而离散力也由两方面原因引起，即“经济条件和社会条件方面”，“集聚力就是向心力，驱使居民和某些部门向市中心集聚；离散力则是向相反方向，驱使其转向郊区”[2]234。

另一类学者则直接阐述“多种因素的影响”。李润田在《现代人文地理学》中认为，“影响城市地域空间分化的因素有很多，既有经济的，也有社会的，既有客观的，也有人文的，

① 因地理学界对“城市空间结构”和“城市地域结构”的不同用法，本文中的“地域结构”同“空间结构”，后同。

既有个体的，也有集团的”[3]190；而在叶宝明编写的《人文地理学》中虽然没有专门对城市空间结构成因作论述，但在其阐述影响CBD内部空间结构形成的因素时有“复杂多样，不断变换”这样的词语出现。在陈慧琳编著的《人文地理学》中“城市与环境”标题下讲到：土地需求价格的变化是塑造城市地域结构和空间形态的指示器；规划思想则能最直接决定城市的建设模式。[4]97-100张小林等编写的《人文地理学导论》中对城市地域分化的成因概括为四个主要方面：历史成因、经济因素、社会因素和行政因素。[5]179

《高中地理课程标准（实验）》要求学生能够“解释城市空间结构的成因”，显然，并不是要求学生能够像地理学家一样去解释，所以，高中地理实验教科书在编制过程中，编者都会对地理学意义上的“成因”进行“简化”，例如，关于城市空间结构形成原因的解释，教科书较少涉及“推动力”，只有中图版教科书简单总结各种因素“对城市地域结构形成的影响也可归为集聚力和离散力两方面”；人教版也只是用通俗的语言渗透了“推动力”意思，如“在城市发展的初期，城市的地域范围狭小，它的各类功能用地混杂布置，没有明确的功能分异，市中心以市场、交通等优势吸引了工业的自然团聚。随着……用地紧张交通拥挤……问题日渐突出……市区的工厂企业纷纷向外搬迁”[6]24。

地理教科书和地理教师为了照顾学生的年龄特点，会对“复杂因素”做“简单化”的处理，但如果“简单化”的方法不够恰当，则会造成教学中的“自相矛盾”，使教师和学生都不能“自圆其说”，甚至会使学生愈加糊涂。例如，有时我们会把一些做法简单地归结为“行政因素”，并把行政因素与其他因素并列起来。学生在回答这类问题时，只要看到“政府规划”一类，就放到“行政因素”里，似乎这样学生就容易掌握影响城市空间结构的主要因素了。但为什么政府要做这样的规划？有哪些因素影响着政府进行城市空间结构的规划？这时才会涉及经济、历史、文化甚至自然等因素，因为城市规划自古有之，所以“行政因素”应该是更上位的概念，其他因素更多是行政规划部门应该考虑的，因此成因是有不同层次的。前面的教学实例还表明，历史因素也有类似的问题，就北京市的城市空间结构看，城市的中心并非商业中心而是故宫等建筑群形成的历史文化中心，现在说来是为了保存和保护重要的历史文化遗产，这就产生了两个问题：一个是当初皇城为什么建在这里（为什么当时的城市不是商业中心），另一个是为什么北京市仍旧把它作为城市的中心。这两个问题都是简单的“历史原因”无法解释的。

在教学中，划分前提和不同因素所在层次是处理人文地理成因复杂性的一种办法。根据上面的分析，在分析城市空间结构的成因时，行政因素是可以作为一个前提的，即假设所有城市空间结构都是在政府或某些结构的“规划”下形成的，“规划时”所考虑的因素就是我们地理课上要讨论的内容。在这个前提下，还要区分“历史的和现实的”城市空间结构形成，这样就可以把城市空间结构成因的“变化”体现出来。当然，根据学生的情况，也可以把对城市空间结构成因的学习只定位在现代。

在教学中另一个比较实用的做法是突出主要因素，这不仅符合实际情况，也有利于避免地理成因教学过于复杂而让学生难以理解和接受。在人文地理学者看来，经济因素是城市空间结构形成的主要影响因素。“各项经济活动总要落实在一定的地域范围内，各项活动又具有不同的经济特性，对土地的利用形式也不相同”[7]210，而且“任何产业的选址都与用地成本有关，都追求成本的降低”[8]328，由此形成了对用地的市场竞争。但如果没有整体规划，产生污染严重的工厂企业可能会处在利润最大的人口密集区域却不考虑环境的问题，因此城市空间结构的形成也离不开行政规划。而其他影响因素在城市空间结构形成中起到一定的调节作用。

这一点在地理教科书中也有所体现。不同版本的教科书都注重对经济因素的讲解。人教版教材详细分析了经济因素对城市地域结构形成的影响，并附有“各类土地利用付租能力随距离递减示意图”，中图版和鲁教版有类似的处理方法。

从课堂教学的角度看，“突出主要因素”的教学要体现“突出”和“主要”，比较适宜的做法是围绕这个主要因素展开教学，而不仅仅是将所有因素一一排列讲完后，总结时再“突出”谁是主要因素。在城市空间结构成因的教学中，虽然经济因素一般被认为是主要因素，但也不是所有城市都以经济因素为主导，教师需要适当拓展实例，避免学生形成绝对的看法。

同自然地理知识的学习相比，人文地理知识学习的开放度会更大，特别是人文地理成因知识的学习，越复杂的内容越有可能出现不同的看法。因此，鼓励和培养学生多角度思维和批判性思维能力也是应对人文地理成因复杂性的一个途径。教学需要给予学生思考问题的引导和空间，而非束缚他们思维的“条条框框”，成因教学因为可以划分成“多少条”因素，又正是容易将学生思维束缚起来的内容。

2. 如何使用实例

城市空间成因的教学，必须要使用城市的实例。在实例的使用中，有两种做法值得讨论：一种做法是偏重城市内部功能区的分析，如前面所举实例。教学目标制定时，都是定位在“城市空间结构及其成因”，但在具体教学时，使用的却都是单独功能区的例子；另一种做法是只以一个城市的空间结构为例，例如，北京的学校会以北京的城市空间结构为主。

实际上，某一功能区的分析并不能代替这个城市空间结构的分析。城市空间结构除了功能区的特点外，还包含功能区之间的空间关系。城市空间结构成因的教学注重的是城市空间结构的整体形成，而不仅仅是每个功能区的成因。例如，前面举的城市中民族聚居区的例子。偏重功能区的教学比较注重民族聚居区形成的社会因素——因共同的生活和文化习俗逐渐聚居到一起；偏重城市空间结构整体形成的教学会注重为什么民族聚居区会分布在城市的这个位置，它与其他功能区之间有什么关系。富人居住区的教学也是如此，仅仅从收入的角度分析成因是一种仅限于该功能区形成原因的教学，若从城市空间结构成因的角度分析，应该讨论富人区为什么会分布在城市的这个空间位置，它与其他功能区之间的关系是怎样的。

关于城市实例数量的问题，与前一个问题也有联系。当我们的教学只偏重一个城市时，自然会对其中的功能区分析较多而容易忽视城市空间结构的整体性。我们建议最好使用多个城市空间结构的例子，这样我们的教学就会跳出某一城市的细节，更多地关注城市空间结构整体的成因。使用多个城市实例，还有利于通过比较的方式，较为深刻地理解影响城市空间结构的因素，并感受每个具体地理事物都会具有的独特性，这些独特性是普遍存在的，是地理教学的特殊之处，而它们往往不是一个一般性地理原理的讲述可以充分体现的。

实例的另一个作用是实现人文地理成因教学中的综合分析过程。在城市空间结构成因的教学中，比较多的做法是把各个因素分开来讲，每个因素举一些例子。这实际上是一种应付考试题目的做法，看似简单，实则远离了人文地理现象成因的本质。即使学习地理成因这类地理理论性的内容，也不宜采用简单地一对一的方法：一个因素对应城市里的一个功能区。对地理成因的学习和理解比较适宜建立在对完整实例剖析的基础上，用综合分析的方法去认识就一城市空间结构的整体来说，哪些因素共同影响了它的形成。这时我们注重的是影响城市整体空间结构的因素。工业城市往往先有工厂，围绕工厂发展居住区等，所以典型的工业城市，市中心多为工业用地。北京是政治中心，历史上城市中心是皇城。后来为保护历史遗产，北京的市中心仍为过去的皇城，但已变为文化旅游区，而非行政区。

在我们见到的师范生实习授课过程中，将某一个城市的特色功能代替城市内部空间结构的成因的情况也比较常见。例如，麦加和拉萨这两个城市会被用来当作“社会”或“文化”因素的例子来讲，主要突出其在宗教文化中的特殊地位，但这种讲法用来讲解城市的功能或特色比较合适，如果用来讲解城市内部空间结构的成因，则需要展示其内部的空间结构并讨论这种结构的成因。仍以麦加这个城市为例，即使希望突出它是穆斯林“圣地”，也需要从它的城市空间结构形成的角度去讲，因为学习和理解城市空间结构的成因是教师自己设定的教学目标。

参考文献

[1] 胡兆量，等. 经济地理学导论[M]. 北京：商务印书馆，1987.

[2] 王恩涌，等. 人文地理学[M]. 北京：高等教育出版社，2000.

[3] 李润田. 现代人文地理学[M]. 开封：河南大学出版社，1992.

[4] 陈慧琳. 人文地理学[M]. 北京：科学出版社，2007.

[5] 张小林，等. 人文地理学导论[M]. 北京：测绘出版社，1995.

[6] 袁书琪. 高中地理必修 2[M]. 北京：人民教育出版社，2007.

[7] 周一星，陈彦光，等. 城市与城市地理学[M]. 北京：人民教育出版社，2003.

[8] 饶会林. 城市经济学[M]. 大连：东北财经大学出版社，1999.

漫谈初中区域地理教学程序与关注学生[①]

有一年跟毕业班的学生到中学教育实习，一位在初二实习的学生告诉我，她的第一个教案是讲“北京”，一节课讲完，一个教案讲八遍（8个班）。她和那所中学的指导教师商量，一个教案重复八次太枯燥，能否在后面几个班讲时，换一种讲法，指导教师同意了。我去听课时，她也和我说起这事，后来我们就一起聊了聊怎么换一种讲法。

她当时的讲法是一种在初中使用较多的程序：从北京的位置范围讲起，然后是自然状况、北京城的历史、现代化大都市等，中间穿插提问、图片演示。我在和实习教师交流时，注意到她的一次提问。上课不久她就问了学生一个问题：在北京生活了十多年，你对北京的了解是怎样的？开始是两个男生发言，一个学生回答：“污染比较严重、人多、人口数字大……”；另一个学生回答：“车多、桥多，上下班的时候老拥堵。”这两个学生答完后就冷场了。实习教师可能不甘心就得到这样两个答案，再三鼓励，一个女生又站起来回答：“……四季很分明。”我和实习生讨论，“北京”这节课能否就从这样的提问开始？也就是说，教师能否先请学生把自己对北京的了解尽可能多地表达出来，然后再带着或帮助学生梳理这些已有认识。我们假设，北京的初中学生在学习地理课之前所拥有的对北京的认识是A，其中多为感性的、个体的、零乱的、片面的看法或想法；地理课学完后应该形成的对北京的认识是 B，相对理性一些、全面一些、系统一些。“北京”这一课就是要帮助学生的认识从A发展到B。这个过程不是简单地把书本上或教师头脑中现成的B类知识分割成若干条“灌输”到学生的头脑中，而是在学生已有认识的基础上，帮助他们把自己的生活体验进行整理，最终达到B。其中“在学生已有认识的基础上”并非是一句套话，请学生先说出自己对北京的体验和感受，正是让学生表现自己“已有认识的基础”的方式之一，也是上述学习过程的起点。

前面提到，课上有一位学生回答“北京的环境问题严重”，如果这个感受是大部分学生都赞同的，就说明对学生来说，北京环境问题的重要性要大于北京的经纬度位置（可以做些调查），我们就可以从这个问题开始教学（也可以以这种思路考虑学生的其他感受）。

---

① 原载《地理教育》2010年第7期。

这里的“开始教学”并不是指将学生的回答作为导入，然后说“那么今天我们就来学习北京”，其后依旧从北京的经纬度开始讲起，因为教师提出“你对北京了解多少”和学生回答自己的感受已经是在“学习北京”了。这时我们可以先将北京的环境问题解决掉，至于解决到什么程度，如何解决，要看可以使用的课时和教师的教学目标。从北京的环境问题肯定可以引出北京的其他地理要素，这需要教师事先做一些预设和准备，特别是实习生。这时地理要素的学习，就不一定是严格的“位置—地形—气候—工业—农业—城市—文化—……”的关系。例如，从北京交通拥堵问题可以联系到北京这些年为改善交通所做的努力以及取得的成效，下一步再转入北京建设国际大都市的进程。当然，严重的环境问题也可以直接和大都市发展联系起来。结束课之前，教师还要帮助学生对整堂课做一个很好的梳理和总结，让他们对北京的认识清晰起来。

这就是我们“北京”一课教学的目的：学生因为生活在北京，所以对北京肯定是有较多了解和亲身感受的，但已有的了解可能是片面的，我们的教学要使它们全面些（不可能也没必要很全面）；学生认识北京的思想方法可能有些偏差，我们的教学要帮助他们调整；学生对自己家乡的了解可能过于主观，我们的教学要给他们融入一些客观的元素；学生对北京的知识是零散的，我们的教学帮他们组织起来。通过这样的教学，同样可以把课程标准的要求、区域地理学习的目的及方法很好地体现出来。

这个例子并不是用来讨论具体教学方法的，而是想借此思考下列问题：

第一，如何看待教学过程顺序与地理学经典逻辑体系之间的关系？我所了解的准教师（师范生），他们对地理学的经典逻辑体系是非常崇拜的。一个区域地理的教学没有按照“位置—地形—气候—人类活动”的顺序去讲，这似乎是一个很难理解也很难接受的事情。实际上，中学生人地关系思想的建立是地理教学内在的、核心的目的，而上课的过程顺序是到达这个核心的通道，是表面的，是可以有多种形式的。教师讲课的时候严格按照从区域地理位置到人类活动的顺序去讲，便于学生模仿，是一种方式；先分析区域内学生比较熟悉的地理事象，再去讨论地理事象与地理环境的关系，也是一种方式。哪种方式更有效，要看学生和教学主题的具体情况，也取决于教师对两年区域地理学习的整体安排。作为指导教师，我们在评价师范生的教学时，主要是看他在阐述或引导学生学习时，人地观是否正确，是否实事求是，是否能为学生所接受；当然也会看教学内容和过程之间的逻辑关系是否合理，而不是看是否按照某种特定的顺序教学。

第二，如何了解和发展学生的“前科学”认识？人们一般使用的是“前科学概念”，这里把“概念”换成“认识”，主要是希望扩大所谈内容的范围。“导入”过程通常是利用学生“前科学”认识进行承上启下的过程，但“导入”以后的教学过程是如何围绕学生“前科学”认识展开的？如何有效地使学生的“前科学”认识顺利发展为“科学”认识？这些问题关系到我们的教学是否真正“关注学生”。

有研究者通过让初中学生绘画、绘图的方式来了解他们对某些地理概念的认识。绘制图画的方法在地图和一些自然地理领域“前科学”概念的了解上比较好用。在人文地理和区域地理的人文知识方面，有时难以用绘制图画的方法获得学生的“前科学”知识，这时，可以让学生用语言或言语表达。前面所举例子中，实习生让学生在教师讲解之前先说说自己对北京的感受或认识，就是一种了解学生对某一特定区域“前科学”认识的活动。

对人文地理或区域地理来说，学生的“前科学”认识可能有错误的地方，但未必都错，更多的可能是片面或零碎，也可能有正确的地方。教师在地理课上的任务不仅是纠正错误的“前科学”认识，同时也有发展“前科学”认识的责任。这方面的经验很值得总结和进行研究。

第三，如何丰富学生参与学习活动的内涵？近些年，教学越来越重视学生的兴趣、参与程度和自主学习程度，也出现了不少以学生积极参与为特征的教学方式方法，例如，学案和导学案的出现。但很多学生参与式的教学设计从讨论的主题到讨论过程都是教师设计好了，然后由学生去实施。其实，在符合课程标准要求的前提下，将学生认为有意义的话题融入到学习或讨论的主题中，在初中地理教学实践中也是可以做到的。

对于准教师或新任教师来说，以上这些做法难度可能稍大。他们没有教学经验，也不知道如何与中学生打交道，不能自如地把握课堂，他们需要若干年教学经验的积累。但作为师范教育，从一开始就应避免让师范生或新教师形成一种“只有这么教才对”的思维定势和行为定势。同时，在他们已有比较扎实的地理学科知识基础的前提下，帮助他们形成时刻关注学生的教学意识。

探讨“决策”教学

——中学人文地理教学的一种策略[①]

目前中学地理教学中，人文地理的内容常被认为是“易学不易教”。所谓“易学”，指人文地理文科性质明显，叙述性知识较多，表面上看没有很多不易理解的“难点”，不少教师采用读书本、画重点、背“条条”的方法教学，学生也能考出不算差的成绩。但正因为人文地理内容的社会科学形式，如何使学生能够感受人文地理的丰富内涵，如何能将人文地理课上得“有滋有味并有用”，而不是远离学生生活的枯燥乏味的画重点、背书，则成为人文地理“难教”的地方。针对这个问题，本文尝试提出中学人文地理“决策”教学的策略，对具有中学人文地理特色的学习策略的形成做些讨论。

一、什么是地理“决策”教学

（一）相关的概念

“决策”是指做出决定或选择。情境不同，决策的含义也有所不同。当我们为一件事情作计划时，计划过程是个决策过程；当我们面临同一问题的几种解决方案时，选择过程也是决策。中学地理课程人文地理的很多内容，因涉及人类活动与地理环境的关系，从本质上来说，都具有决策的性质。“决策”教学是一种与人文地理内容特点吻合度较高的教学策略，它比较容易让学生主动参与到学习中来。不论在中学人文地理教学的历史上还是现状中，类似“决策”的教学活动一直存在。比较典型的“决策”教学是对运输方式的选择。当教师把航空运输、铁路运输、公路运输、水路运输和管道运输等主要的运输方式介绍给学生，让学生选择在运输诸如煤炭、粮食、急救药品、石油、水果等货物时哪种运输方式最佳，学生就是在进行带有决策性质的学习。选择交通运输方式是一个难度很低，并不需要多少时间就可以进行判断的“决策”过程。比较复杂的则是在学习区位因素时常用

① 原载《课程•教材•教法》2010 年第 6 期，后被人大复印资料《中学历史、地理教与学》2010 年第 10 期全文转载。

的工厂选址、开发区用地规划、农业种植选择、旅游线路设计等内容的学习活动中，因为涉及影响因素较多，学生又不太熟悉这类人类活动，所以要花费相对较多的时间。笔者在观摩和分析了大量地理教学实例后发现，目前开展的这些学习活动大部分仅具有“决策”教学的部分特征，即单一做出行动计划的过程，而较少的是在多种行动方案中进行比较、选择后的决策过程。

（二）“决策”教学与其他学习活动的异同

地理“决策”教学就是通过模拟人类做决策来学习地理原理、形成地理思维、培养地理思考能力的过程。“决策”教学策略则可以算作解决人文地理教学存在问题的一种方案。它与常用的“问题解决”“角色扮演”“案例教学”等学习活动既有联系也有区别。

1. 地理“决策”教学与“问题解决”式学习

“决策”就是“评价不同方法并为解决问题选择一个行动”[1]的过程。不论具体问题是什么，问题解决的过程从心理学基础上看，其基本模式都相差不多，或是试误，或是顿悟，或是有明确的信息加工和处理过程等。对于教学问题的解决过程，人们也提出了各种阶段划分方法，例如，杜威的“五步法”、沃拉斯的“四阶段”等。施良方曾将众多的“阶段论”概括起来，认为教学中的问题解决过程可以分为五个阶段，包括感觉问题、明确问题、形成备择的问题解决办法、评价备择的问题解决办法、实施行动方针并评判其效用。[2]其中“评价备择的问题解决办法”也就是在做决策。二者的不同在于“决策”教学只限于做出决定，并不需要去验证自己的决定，也就是说，并不需要一定看到解决问题的结果。例如，学生在模拟布局一个工厂后，他不必一定去实际“验证”自己布局的效应并进行评价。另外一个不同在于“决策”教学侧重于让学生在已有的备选解决方案中进行分析、比较后进行选择，而不限于自己给出解决的方案，这与“解决问题”中要做出“形成备择的问题解决办法”不同，因此，“决策”教学适用的范围要小于问题解决式学习。此外，同“问题解决”比较起来，“决策”一词更具有挑战性，还多少带有一些游戏性质，更适合用于激发学生地理学习的兴趣。

2. 地理“决策”教学与“角色扮演”式学习

“角色扮演”是个可以适用于任何学科的方法，地理“决策”教学也需要角色扮演。二者的不同在于“决策”教学强调的是做出决定的过程，从名称就可以明确学习的目的，“角色扮演”则更突出学生的体验过程，其活动本身并不一定要做出决策。例如，教师让学生利用角色扮演模拟“生物圈 2 号”的运转情况，这里面并不一定需要决策过程；让学生扮演“村民”来体验工厂污染河水后他们会有的感受，也不一定有决策过程。

3. 地理“决策”教学与“案例教学”

地理决策活动本身可以成为一个学习的案例，而案例教学也可以由学生设身处地地提出解决问题的方案。二者的不同在于“决策”教学中的学生从一开始就处于“未解决”的问题情境之内，他们要做的决策是要解决他们“自己”的问题；而案例教学，可以是以分析一个决策后形成的案例为主要学习活动，这时的学生多是从外部“研究者”的角度去分析、讨论一个由“别人”的事情构成的案例。

地理教学中的很多方法或教学策略都是相互联系的，为了防止实际使用中的泛化，本文将“决策”教学的重心定位在“选择”上，即学生在有了若干备选方案的前提下进行选择，而不是漫无边际地做决定。一个典型的例子就是购房时选择居住地——一个家庭中的不同成员对新家安在哪里有不同的要求，如果最终要由你来拍板的话，你在若干个方案中会选择哪个，这个活动常被用来导入地理区位知识的学习。

二、地理“决策”教学的研究有什么意义

（一）建立教学内容特点与教学策略之间的“无缝链接”

真正好的教学策略是既符合学生特点又符合学科特点的。地理跨自然科学和人文社会科学两大学习领域，其特点是综合性（影响因素的复杂性）和空间性（地理意义上的空间特点）的综合。努力总结和形成符合地理学科特点的教学策略，应该是地理教学研究的重要任务。人文地理学习内容虽然属于社会学科，但不能将人文地理学习简单等同于“阅读式”学习，因为仅仅读懂教科书中的文字并不代表理解了人文地理活动的过程，因为人文地理涉及的是活生生的社会实践，仅读懂书本上的文字没有什么意义。要解决这个问题，地理教师可以采用多种不同的策略，“决策”教学的策略就是其中的一种。“决策”教学策略的意义在于将与教学内容有关的人类实际地理活动转化为地理课堂上的教学活动，这就照顾到了实际应用与地理课堂学习两方面特点的结合，最终实现教学策略与教学内容特点的“无缝链接”。

通过“决策”教学实现人文地理学习内容特点与学习策略之间的“无缝链接”，还体现为变“结论型”学习为“体验型”学习。“决策”教学是一种体验式学习，它试图让学生通过模拟、体验人们做决策的过程，“生成”对人文地理问题的正确理解。现在地理课上教师用得比较多的一句开场白是“今天我们学习第×章第×节”，而就地理课程来说，教科书章节的概念在学习中并没有很重要的作用，我们希望看到在人文地理的课堂上有教师对学生说：今天我们一起来为某个地理问题选择一个最佳解决方案。这种小小的变动不

仅可以使学生保持对地理学习的兴趣，而且使地理课堂成为一个“解决”地理问题的场所，而非总是“读”书本的地方。

（二）培养学生的地理决策能力

“决策”教学强调的不是决策活动本身，而是“地理决策能力”的培养。使用“地理决策能力”的概念可以将高中学生地理思维能力培养的要求具体化。“地理决策能力”可以简单描述为：当学生面对一个地理问题和解决这个问题的不同方案时，他能够通过分析、比较，做出正确的判断，从中选择出解决问题的最佳方案的能力。目前的地理教学中，安排学生查找资料、讨论、提出解决某一地理问题建议的做法比较常见，但有意识地培养学生在多种解决方案中进行选择的能力的做法还不多。决策是一种在现实生活中非常有用的能力，而“决策”教学因不需要每次都让学生自己查找资料而能节省学生的课外时间，又因需要学生动用已经学过的地理原理知识而使能力的培养有一定的深度。

“地理决策能力”也是由多种能力综合而成的，其中包括识别地理问题的能力、比较不同观点的能力、对地理活动进行判断的能力、做出决定的能力和反思能力等。

三、人文地理教学“决策”教学有哪些要素和环节

英国学者 Keith A Cowlard 在《地理决策》（*Decision Making in Geography*）一书中描述了地理决策的系统方法，见表 1。表中展示的地理决策的系统方法为我们研究人文地理课程中的“决策”教学提供了很好的思路。“决策”教学考虑的要素要多于地理决策本身，把二者需要考虑的因素结合起来，可初步归纳出人文地理的“决策”教学一般包含下列要素。

表 1 地理决策的系统方法

焦点	问题	步骤	行动
问题	问题是什么？ 要达到的目标是什么？	1 2	确定问题 确定目标
证据	有什么证据？ 这些证据说明了什么？	3 4 5	关注证据 组织信息 检测资料
选择	有哪些选择？ 哪个选择最佳？	6 7 8	提出选择 评价选择 找出最佳
决定	应该做怎样的决定？	9 10	做出决定 解释结果

资料来源：译自 Keith A Cowlard 所著《地理决策》一书第 3 页，1998 年 The Bath Press 出版。

1. 决策主体

在“决策”教学中，需要为相应主题“假设”一个决策主体，再从这个主体的立场来思考人类在不同背景下所采取的不同行动策略。在以整个地球为背景的学习情境下，“人”是人地关系中的决策主体。在其他背景下，决策的主体则会有所不同。例如，城市和城市化问题的背景下，决策主体可以是城市管理者和规划者，也可以是人口在城市与乡村间移动过程中的个体；在生产活动的区位和地域联系问题的背景下，决策主体可以是政府、企业，或者是个体经营者、农民等。也有些内容似乎不好确定决策的主体，例如，人口增长问题。从表面上看，人口的增长模式和迁移等是人类与环境相互作用中自然产生和存在的问题，并不具有明显的决策性质，似乎难以确定决策的主体。在这类主题的学习中，我们可以把问题的范围从整个人类活动缩小到具体的国家、地区，甚至个人，讨论一个国家在某一阶段实行什么样的人口政策；一个家庭或某一个人为什么会改变自己的居住地等，这时，政府或个人就成为了决策的主体。当学生模拟这些主体进行决策活动时，相当于“角色扮演”。学生本人也可以是学习活动中的决策主体，而非模拟他人。例如，在一些环境问题和可持续发展问题的学习中，学生需要决定自己如何行动来面对人类和社会的可持续发展问题。这种决策是真实的过程。

2. 决策情境

在地理教学中，情境往往用来导入新课，目的是引起学生的注意，激发学生的兴趣，这时作为导入的情境与后续的教学过程并不一定有更多的内在联系。在“决策”教学中，“情境”的含义就有了拓展，它需要承载整个或大部分的教学过程，而不仅仅作为“导入”。这是因为“决策”教学中要解决的问题是与情境融合在一起的，学生需要学会在情境中识别和理解问题。此外，情境还有给予学生一种“真实”环境的作用，“决策”教学始终需要前后一致的情境，所以，“决策”教学中的情境应该是贯穿教学始终的。

“决策”教学情境的核心是需要解决的地理问题，而人文地理的大部分内容都可以转化为需要决策的“问题”。例如，人口问题可以转化为“我们需要什么样的人口政策”；城市问题可以转化为“如何建设一个适宜居住的城市”；农业区位和工业区位问题就更容易被转化为“我的农场（工厂）建在哪儿更好”的问题；环境问题也可以转化为“如何治理被污染的河流”的问题，等等。

3. 备选方案

要有备选方案，这是“决策”教学需要具备的要素，以便学生在分析、比较不同的方案中学习应用地理知识，增长作决策的能力。以工业区位因素的学习为例。在学习工业区位知识时，地理教师多会设计一个工业选址的活动，让学生在一个地区范围内为某种工厂选择一个建厂的地址，从而体会各种地理因素对工业选址的影响。这个活动有两种组织方式：一种是让学生设计，然后教师或学生直接评价设计的优劣，或直接问为什么这样设计；另一种是让学生分组设计出不同的选址方案，或教师直接提供几种不同的选址方案，然后由学生对这些方案进行分析、比较，最终选择出最佳方案，在比较和判断的过程中，学生来学习和理解影响工业区位的主要因素。上述第二种组织方式更能体现“决策”教学的特点。

在“决策”教学的基本要素确定后，这些要素相互之间的作用就形成“决策”教学的过程。简要的过程归纳如下：

识别地理问题：问题的提出有两种方式，一种是直接提问，这时需要学生去理解书面或言语给出的问题；另一种是教师或教科书并没有提出明确的问题或问题比较笼统，这时学生要在情境中逐步识别需要解决的问题。

理解备选方案：如果是学生分组进行方案设计，学生需要去熟悉和理解其他同学设计的方案；如果是教师提供的备选方案，也需要学生理解全部方案。

对备选方案进行分析、比较：这是利用已学地理原理性知识，同时利用已掌握的其他知识对备选方案进行分析、比较的阶段，是“决策”教学中最重要的阶段。

做出判断：在分析比较的基础上，学生可以判断出哪个方案是最佳方案，并回答出为什么，到这里就可以做出“决策”了。

反思：在初步决策后，学生回头想一想自己是如何做决策的以及这个决策做得如何。具体方法是让学生用回忆的方式说出决策的过程、解释自己的决策并作简单的评价。这对学生掌握在“决策”过程中学到的东西是很有帮助的。当然，并不需要学生把“决策”教学产生的方案拿到实践中去检验。

提炼和拓展：这个过程应由教师来做。通过提炼学生的“决策”过程，帮助学生整理应该掌握的东西，使其条理化。

综上所述，“决策教学”是一个让学生作为主角、在解决地理问题的备选方案中进行比较和判断并最终做出判断和选择，以达到学习某些人文地理原理并培养地理决策能力的教学策略。对“决策”教学策略的研究是地理特色教学策略研究的一个方面，笔者希望以此能为高中人文地理教学的改善做些贡献。

学“活”的地理[①]

在 2006 年修订的《国际地理教育宪章》中，第一个陈述就是：地理教育对培养现在和未来世界中负责任（responsible）且活跃（active）的公民是不可缺少的。这句话常被地理教育工作者引用，但是是否学了地理就能变得更加“活跃”？这与地理教学是否让学生学到“活”的地理有关。

学“活”的地理，是学“活生生”的地理。地理教学内容与生活实际的天然联系为学生学“活”的地理提供了丰富的、带有区域特色的“原材料”，越来越多的教师开始有意识地在地理课堂上使用乡土事例，让地理教学有了更多的“活水”。

学“活”的地理，是学变化着的地理。即使是看似稳定的自然科学知识也会随着人们对自然界认识的深化而发生改变，更不用说社会科学属性的人文地理知识。当“九大行星”的常识被“八大行星”颠覆后，不用因怕学生记混而急着彻底清除“九大行星”的痕迹，告诉学生为什么会发生这样的事情比只让学生记住八大行星更有意义。“廉价劳动力”一直是我国地理教科书中陈述某种地域生产发展条件时的优势之一。且不论这种“优势”的教育是否得当，毕竟在某个发展阶段中这是个现实。现在情况正在发生变化，出现在全国各地的“涨薪潮”已经让一些人预言：我国廉价劳动力的时代或许即将结束。对中学生来说，多一条、少一条“优势”并不重要，有价值的是从“优势”到“非优势”变化过程中的道理。

学“活”的地理，是学不同视角看到的地理。大千世界，众多地理要素怎么会只有一种组合？芸芸众生，对世界怎么可能只有一种看法？当学生明白在“典型”的城市空间结构之外还有大量“不典型”的时候；当学生学习理解或欣赏而不是批评世界另一个角落人的生活方式的时候；当学生知道对地理问题存在争论是很正常的时候，学生就是在逐渐意识到，地理问题是复杂的，从不同视角看可能会有不同的结果，有些问题的答案是非唯一的，这对他们形成灵活的思维方式大有益处，这种益处同样比只记住某种观点更利于“活跃”公民的成长。

① 原载《地理教学》2010 年第 6 期刊首语。

学“活”的地理，是学“生成”的地理。有地理教师在课上先让学生自己“制作”一张美国主要工业分布图，有的教师先让学生自己绘制一张水循环示意图，有的教师先让学生自己提出解决大城市交通问题的思路。与教师直接讲美国工业分布图、教师绘制水循环图给学生看和让学生记住教科书中解决城市交通问题的“措施”相比，前面的教学使学生学到的就不只是“固化”的结论，而是蕴含地理知识形成过程的“活”地理。

学“活”的地理，让学生的思想更活跃！

2010 年地理高考利用图像考查考生地理素养的试题分析①

地理图像是高考地理试题的重要组成部分，在高考试题中占有越来越大比重。本文对使用全国课程的全国Ⅰ卷、全国Ⅱ卷、全国新课标卷、安徽卷、北京卷、重庆卷、福建卷、广东卷、海南卷、江苏卷、山东卷、四川卷、天津卷、浙江卷等 14 份试卷中的地理图像进行了统计。②除去江苏和广东的地理卷，在其他 12 种文综试卷地理试题的数量相差不多的背景下，使用地理图像最多的是天津卷，共 13 幅，使用最少的全国Ⅱ卷，也有 3 幅。试卷的非选择题因是综合类题目，地图一直是核心素材，所以我们特别关注了传统上以文字为主的选择题部分。在 14 份试卷中，安徽卷、北京卷、重庆卷、山东卷、四川卷几乎百分之百地要求“读图回答”或在给出图像后，要求“据此回答”，接近“无图不题”的程度。在地理图像的种类上，使用最多的是统计图和地图，这两种图像每份试卷中都有使用，示意图使用也较多。除此之外，还有地理景观图、卫星影像图等。图像越来越成为一个综合平台，考生在这个平台上可以展示其各方面的基本地理素养。

受文章篇幅限制，本文仅从这 14 种试卷中选择了 5 类、8 幅地理图像，讨论它们在今年高考地理命题学生地理素养考查中的实践和作用。

1. 地理景观照片

景观照片在高考地理试题中使用不多，今年共有 8 张，其中 5 张出现在天津卷中，延续了天津卷较多使用地理景观照片的命题特点。本文对地理景观照片的讨论，主要关注它们在考查考生对真实地理环境的理解和感悟，以及在真实情境中思考解决地理问题能力中的作用。

① 合作者：杨克非，原载《中学地理教学参考》2010 年第 9 期，后被人大复印资料《中学历史、地理教与学》2010 年第 11 期全文转载。

② 图像数量是按照图的编号统计的，如果地图和数据图在一幅图里，则将此图统一归入“地图”类；卷面上标明是“示意图”的均归入“示意图”。

【例题 1】选自北京卷

图 1 是八达岭长城照片，该段长城主要坐落在花岗岩侵入体上。读图，回答第（1）、（2）题。

图 1

（1）图中指示山脊和山谷的分别是___________。

A. ①和②　　B. ②和③　　C. ③和④　　D. ④和⑤

（本题参考答案为 D，第 2 题略）

例题 1 要求学生在给出的图 1 上识别山脊和山谷。给出什么地方的照片无关紧要，只要照片清晰、典型，什么地方的照片都可以达到考查学生的目的。八达岭在北京，北京的考卷选择八达岭是地方特色的体现。

【例题 2】选自天津卷

图 6 中的三幅照片拍摄于天津滨海地区，其地理景观均反映了___________。

潮音寺（海神庙）

天津港

海滨浴场

A. 科技发展影响传统文化　　B. 地域文化影响建筑风格

C. 自然环境影响人类活动　　D. 自然资源影响城市景观

（参考答案为 C）

在例题 2 中，命题者给出了三张天津滨海地区的景观照片，要求学生判断四个选项中哪一个是正确的陈述。三幅照片景观有很大不同，第一幅潮音寺（海神庙）与人的精神生活有关；第二幅反映的是人类生产活动；第三幅表现的是人类休闲娱乐活动。因为三幅图的景观差异很大，“神秘点”就应该是三幅图的“共同点”，所以完成这道题目是个“寻找相同点”的活动。设置的四个选项实际上是提示考生：可以从“科技”“地域文化”“自然环境”和“城市景观”几个方面来寻找共同点。结果当然是只有“自然环境”是三幅景观中共有的要素，也就是说虽然景观不同，但都体现了人的活动与海洋环境的关系，所以只能选择 C：自然环境影响人类活动，这是命题者的考点所在。由于这是一道单选题，该题选项的设计比较简单。实际上这三幅照片中的地理信息很丰富，如果是其他题型或在实际教学中，可以展开更多的学习活动，例如，自然环境是如何影响上述人类活动的——人类活动对自然环境的选择性；人类活动又是如何影响自然环境的——没有这些人类活动，海岸会是什么样？很多地理景观照片反映的往往是人类活动与自然环境的相互作用。

【例题 3】选自天津卷

红树林是一种枝繁叶茂、根系发达的海岸植被，林中栖息着多种鸟类，广西红树林分布区被列为国际级自然保护区。目前，该保护区的红树林已作为旅游资源被适度开发。

图 11　红树林自然保护区景观

图 12　红树林旅游景区的浮桥

保护区管理部门在红树林景区为游客提供望远镜，或修建浮桥（见图 11、图 12）。请从旅游景区三要素来简要评价这种做法。（9 分）

参考答案：景区的吸引物（红树林或旅游资源）；能较好地保护红树林及生态环境（红树林及生态环境仍会遭到破坏）；旅游者（游客）：提高了游客的观赏质量（游客不能接近红树林，影响了观赏效果）；景区的服务业（保护区管理部门）：合理利用了红树林作为旅游资源的价值，增加了收入（应更好地保护红树林，不应片面追求经济效益）。每方面可以从正、反任意角度评价，只要合理，即可得分。

与前两道题不同，这道题目是非选择题，开放程度更大，对考生综合思考问题的能力要求也更高。这里的景观照片主要是用于给考生创设了一个尽可能真实的情境，他们可以通过分析照片中的真实情境来启发自己如何回答问题。

这类以地理景观照片为主要素材的试题有以下几方面的特点：

第一，要求考生能把学到的地理知识运用到真实地理情境或尽可能真实的情境中，关注对直观材料的观察能力和识别能力。例如，例题 1 中的“山脊”和“山谷”的概念，在纸制等高线图上会识别了，在遇到真正的“山”时是否也能认识？能否把“山谷”“山脊”这些专用术语与照片中的地理实体联系起来？一些学生在等高线图上可以轻松找到山脊和山谷，但在景观图上却乱选一气。如果不能在书本知识和真实地理事物之间建立起联系，无论学生在作等高线地形图题目时如何熟练，学到的都是无用的知识。需要指出的是，地理的观察其实与物理、化学、生物等学科相类似，只不过地理的观察相对尺度更宏观，与环境景观结合更密切。

第二，关注考生对真实地理景观的理解能力，这种理解力也是地理素养的重要组成部分。例题 2 和例题 3 用景观照片展示的地理情境，用文字也可以描述出来。用景观照片而不是使用文字，可以考查考生对真实地理景观的理解能力。读不懂地理课本不能算是学好了地理，但只能读懂书本上的文字描述，无法很快、很好地理解相应的真实地理景观，也不能算是学好地理了。例如，例题 3 给出了红树林旅游景区架设浮桥的照片，考生需要首先会观察图 12，在真正理解了图 12 呈现的现实情境后，才好据此考虑架设浮桥的利弊。

第三，给予地理照片足够的重视。地理是一门实践性很强的学科。因为种种因素的限制，如今的地理课已很少走出教室。作为一种补偿，地理照片和地理景观图片就成了联系地理课堂与大自然的必要桥梁。在这方面，我们不必担心学生看图多了文字能力、思维能力等会下降，地理就是这样一门学科，它应该让学生看到“真”的自然界是什么样的，不应为了培养学生所谓的想象力和文字阅读能力而只让学生阅读有关自然景观的描述，然后让他们去想象诸如“山”这些东西是什么样的。地理照片中的信息很丰富，理应成为地理课程重要的资源。

第四，题目出得直截了当。这三道例题都没有“隐形”考点。有人认为例题 1 是考等高线地形图，学生需要在头脑中把这幅照片转换成地形素描和等高线地形图再去判断，本文的理解，其实没有这个必要。在等高线地形图知识的学习过程中，学生应该是先感知实际的山谷、山脊，再去学习如何在等高线地形图上识别。学习等高线地形图的目的是看懂抽象的地图，而不是去在实际或照片中识别“真”的山谷和山脊。

也许上述这类题目对于高中毕业生来说有些过于简单，或者由于题型的关系，照片中丰富的信息没有都能加以利用，但这种关注对地理景观的理解、学以致用、联系实际、考查目标清晰的命题思路是值得称赞的。

用地理景观照片作为素材载体也有局限。以例题 1 为例，因为要考查的是识别照片中的地理事物，什么样的地理事物应该作为“考点”就是一个需要慎重考虑的问题。此外，提出的问题与景观照片呈现出的信息要有比较密切的关联，照片要对回答问题有直接的帮助。试题中照片内容与所设问题之间缺乏足够关联的现象在高考地理试题中也是存在的。典型的照片不容易找到，可能是造成这种现象的原因之一。在这种情况下就没有必要一定使用景观照片。

2. 地图

地图是地理教学的“第二语言”，自然也是高考图像试题的重心。地图在试题中的用处多种多样，例如，有通过地图考查考生对某些地理知识记忆的；有考查地图知识的；有考查从地图中获取信息能力的；有使用一组地图考查比较能力的；有利用一张地图综合考查考生各方面水平的。本文的关注点是那些表达简明、目标明确、考点不过于分散的地图题。

【例题 4】选自海南卷

读图 7，分析基多气温特点，并说明形成原因。（10 分）

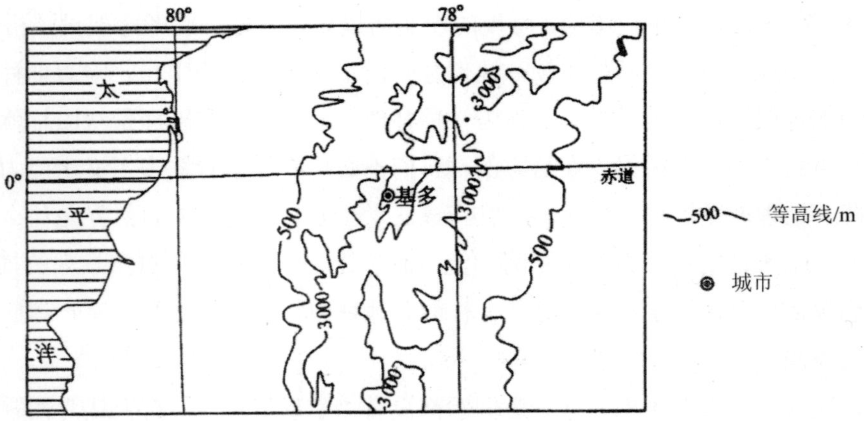

图 7

答案要点：

特点：终年温和（2 分）；年较差很小（2 分）；昼夜温差大（2 分）

形成原因：地处赤道附近（2 分）；海拔高（接近 3 000 米）（2 分）

从例题 4 给出的答案分析，例题主要考查两方面的内容，一是读图获取信息的能力；二是对气温知识的掌握。因为对基多气温特点和原因的分析需要借从图 7 地图上正确获取信息，所以答对了“气温特点”和“形成原因”，就可以确定考生已具有合格的读图能力。

【例题 5】选自海南卷

西岳华山以险著称，有“自古华山一条路”之说。

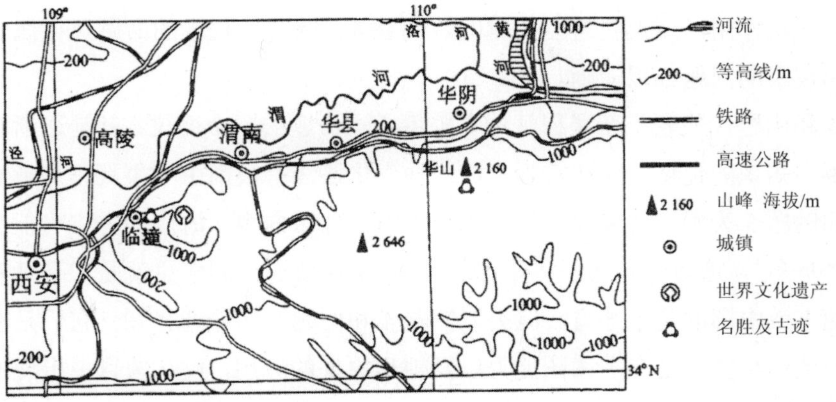

图 9

读图 9，分析省外游客在华山平均停留时间短的原因。

答案：西安及其附近地区旅游资源和产品丰富，西安基础设施完善，是外省游客的集散地；（4 分）华山地形险峻，山顶游客容量小（3 分）；华山与西安之间交通便利。

例题 5 考查的应该是考生从地图上获取信息、综合这些信息并利用旅游地理的基本原理解释“省外游客在华山平均停留时间短的原因”的能力，同时具有较强的时代性，反映了在交通业日益发达的今天，旅游者行为正在发生改变这个现象。

在考试题目中，有一类试题很“实在”，没有“弯弯绕”，没有人为制造的“陷阱”，反映的都是现实生活中真实存在的情境，例题 4 和例题 5 就是这类题的两个典型。

第一，“实在”。所谓“实在”，是说这类试题选择的素材基本就是现实生活中的地理现象或地理问题，不是“无中生有”的情境，要求学生回答的内容也直接和素材有关，没有不必要的“联想”，因此，试题的素材和问题构成的情境给人的感觉是自然的、有很好整体性的，不令人莫名其妙。这种风格对鼓励学生学习地理时把注意力集中在学会解决地理“真”问题而不是去解人为制作出来的“弯弯绕”题目有积极的导向作用。

第二，回答问题需要的信息都在试题中给出。要考查读图获取信息的能力，需要所给地图提供必要的和充分的信息，基本上不需要考生再凭回忆某些事实性知识来回答。这样的试题可以被看作是标准的读图题，意思是题目符合“读图”题的基本特征：所需信息都可以在图上“读”出。只要有一条必需的信息从图上找不到，就不宜称为标准的“读图”题。从例题 4 的答案得知，回答问题需要知道基多所处的纬度和海拔，这两条信息图 7 中都有。例题 5 给出了西安附近的世界文化遗产和名胜古迹分布；华山与西安之间的距离；西安和华山附近的交通线；等高线；华山的险峻特点等，考生基本上可以依据这些信息回答问题。

第三，题目简明，没有多余的“材料”干扰考生的思维。近些年比较流行的“材料”题，可以考查考生获取信息和组织信息等能力。但如果编制不好，多余的“材料”会对考生有一定的干扰作用，或浪费考生的时间。例题 4、例题 5 代表的命题风格属于简明型，考试目标和设置的问题都很清晰。

例题 4 和例题 5 代表了新课程开始实验后考试命题的一个变化，就是逐渐减少考查考生对地理事实知识的记忆。但在实际上，这种变化还没有被高中学生真正理解和接受。仍以例题 4 和例题 5 为例，如果问考生今年地理考了什么内容，海南的考生可能会说：今年我们考了“基多”，或者今年考了“华山”。这种说法传递出的信息就是：某某考试要考世界的某个地方或中国的某个地方。但类似例题 4 和例题 5 的非选择题，它们是在考一个国家或地方的地理事实还是在考读图能力以及地理原理的应用，仅从题目中出现的地名来判断是不行的，还要看题目是怎样出的。假如例题 4 的图中没有标出必要的纬度和等高线，却要求回答同样的问题，这就是在考基多的位置和地形知识了。现在有不少以某区域作为素材考查读图能力或地理原理的试题都使用“某地”“某区域”来代替真实的地名，借此表达试题考查重心的变化。不过只要把握好地图的信息量，使用真实地名的地图同样可以实现新的考试理念。

在地图题中还有一种使用的是“并列地图”。这是指一题中出现表示同一地区的两幅或多幅地图，学生需要或者可以通过对比两幅地图来回答问题。本文使用的 14 种试卷中共出现了 7 组，有的图像组描绘了同一地区不同年代（时刻）的内容，有的图像组描绘了同一地区同一时间的内容。

【例题 6】选自北京卷

图 5 为中国某平原城市城区 7 月地表平均温度分布图。读图，回答第 10、11 题。

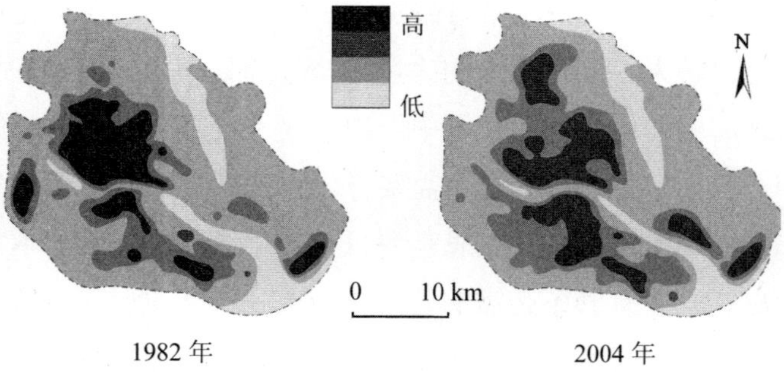

图 5

（题 10 略）

11. 据图可以推断，从 1982 年到 2004 年该城区_________。

A. 建筑物占地面积增加　　　　B. 南北部道路密度差异加大

C. 商业区向城区中心集中　　　D. 空间形态没有发生变化

（正确答案为 A）

图 5 对比了同一城区不同年份 7 月的地表平均温度。这两幅地图都表示的是温度属性，具有相同的图例、比例尺、幅面，显然温度的分布状况是不同的。这与两地地图的对比不同，两地地图具有太多的不同点，它可以考查学生的观察能力。而同一地区的不同地图所具有的差异程度要小些，它可以考查学生观察的细微性和敏锐性。

解答这两道题时，考生可以有条理、有步骤地找找两幅地图的各个局部哪些是不同的，这比较类似于常见的漫画游戏"找找有几处不同"。地理考题和漫画游戏的共同点是考查学生对图像点、线和面的细致观察能力。地理考题对学生的要求更高，学生仅仅看出相同或不同还不够，还要看出空间面积、空间形态、空间组成等的具体差别，并用学过的地理知识加以判断。例如，本图中 1982 年高温区域主要分布在北部，2004 年南方和北方分布面积相差不大。南部高温区域的增加可以用于"建筑物占地面积的增加"，而其他三个选项都无法从图中获得证据证明它们是正确的。

培养学生的图形观察能力很重要，这是因为地理学科经常需要观察地图等图像。地理科学的重要工具地理信息系统经常把某区域的不同属性信息存储于不同图层，然后叠加这些图层，分析图层间的关系，以探索地理事物之间的关系和地理现象发生的原因。这项地理技术的实现也需要操作者具有较好的图形观察能力。

3. 卫星遥感影像图

本文的关注点在于它是一种新的尝试。自 2005 年以来，使用国家课程地区的高考试卷是第一次出现地理信息技术的考点。本文使用的 14 种试卷中共出现了三幅与地理信息技术内容有直接关系的图像，分别在全国Ⅱ卷、山东卷和福建卷。

【例题 7】选自山东卷

图 4 为我国北方某河流入海口 1989 年和 2009 年的卫星影像。该河口区河流主流曾于 1996 年人工改道。读图回答 7～8 题。

7. 比较两幅影像，可判读和分析出_________。

A. 河流主流流向由东北改向东南

B. 河流故道南部海岸继续淤积增长

C. 河水含沙量明显增加

D. 三角洲形态变化主要与河流改道有关

（本题正确答案为 D，第 8 题略）

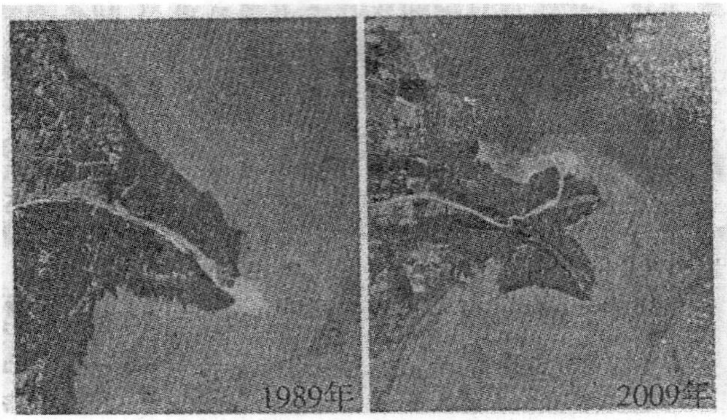

图 4

第 7 题的正确选项可以通过图 4 卫星影像中的图形直接判断。从选项的设置可以推断，考查的关键点是会判读卫星影像图中的图形，选项和图 4 的关联程度是很高的。卫星影像的内容选择了黄河入海口，因黄河入海口在山东省境内，是山东考生相对熟悉的地方。

地理信息技术（3S）是在这次课程改革中被纳入必修课范围的。由于地理信息技术的内容新、技术含量高，在实际教学中受到各种条件的限制，一直处于边缘状态。在新课程实验 6 年后，才第一次在全国高考试题中出现卫星遥感影像和 GIS 图，虽然步子不大，但还是迈出了第一步。山东卷的这道地理信息技术题，图像选择和选项的设置关联度很好。这类图像的使用通常对色彩、印刷质量等有较高的要求，这点可能会限制卫星影像在考试中的使用范围。

从 2010 年高考图像在试题中的应用可以看出，新课程提出的培养学生“掌握阅读、分析、运用地理图表和地理数据的技能”“尝试运用所学的地理知识和技能对地理信息进行整理、分析，并把地理信息运用于地理学习过程”等课程目标正在继续对高考地理命题产生积极的影响。

做自己“地盘”的专家

——《游京郊学地理》和《游乡村学地理》（代序）[①]

一次研修，有边远地区的地理教师反映，他们很难有机会到野外进行地理考察活动，原因之一是找不到专家指导，这让我想起北京门头沟地理教研员李春旺老师。那年我执行学校的安排，到北京顺义区为那里的初中地理教师上课，发现有相当多的教师不是学地理出身后，决定安排一次地质野外实习，让他们体验一下地理教师野外工作的基本程序，我找到了门头沟地理教研员李春旺老师，请他为这些教师组织一次门头沟区地质野外考察教学。李老师从大学地理系毕业后，23 年来一直坚持在自己的家乡门头沟区进行野外地质考察，没有人要求，没有人资助，全凭自己对地理的热爱、对家乡的热爱，对门头沟的地质情况非常熟悉，并逐渐开辟了几条典型的地质教学考察路线，不仅可以接待和指导中学在职教师专业进修，也可以接待和指导大学师范生和教育硕士的模拟地理野外考察教学活动，自己也逐渐成长为门头沟地理教学野外考察方面的专家，这是实实在在的专家，而非一顶高帽。

《游京郊学地理——北京部分远郊区县地理野外考察活动推荐》一书中收录的是北京远郊区县地理教研员撰写的地理野外考察的设计，同李老师一样，作者表现出他们在这个自己熟悉的地区和领域中具有的专业素养，在他们各自的“地盘”上，他们都是专家。“专家”并非别人赐给，在他们成为专家的过程中，他们也要学习，从实践中学习、互相学习、向大学专业教师学习，只要自己热爱，只要自己努力，只要主动去学，每位地理教师都会成为自己“地盘”上的专家。

① 为王海燕等主编的《游京郊学地理——北京部分远郊区县地理野外考察活动推荐》一书作序，该书 2010 年 9 月由首都师范大学出版社出版。

近十年我国中学地理教育发展的特点简析①

2000 年至今的十年是我国（文中仅涉及内地，后同）中学地理教育发生深刻变化的十年。这十年的发展是在我国政治、经济、社会等领域不断进行重要变革的背景下出现的，也是我国基础教育课程改革的重要组成部分。2000 年教育部开始启动新一轮基础教育课程改革；2001 年国务院发布关于基础教育改革与发展的决定，要求“深化教育教学改革，扎实推进素质教育”。为贯彻国务院的决定，教育部于同一年颁布了《基础教育课程改革纲要（试行）》，提出要“大力推进基础教育课程改革，调整和改革基础教育的课程体系、结构、内容，构建符合素质教育要求的新的基础教育课程体系。”这一轮基础教育课程改革首先进行的是义务教育阶段（1～9 年级）的课程标准研制、课程标准实验教材的编写、审查和试验。2002 年开始高中阶段课程标准的研制，2004 年秋季第一批由教育部审定通过的高中教材正式进入试验区，到 2010 年为止，除了上海使用独立的课程标准外，我国大陆 30 个省区已经有 29 个使用了高中新课程。本文将简析十年间我国中学地理教育发展中的一些特点。

一、中学地理课程和教学迅速变革

2000 年，教育部通过招标和联合的方式成立了中小学各学科课程标准研制组，地理课程标准研制组也同时成立，组长为现任中科院可持续发展研究中心主任的樊杰研究员和华东师大资环学院陈澄教授。2001 年义务教育地理课程标准实验稿正式颁布，同年开始接受地理课程标准实验教科书和配套地理图册的送审，义务教育阶段地理教科书的立项和审查持续到 2006 年，前后共审查通过 7 套实验教科书。2003 年普通高中地理课程标准（实验）正式颁布，同年开始接受高中地理课程标准实验教科书和配套地理图册的送审，前后共审查通过 4 套高中地理实验教科书。新的地理课程标准和实验教科书的使用，使中学地理课程有了一些重要的变化。

① 原载《中学地理教学参考》2010 年第 12 期，后被人大复印资料《中学历史、地理教与学》2011 年第 5 期全文转载。

1. 提出理念

以往的教学大纲只是在说明教学内容的选择时规定了几条原则，而没有对整个课程提出指导性的理念，新课程的课程标准则第一次明确提出地理课程理念作为地理课程的基本思想。这些理念包括“学习对生活有用的地理”“学习对终身发展有用的地理”“培养现代公民必备的地理素养”“重视对地理问题的探究”“注重学习过程评价和学习结果评价的结合”，等等。地理课程理念不仅是地理课程设置和地理教材编写的指导思想，也是中学地理教学实践的指导思想。随着课程改革的推广和深入，新的地理课程理念也在逐步由“认识”向“实践”转化，渗透到日常教学的各个环节。

2. 走向创新

第一个表现是突出能力培养的课程结构。早在20世纪80年代，中学地理教学就已经开始注重学生能力的培养，但课堂教学和学生学习成就评价中却一直存在过于注重知识，特别是事实性知识传授的倾向。因此，使中学地理教学能够真正实现培养学生能力的目标，仍然是本次课程改革的重要任务之一。达到这一目的的具体途径之一是在地理课程标准的表述上突出行为动词的作用，尝试用学生学习行为改变的要求带动地理知识的学习。义务教育阶段尝试用“案例教学”的思想建立分区地理学习的结构，也是在尝试突出地理学习能力的培养。

第二个表现是在“高中地理必修一”部分的“内容标准”中采用了“自然环境中的物质运动和能量交换”的标题，通过选取自然环境中的一些比较重要的、与学生实际关系比较大的地理过程，尝试建立新的自然地理的内容结构，突出地理事物的联系、变化和与我们生活之间的关系。

第三个表现是在“高中地理必修三”部分采用了“案例教学”的方式构建课程的内容结构，这为高中地理教学带来了新的体验。

3. 走向开放

有生命力的课程肯定是一个开放的课程。十年中学地理教育发展的一个特征就是地理课程正在走向开放。这种开放表现在课程的包容性、选择性、多样性、与社会的联系等多个方面。例如，课程标准为地理教材的编写和地理教师的教学留下了更多的空间，给了他们更多的自主权。在义务教育阶段，教师可以选择所讲区域，在高中地理教学中，教师可以选择案例等。高中开设选修课也反映了课程的开放。中国内地的中学过去是没有真正意义上的选修课的，有的只是文理分班意义上的选修课，实际也是必修课的一种形式。高中地理新课程至少在课程设置上开设了7门选修课，理论上供学生根据自己的兴趣选择。虽然在实验过程因种种原因还没能做到这一步，但毕竟有了一个开始。教材的多样化也是地理课程开放的表现。我国初中阶段早已实行“一纲多本”的教材制度。2003 年开始，高中地理教材的出版也实现了“一标多本”，进一步促进了地理课程的开放。

4. 走向“生成”

十年来中学地理课程发生的另一个重要变化是教师对课程和教学开始有了新的认识。过去的地理课程和地理教学基本上被看作是一种“既定”的课程，新的教学理念则更多地关注学生的学习需求、学习兴趣、学习自主性和学生的感受，新教学理念指导下的教学更倡导自主学习、探究学习、合作学习，教学更加尊重学生个性的存在。这些变化带来的更深层次的意义是使地理课程从“既定”走向“生成”。简单地说，教师将学会更加尊重实际发生在地理课堂上的过程，解决学生在学习过程“随机”出现的问题，而不再一味追求教学设计的完美实施。

5. 走向现代化

地理课程走向现代化是社会发展的必然结果。从课程内容看，课程标准中明确提出信息能力的培养并将地理信息技术（RS、GPS、GIS）的知识纳入必修课程，这是地理课程适应信息时代发展的表现。中学地理课程走向现代化还表现在地理教学过程中大量采用反映时代发展的新知识和现实案例。此外，体现现代教学思想的教学方法和现代教育技术越来越多的使用，也是中学地理课程走向现代化的表现。

二、中学地理教师迅速成长

地理教师专业水平的提高是地理教育不断创新和发展的重要因素。十年来，中学地理教育的发展和中学地理教师的专业发展是互为促进的。特别是地理新课程的实验，为广大中学地理教师提供了加快自己专业成长的机遇和平台，一大批优秀的、专家型的地理教师脱颖而出。

1. 具有研究生学历的中学地理教师数量明显增加

近十年来，我国中学地理教师队伍的学历水平提高较快，一个明显的变化就是具有研究生学历的地理教师比例迅速增加，图 1 和图 2 显示了近 10 年来研究生学历所占比例的变化。

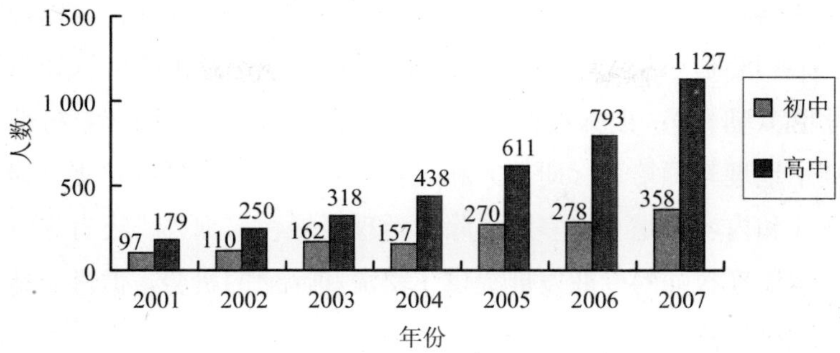

图 1　我国中学研究生学历地理教师数量

资料来源：《中国统计年鉴》（基础教育版）。

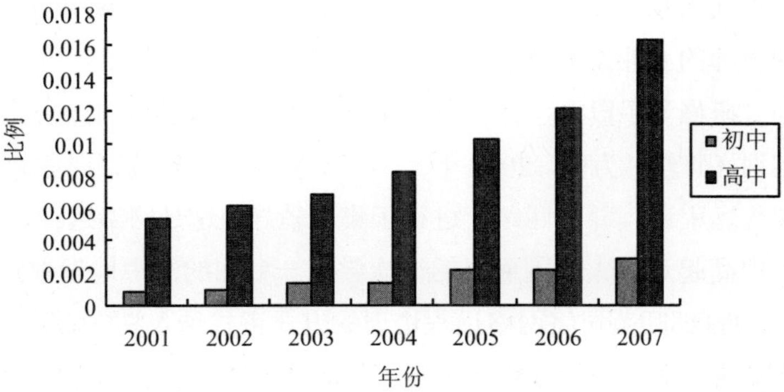

图 2　2001—2007 年我国中学具有研究生学位地理教师比例

注：2001 年前研究生学位教师没有单独统计。

资料来源：《中国统计年鉴》（基础教育版）。

从图 1 和图 2 可以看出，我国中学地理教师拥有研究生学位的比例在初中从 0.08%提高到 0.28%，在高中从 0.53%提高到 1.63%。在这些数据背后，是我国地理教师专业发展步伐的加快和发展模式的多样化。中学地理教师学历水平的提高，不仅对提高地理教育质量有直接的推动作用，也提高了中学地理教学研究的水平。

2. 地理教师培训（研修）模式更加多样

配合新课程的实验，从教育部到各地区都开展了形式多样的教师培养和研修活动，这些培训和研修根据组织者可以分为由教育部师范司为主组织的国家级培训（研修），由省级行政区教育部门组织的省级培训（研修），由地、市组织的区级和市级培训（研修）以及由学校组织的校级培训（研修）等；根据培训、研修的内容可以分为课程标准培训（研修）、地理教材培训、新课程实施培训等，国家级的新课程培训主要进行的是课标培训和研修，出版社组织的培训主要是教材培训，地方教育部门组织的培训大都是综合的，以新课程实施为主要内容；根据受训者的来源，可以分为教师全员培训（研修）、骨干教师培训（研修）、培训者培训（研修）等；根据培训（研修）的形式，可以分为远程培训（研修）和面对面培训（研修）；根据地区，又有专门的西部地区培训、农村教师培训等；根据年级，则有高中地理教师培训（研修）和义务教育阶段地理教师培训（研修）之分；至于校本培训，形式和内容更是丰富多彩。除了地理新课程培训外，还有大量常规的教师培训项目，都为中学地理教师的专业发展提供了交流和深化的机会，促进了地理教师素质和专业化程度的大幅度提高。

3. 地理教师专业发展中现代信息技术展示独特魅力

这十年也是现代信息技术在我国得到飞速发展和越来越广泛应用的十年，借助便捷的信息技术，地理教师的专业发展有了得力的助手和平台。

从各级培训（研修）手段看，计算机网络技术造就了新的培训（研修）模式。仅以新课程的国家级培训（研修）为例，2007 年上半年，教育部基础教育课程教材发展中心组织开发了高中新课程远程课程并在网络上进行了集中辅导。这是网络远程教育技术在中学地理教师继续教育中高起点、大范围应用的一次尝试。参加的高中地理教师总人数为 1 400 多人。2008 年，教育部师范司将网络远程培训的方式正式纳入高中新课程教师培训计划，确定 2008 年普通高中新课程采取网络为主、分散与集中相结合的方式，对当年新进入高中课程改革实验的 5 个省区近 10 万名高中学科教师进行了培训。此后的 2009 年和 2010 年，教育部师范司继续以这种形式对新实验区的地理教师进行了全员培训。省级培训（研修）则以山东省最为典型，该省教育厅计划三年时间利用暑期、采用网络远程方式对全省教师进行全员培训，是网络技术和远程教育理论在省级教师职后教育中的一次有益的尝试。网络远程研修尝试的重要意义在于通过改变过去比较单一的层层培训的立体模式，增加全员培训的平面模式，使所有教师都有机会和国家级培训者直接对话，也有机会和其他地区的地理教学同行直接对话，进而达到开阔地理教师视野、活跃地理教师思维、帮助他们改善课堂教学的目的。

从地理课程资源的角度看，各大出版社都为中学地理教师开办了网上资源平台，例如人教网、“地理阶梯”网站、湘教社网站、中图社网站等，大部分高中地理教材和部分初中地理教材的电子版都可以从网上下载，极大方便了地理教师获得基本的课程资源。

从地理教师个人专业发展的方面看，博客技术的兴起带来了地理教研的新途径，极大地丰富了地理教师之间的横向交流和教学经验的传播，是十年来地理教育中最具特色的发展。博客技术为地理教育发展和地理教师专业成长带来的深刻影响、为地理教育思想传播格局带来的变化，都令人不可小视。

4. 优秀中学地理教师正在成长为专家型教师

十年来中学地理教育的特点之一就是一大批优秀中学地理教师脱颖而出，不少地理教师已经成为或正在成为专家型教师。我国广东、江苏、福建等省已经出现了教授级或正高级地理教师，这些优秀地理教师不仅在地理教学实践上拥有丰富的经验，同时也在地理教育理论方面日益成熟。十年间出版的有关中学地理教育的著作，不少是中学地理教师担任主编、副主编或主要编写者。优秀地理教师还同大学教授一起，成为各级各类地理课程和教学培训（研修）的专家，形成了地理教师专业发展过程中教师群体自我教育、互助发展的良好局面。

总之，近十年中学地理教育发展的特点可以用“高速”和“创新”两个词概括。在这样“高速”发展和不断“创新”的过程中，中学地理教师也会产生较之以前更多的困惑和问题，希望这些困惑和问题的不断解决会带来今后中学地理教育的更新发展。

学校地理教学方法的变革

——我国地理课程变革中的继承与发展之教学法篇①

我国 2001 年开始的课程改革，将“改变课程实施过于强调接受学习、死记硬背、机械训练的现状”作为方法层面上的目标，地理课程标准也提出了相应的要求。义务教育阶段地理课程标准中写明：地理课程的基本理念之一是“改变地理学习方式”[1]2。高中地理课程标准在课程的基本理念中则明确提出“重视对地理问题的探究。提倡自主学习、合作学习和探究学习”[2]2。课程改革引起了教育工作者关于中学教学方法又一次大规模的反思、讨论和实验。新课程的实验过程中，各级培训、各个层次的公开课都在传播、研讨新课程所提倡的教学方法，一批锐意创新的年轻教师脱颖而出，在改革地理教学方法方面做了大量有益的尝试。同时，自主、合作、探究等学习方法的推广也在普通教师中产生了很多困惑。在培训中经常会听到这样的问题：“传统的方法过时了吗？”“我还能‘讲’课吗？”“需要每节课都探究吗？”“提问的方法是探究吗？”等等。也有教师提出，“现在提倡的方法是‘新’方法吗？”“与过去的方法有什么不同？”本文的写作源于课程改革中地理教学方法变化带来的众多困惑，试图通过对“正式课程”②中倡导的地理教学方法和教学实际中的教学方法进行梳理，探讨我国地理课程变革中地理教学方法③的继承和发展问题。

一、地理课程标准（教学大纲）对教学方法的要求和建议

从教育教学活动的性质来看，官方文件一般不会规定强制性的教学方法，但是可以“倡导”或“引导”。那些出现在正式颁布的课程标准（教学大纲）中的教学方法，通常是当时社会主流教学理念或教育思潮的反映，也是课程标准（教学大纲）编制者反复思考和精

① 原载《首都师范大学学报》（社会科学版）2011 年第 1 期。

② 指政府正式颁布的课程，借鉴美国学者古德莱德（Goodlad J.I.）的课程概念。本文的梳理始自 1923 年新学制后第一个初中地理课程纲要。

③ 地理教学方法是个很庞大的概念体系，也是比较模糊的概念。本文仅研究表现在教学组织、师生互动等方面的教学方法，而不涉及逻辑思维一类的方法，如地理教学中常用的比较法。

心选择的结果。当然，并不是每一版课程标准（教学大纲）都明确提出了教学方法的建议。例如，1949—2001年的地理教学大纲就没有单独的“实施方法”部分，而是在“地理教学中应注意的事项”的标题下渗透教学方法的建议。

在本文涉及的我国80多年的地理课程发展中，课程标准或教学大纲中提倡的教学方法大致有以下几类：讲授的方法、实践的方法、自学的方法和讨论的方法。

（一）地理课程标准（教学大纲）中对讲授方法的要求

讲授是一类方法，其基本特征是教师以口头语言的方式传授地理知识。不同版本的课程标准（教学大纲）中出现的“演讲法”“讲演”“叙述”“讲述”等教学方法，都属于讲授的方法。1923—2004年，不同阶段，课程标准或教学大纲中对讲授方法的处理有明显的不同。

1923—1949年，这个阶段的地理课程标准大都明确提出了讲授的方法，使用比较多的词汇是“讲演（演讲）”。1929年初中地理课程标准写道：“向来教师多偏重演讲法，致学生感觉教材与日常生活不相关涉，宜有以补救其弊。”[3]56 从这句简单的文字可以推断，讲授的方法是当时教师使用比较多的教学方法。同时，我国中学地理教学界从课程设置早期就已经认识到并开始努力弥补单纯讲授方法的缺陷。这个阶段的课程标准中，都有与演讲法并列出现的其他教学方法，讲授法并非是占绝对优势的方法。

1949—1987年，我国共颁发了3个地理教学大纲，均没有单独提出对教学方法的要求。但从大纲“教学应注意问题”中可以看出，在这个时期，“讲授”是被认可并有绝对优势的教学方法。例如，1956年的地理教学大纲指明：“教师必须要用生动、形象化的语言来说明教材。教师可以把自己获得的印象，或是自己在报纸杂志上看到的跟课本有关的生动片段，通过讲述、谈话或朗读的方法告诉学生。”[3]112 1963年的地理教学大纲则提示教师注意：“讲述位置，不仅要说明地理事物的位置在哪里，而且要说明这样的位置在自然、经济、军事等方面的意义。”“讲述各国和各地的地理，都必须使学生掌握地理特征。”[3]159 1978年的地理教学大纲提示教师：“讲述区域地理，必须抓住区域地理的特征。”[3]201 除了对讲述的要求外，这个时期的教学大纲基本没有提及其他类型的教学方法。

1988—2004年共颁布了6个地理教学大纲和两个地理课程标准，跨越2001年开始的地理课程改革。就讲授的方法来说，1988年的地理教学大纲在表述上发生了一个很重要的转变。该版本地理教学大纲在“教学中应该注意的问题”中专门列了一条“注意不断改进教学方法，提高教学质量”，其中没有出现“讲述”“讲授”等字样，而是用“教学”代替了“讲述”[3]293。这种表述方法一直延续到2000年课程改革前最后一版地理教学大纲。这个转变表明，地理教学不再仅仅被看成是一个“讲述”的过程。“教学”应包含比“讲述”更丰富的活动。

（二）实践的方法在地理课程中的位置

不论是中学地理课程开设的初期还是近期的地理课程改革，实践的方法在理论上和课程标准（教学大纲）中一直占有十分重要的位置。1923 年的初中地理课程纲要中只提出了两个教学方法的建议，其中一个就是“实习”。[3]52 在课程标准（教学大纲）中建议的实践方法主要有考察、调查、旅行、参观、测量等。1949 年以前的地理课程标准，大都以“作业”的形式提出实践的方法。1956 年的地理教学大纲，则第一次明确了实地考察的数量和内容：“在初级中学一年级里，要进行两次实地考察：一次是认识学校附近的地表和水面，一次是观察外力对地表所起作用，并认识学校所在地的自然环境的特色。”“在初级中学二年级里，可以利用参观时间或假期，举行一次远足旅行，让学生到野外去认识本地地形、水面和植物的特征。”“初级中学三年级……应该到本区的一个农业合作社或工厂里去实地观察一次。”“高级中学一年级和二年级必须进行生产参观。”[3]113-114 除此之外，教师要组织学生进行天气的观察。该教学大纲还第一次使用“课外活动”一词，建议的形式有乡土研究、塑造模型、地理研究小组、地理晚会等。20 世纪 50—70 年代，教学大纲对实践方法的要求分地理实践教学和地理课外活动两部分。从 1978 年版地理教学大纲开始，二者合并为“地理课外活动”。在 1992 年的地理教学大纲中，“地理活动”取代了“地理课外活动”，并按“必须参加”和“依据兴趣”分为两大类，2000 年的初中地理教学大纲延续了这种表述方法。就地理实践活动的分类设置来说，几十年的发展到这时已经比较成熟和完善。21 世纪开始的新课程实验中，地理实践能力培养的要求又上升到一个新的高度。义务教育阶段地理课程标准的“教学建议”中提出，“重视培养创新能力和实践能力”，提倡“开展地理实践活动，特别是野外考察”，并给出了具体实施的案例。[1]21。新的高中地理课程标准在“教学建议”中也建议教师“指导学生开展观察、实践、探究和研究活动”，“帮助学生学会自己设计和实施野外观察、观测、调查等实践活动”[2]24。这种对学生实践能力培养的建议，已经远远超出历史上各个版本所设地理实践活动目的的高度。对实践方法的要求反映的不仅仅是教学方法层面上的变化，同时也反映了不同时期人们对地理课程类型和培养目标需求认识的变化。

（三）“讨论”“自学”等方法的历史渊源

新课程实验倡导学生的自主、合作和探究学习，“讨论”成为使用较多的具体方法之一，因而被许多教师看作是“新”的方法。实际上，“讨论”很早就出现在我国的课程标准中，而且是当时出现次数较多的词汇。例如，1923 年的初中地理课程纲要，只提到了两种教学方法，其中之一就是“讨论”。课程标准的要求是：“就采用的教本内，提出切近浅易的问题，在课内讨论，用启发法，逐渐把问题的内容扩大，不必拘定顺序。讨论的时候，务宜鼓励学生自行解答，提起他们自动研究的兴趣。”[3]52 当时对这种方法的解释，并不比当今对“讨论”方法的认识落后。“讨论”的方法在早期的课程标准中分量很重，1929 年高中地理课程标准的“作业事项”和“教法要点”仅 32 行，就出现了 6 次“讨论”字样，并对如何使用问题进行讨论提出了很具体的建议。[3]60 可见，当时“讨论”是作为一种基本、自然的教学方法存在的。

除了讨论的方法，早期的课程标准还出现过“设计法”。1929 年初中地理课程标准中对“设计法”的解释是：“设计法为一种有目的之工作，或提出问题，或利用地图，或野外实地考察，凡使学生自行搜集材料，解决问题者，皆谓之设计法。”[3]56“设计法”一直保留到 1948 年的地理课程标准。此外，“研究”、学生“搜集参考资料”等也多次出现在不同版本课程标准的“作业事项”和“教法要点”中。

但 1956—1996 年颁布的地理教学大纲，除了早期在课外活动建议中使用了“乡土地理研究”、20 世纪 80 年代后期在课外活动建议中使用了“专题讨论”外，没有再出现过“讨论”和“研究”的字样。学生“搜集参考资料”等建议也没有再出现过。

2000 年修订的初中地理教学大纲实际上是新、旧课程过渡的版本，在教学方法的建议中，重新出现了“讨论”一词，建议教师“要积极实行启发式和讨论式教学，引导学生独立思考和培养创新精神”[4]6。其他现在地理教师比较熟悉的词汇，如“探究”“体验”“交流”“互动”“合作”等，也开始出现在这一版的地理教学大纲中。

二、我国中学地理教学方法的实践

有关历史上中学地理教学方法的研究大都根据文本材料进行。这些文本材料包括地理课程标准、地理教学法的专著等。在真实的课堂上地理教师使用什么方法教学，历史的记录很少。最近二十多年，由于地理教学研究的不断深入、地理教学的更为开放、地理教学成果宣传的力度增加、媒体和出版业的发展，才使越来越多的教案和课堂实录被整理成文献出版。同时，地理教学的研究人员也有了更多的机会到课堂上观摩，实际观察教学现场。在这样的背景下，本文对我国地理教学早期使用的教学方法的讨论主要依靠现存的文献资料，而对近几十年的教学方法实践则有较多的实证材料为基础。

（一）讲授的方法为主导

纵观我国地理课程发展的历史，每一个阶段都会受当时盛行的教育思潮的影响而形成带有时代烙印的地理教学观。地理课程设置的早期，受西方实用主义教育思潮，主要是杜威理论的影响；20 世纪 50 年代，受苏联教育理论，特别是凯洛夫教育理论的影响；80 年代后，又受西方建构主义等理论的影响。然而，这些思潮的影响始终局限在理论界和很小范围的教学实践，或较短的时期。在地理课堂上，不管外界的教育思潮如何变化，地理教学的主流方法似乎从来没有改变过，这个主流方法就是讲授的方法。“讲授”是教学的重要方法之一，它能够在万变中保持不变，是有道理的。然而更让我们关注的是，不仅“讲授”作为主流的方法没有改变，因不恰当使用讲授法带来的问题也一直没有得到根本的改变。

下面是本文整理的讲授法及其问题被传承的部分历史记录：

1914 年①，黄炎培在考察教育日记中记录：“参观德化县立高等小学②。各科教授俱用演讲式。”[5]54

距黄炎培考察近 20 年后，“近来一般有识者，对于地理教授的改善，异口同声，都有相当的提倡；但徒托空言，仍无补于实际”。[6]《江苏教育》1935 年第 10 期和第 11 期刊登过若干篇对省立中学的视察报告，其中关于各科教学方法考察的基本结论是：大多偏重讲演注入式而少启发讨论[7]。另有学者观摩过几堂初中地理课后发表文章，表示对教师所用教学法，“甚感不满”，“不以学生为教学的对象，教师只管注入式地灌输知识，而忽略了学生的自发活动。凡事以教师为主，学生为宾；教师是主动者，学生是被动者。”[8]

距黄炎培考察近 40 年后，“截至目前，首都各中学的地理教学，大都还是用笔记……在初中一般是先让学生听讲，最后留三五分钟，老师宣读要点，分成一、二、三、四等，让学生记下。在高中，有的采用和初中相同的记法，有的让学生随听随记逐段讲授的小结，有的教师一开口，学生就紧赶着抄笔记，记多少算多少，和大学的上课形式一模一样。”[9]这段描述虽然写的是课堂学生笔记的情况，但从学生笔记的方式可以推断出当时以讲授的方法为主的教学情形。1959 年，上海某一地理教研组在一篇文章中记录了当时学生与教师对“讲”的不同看法：“有位学生这样讲：‘老师，讲得多些，我们记不牢好呢，还是讲得少些、透些，让我们牢牢记住的好？’有的教师这样说：‘我不讲满四十五分钟，对不起学生啊！’”[10]1960 年北京师院地理系地理教学法小组发表《北京两个中学地理教学的调查报告》一文，“《报告》中充分肯定了两校地理教学取得的成绩和经验，也指出存在的问题，其中提到教师习惯于夸夸其谈，把上课的过程主观地作为讲的过程，很少组织学生去思考、去练习。”[11]507

距黄炎培考察 60 多年后，“教育面临着一场必要的改革……满堂灌的注入式教学正在被摒弃。但就目前地理教学一般情况来看，教学过程中教师活动多、学生活动少；教师讲授有余，学生主动学习不足；知识讲授有声有色，发展智力软弱无力。纵观教学过程，基本上仍以教师为中心。”[12]“地理教学的启发性原则，既是地理教学对一般教学原则的贯彻，又是针对长期以来在地理教学实践中普遍存在的主要问题——‘注入式’和‘地理八

---

① 本文对地理课程的研究是从 1923 年新学制后颁布的地理课程标准开始的，此处将黄炎培的调查作为前期的背景。

② 壬子丑学制，高小的学生年龄在 11～13 岁，相当于后来的中学生。

股’的严重性而提出来的。”[13]66

距黄炎培考察80多年后，中学教师自己也认识到：“传统教学以讲授为主，由教师单向输出教学信息，这种灌输式教学始终使学生处于被动接受状态。改革教学方法首先就应将传授性活动变为引导性活动。”[14]“在新形势下，基础教育要求将教师讲、学生听的‘一言堂’式教学，变为在教师指导下，学生自主学习、自主发展的活动，……。”[15]

地理课程存在近百年后的历史中，地理课堂教学的这种传承状况，确实需要我们深思。

（二）讲授方法的改善：直观和启发式原则的运用

上面的描述，一方面表明讲授法的优点和弊端一同被我们继承下来了；另一方面也表明，地理教学界一直在努力改善讲授的方法。其中最显著的是直观性和启发性原则的运用。直观性的原则，一向被地理教学实践所重视。近些年由于信息技术的快速发展和普及，可用于直观教学的工具和资源越来越丰富。直观性讲授也有了更好的条件。

启发式原则是中国优秀的教学传统，在我国教育历史上一直都被积极提倡，在教学实践中也有大量的应用。如早在20世纪30年代，有人去考察学校，看到地理教师在讲河南省时，“讲解明白透彻，言辞轻重快慢合宜，并不时运用启发式，颇能引起学生学习兴趣”。[7]再看20世纪80年代前后，当时有不少文章都谈到启发式教学的应用，如“目前广大教师最普遍运用的是启发式教学。启发学生通过阅读课文、读图、运用图表、运用景观图解答教师的提问。”[12]1988年前的近10年，地理教学方法不断改进，“这种改进的一个显著特点是注重启发式教学。教师引导学生阅读地图和其他有关资料，引导学生自己分析探讨问题，得出结论。”[16]因为启发式的原则多与讲授相联系，在班级人数过多的课堂上，应用启发式的讲授调动学生参与学习相对容易一些，所以启发式讲授容易被认为是更易推行的方法。

尽管有众多的研究和实践去推动在讲授过程中运用启发式原则，但总体上地理教学离真正的“启发式”还相差很远。2001年，中共中央　国务院做出《关于深化教育改革、全面推进素质教育的决定》，提出“智育工作要转变教育观念，改革人才培养模式，积极实行启发式和讨论式教学，激发学生独立思考和创新的意识，切实提高教学质量”。[17]政府文件中仍在大力推行启发式教学，可见改革任重而道远。本文前面所列问题也说明已有的启发式教学实践没能大范围转变地理教学“教师讲、学生听”的状况。其中的原因之一就是启发式教学看起来比较容易推行，但真正做到能够有效地启发学生并非易事。很多时候，教师的启发容易停留在向学生发问的阶段，提出的不少问题因为没有给学生更多的能够引发他们思考的东西，就只能是在引导学生去想，而不能使他们“发”。缺乏能够引起学生深度思考并产生困惑而需要教师去启发的情境，也就无法实现真正的“启发式”。

启发式不仅可以以提出问题的方式进行，也表现在教师的讲解或讲述中。[13]67讨论教师的“口讲”是否有启发性难度更大，因为这要根据“听众”——学生的感受来判断，同样的讲话内容可能对某一个学生有很大的启发，使他有豁然开朗的感觉，而对另一个学生则很平常。因此，教师的讲话要做到对大多数学生有启发性也是很不容易的。

由此可见，推行“启发式讲授”是正确的，但有两点需要考虑。第一点，我们是否可以把改革地理教学中现有弊端的全部或主要希望放在“启发式”原则的应用上？第二点，即使可以，真正做到“启发式”教学，改进的强度、对教师要求的高度并不一定小于其他方法。所以，它并不是一个被人想象的“低难度”的方法。

（三）讨论的方法与谈话的方法的运用

课堂上的“讨论”，是学生与学生、学生与教师面对面交流对地理问题的方式。在评价我国各个阶段主要教学方法时，少见有人提到“讨论”的方法。主要是因为教师一般把“讨论”作为一个行为动词，而非一种教学方法去使用。所以，即使1949年后的地理教学大纲极少提到“讨论”，那个时代地理教师的课堂教学记录中，仍经常出现“讨论”（或“议论”）一词。不过因为很少有教师详细记录讨论的情形，所以当时“讨论”是如何进行的，往往不得而知。在新课程的实践中，“讨论”更多地是指有专门准备的较大规模的课堂学习活动。这种比较正式的讨论也早就存在。例如，20世纪30年代，王均衡在师大附中女子部高三教自然地理时，“用的方法，是……每周预先发给学生两张东西，一张印的是要研究的重要题目，一张是练习题，由学生于指定的题目中，利用这四种书在堂下自己研究；上堂的时候，取讨论的方式，研究问题，并给学生作一周内研究事项的结论。”[18]现在课堂上组织讨论的教师越来越多，但大多是即时的“议论”，正式讨论的方法还不算普遍。

在地理课堂上，“讨论”一般指学生与学生之间的交流，教师与学生之间的交流则叫作“谈话”。从20世纪50年代的文献中可以了解到，当时“地理、历史中较普遍地采用‘谈话课’，以谈话教学讲授新知识”。[19]例如，教师和学生会有如下的“谈话”：“讲河谷的变化时，问：在河流的上游水流情况怎样？为什么？那么河流上游河谷有何变化？为什么？……问：下游河谷与上游河谷有何不同？学生答出下游河床变浅，河谷变宽。问：为什么河床变浅了呢？现在想一下河谷为什么变宽了呢？那么上下游河谷变化有何不同？为什么？”。[20]

近20年的教学课例表明，教师运用谈话法的形式与20世纪50年代比，基本没有变化，也主要是教师提问、发出“指令”，如“读图”，然后学生回答。仅从教学记录看，课堂上的谈话，大都是“教师问、学生答”，所以比较贴切的叫法应是“问答法”。“谈话”就其本义来说，与“讨论”更接近，但多少有一些教师居高临下的味道，“讨论”则更显出对话双方地位的平等。“问答”“谈话”和“讨论”虽然都有“问题”的使用，但有一个重要的区别，即“问答”多为单向的，“谈话”和“讨论”则是双向的，对话的双方不仅可以互相提问题，而且可以就对方的回答提出自己的看法。“谈话法”被早期的地理教学法教科书列为“讲授”的方法或“口讲”的方法。[21][22]165 后来的教科书则将谈话法与讲授法并列（褚亚平等，1985；陈澄，1999），[7]156-157,[23]这也反映了人们对谈话法认识上的进步。

（四）处于尴尬位置的实践方法

“最近一般人的思潮，又盛唱地理须采取动的，殊不知地理本来是动的，不是静的。”[6]地理学习本来就是动的，我们的前人早已指出。“实践”理应成为中学地理教学的常规方法，这一点一直为地理课程标准和理论界所倡导，也为地理教师所认可，更受学生欢迎。但在实际的地理教学中，却很少能够普遍使用，很多学校学生的地理学习从来就没有出过课堂。为了推动实践教学，义务教育阶段的课程标准提供了一些活动建议，如“实地踏勘并绘制校园、社区等小区域的平面草图”，这种活动不需要离开学校太远，也比较容易组织，去做的教师就会多一些。形成这种状况的原因主要是受到一些课程外因素，如学生的人身安全保障的影响，教师组织实践教学活动能力的不足也是一个不能忽视的原因。

三、对中国大陆地理教学方法继承与发展的思考

（一）缩小理想方法与实际方法之间的差距

地理教学方法的继承与发展同教育的其他领域一样，会受到社会、儿童、学科发展等方面的影响。来自社会、儿童和学科发展的需求是教学方法继承与发展的基础。不论是在理论和标准的层面还是实践的层面，继承与发展的原理都是一样的。例如，目前地理课程标准倡导的地理教学方法更注重学习的过程和适度的开放，也更重视学生之间的合作。这种倡导表现出社会发展对学生个性发展和主动学习的重视，也反映了社会对培养学生的创新能力和实践能力的强烈需求。但是，这些被提倡的、比较理想化的教学方法与现实中普遍应用的教学方法之间还存在较大的落差。从课程标准（教学大纲）看，每个时期所提倡的教学方法与所处时代的政治背景、教育思潮等是高度吻合的。时代在不断变化和发展，政治局势的不稳定和教育思潮的变换，使得课程标准（教学大纲）要求和倡导的方法的倾向性也在不断变化。但实际课堂中的主导教学方法却相对稳定。从具体的教学方法上看，课程标准（教学大纲）提倡的教学方法在一定的时期会比较理想化或具有超前的特点，而实际课堂中的主流方法则更倾向于稳定、保守和简便易行。总体来说，地理教学方法是在进步、在改善、在发展。在这个过程中，理想的和倡导的方法有时会表现出比较深刻的变

化，甚至会有大起大落，而普遍应用的教学方法，其进步则始终是沿着一条以继承为主的道路缓慢“爬升”。

任何理想与现实之间都会有落差，但在课程改革的过程中，太大的落差不仅会使理想的东西无法进入现实，也会带来不必要的困惑和混乱。课程改革必须考虑到这种情况并采取相应的措施。

措施之一是来自文本课程的引导，这种引导不一定是强制性的。课程标准在制定时就考虑到了教学方法的问题，例如，“运用地图，归纳世界洋流分布规律，说明洋流对地理环境的影响。”[2]8 如果切实按照这条课程标准去做，以往容易出现的要求学生记忆洋流名称的做法就没有什么意义了。课程标准规定必修模块三的部分内容采用案例分析的方法教学，也大大推动了案例教学的实行。这是利用课程标准特定的表述方式来引导教师采用更适当的教学方法。我国中学教师普遍依赖地理教科书，所以教科书也是一个重要的引导工具，可以通过将先进的教学方法融入教科书引导教师改善教学方法。

措施之二是发挥各级教研部门的作用。我国有强有力的教研部门，他们对教师教学方法的引导最容易产生普遍效应。同时，把理论的教学方法转化成可操作性强的教学方法，也是教研部门优势所在。不过，这种行政管理层面上的“强制”要冒很大的风险，因为管理者的教育理念会直接影响教学方法上的引导恰当与否。

措施之三是提升教师的教学素质，这是一个根本措施。有些方法的过度使用或新方法概念的泛化源于教师对方法不够了解。很多教师承认自主、探究、合作、案例教学等方法本身是好的，是有利于学生发展的，但他们感觉实施起来困难很大，心有余而力不足。教师需要有实效的继续教育。

（二）“融合”——地理教学方法继承和发展的一种状态

在地理教学方法的发展过程中，“新”方法更多地以与传统方法融合的方式进入普通课堂教学。新方法对传统方法的“改造”与传统方法对新方法“同化”在同时进行。讨论、探究、合作学习等以学生主动学习为特点的方法，尽管我们从地理课程早期的发展中可以找到它们的身影，但多次改革后的今天，它们仍被限制在“公开课”或“研究课”的范围内，能在日常教学中自然使用的还远不普遍。反过来，将这些方法的概念，或内涵融合或嵌入①在传统教学方法中的做法却越来越多。在这种融合或嵌入的教学情境下，有时很难再用传统教学方法的概念加以区别，这是当今地理教学方法发展的一个特点。最为典型的是问答法与探究式教学、案例教学等新方法的融合。在地理课堂上以及教学设计和教学实录等文本中，可以看到大量“问答”的教学行为。各种教学方法都可以将“问答”作为基

① 指在传统线性课堂组织的前提下，将小组讨论、设计等其他方法嵌入其中，也就是用这些“新”的学生活动将教师的讲授分割成若干阶段。

本框架，例如，教师用一系列提问引导学生得出某个结论，可以认为这就是探究式的方法。“问答”是属于传统教学方法的。用“问答”来“装饰”新的方法，正是传统教学对新方法的“同化”。这种现象表明，教师知道并认可“探究”的方法，并具有带领学生探究的意识。但是显然，这种被启发式讲授“同化”了的“探究”并不是探究学习的全部。如果教学方法的改进停留在泛化的“探究”方法上，会弱化探究学习本身的特点，使它们的作用或影响受到削减，甚至会使教学走向背离初衷的方向。还以问答法为例，过度或不恰当的使用问答法，很容易产生“陷阱”效应，使教师不自觉地用一个又一个问题诱导学生向自己预设好的“圈子”里跳，这时问答法就可能会异化成限制学生思维而非启发学生思维的方法。建立在问答法框架上“探究”式教学，也就可能从学生主动获取知识的初衷走向反面。

所以，在各种方法更多走向融合的今天，尽量理解各种地理教学方法的本质就显得十分重要，这样才能避免因追求表面形式或仅仅为了使用新概念而使新方法的使用走入误区。

（三）学科特色——继承与发展过程的生长点

地理教学方法不就是学科特色的吗？表面看起来当然是。但从前面的梳理中可以发现，在很多时候，我们对地理教学方法的讨论主要都是在一般教育学和一般教学论层面上进行的。人们的争论大都是“课上讲多长时间才合适？”“要讲授还是要探究？”“使用多媒体好还是讲授好？”抛开其中的教学内容，地理教学方法与其他大部分学科的教学方法似乎没有多少区别。也就是说，在影响教育教学的社会、儿童、学科等因素中，地理学科对地理教学的影响主要体现在课程内容上，对地理教学方法的直接影响则相对较小。作为基础教育的学科之一，地理教学自然会遵循教育教学的一般规律，但如果不紧紧抓住学科特点考虑教学方法的发展，就免不了总在某些泛泛而谈的争论“旋涡”中打转，却无法解决实际地理教学中的问题。实际中，一堂以自然地理内容为主的课使用的方法，可能会与以人文地理为主的课完全不同；一堂地理课也可能看上去与一堂历史课完全不一样，而不是今天社会上讨论探究的重要，地理课、历史课等学科课程就都上成“探究式”；明天社会上又争论应该回归讲授，所有课程又都一样去启发讲授。只有加强对教学方法中学科内容针对性地研究和实践，才会不断丰富地理教学方法体系并提高它们的有效性，同时也可以使学生有机会体验多种不同的教学过程，丰富他们的学习经验。

针对上述事实和分析，本文认为：在社会已经并且还在发生深刻变化、地理教学内容也已发生重要变化的背景下，地理教学方法的发展必定要“与时俱进”，坚持改革。从目前我国的实际情况出发，地理教学方法改革的方向应是坚持地理教学方法的多样化，这是教学方法能够很好地为学生发展服务，为教学内容服务的基础。教学方法的多样化，既可以继承传统教学的优秀成分，也可以纳入新的教学方法。此外，教学方法的研究和使用中，要特别注意根据地理教学内容的不同特点发展具有鲜明特色的教学方法，以使地理教学方法的继承和发展有比较坚实的基础而不至于流于空泛的争论。

参考文献

[1] 中华人民共和国教育部. 全日制义务教育地理课程标准（实验稿）[M]. 北京：北京师范大学出版社，2001.

[2] 中华人民共和国教育部. 普通高中地理课程标准（实验）[M]. 北京：人民教育出版社，2003.

[3] 课程教材研究所. 20 世纪中国中小学课程标准 • 教学大纲汇编[M]. 北京：人民教育出版社，2001.

[4] 中华人民共和国教育部. 九年义务教育全日制初级中学地理教学大纲（试用修订版）[M]. 北京：人民教育出版社，2000.

[5] 黄炎培. 黄炎培考察教育日记[M]. 北京：商务印书馆，1914.

[6] 葛绥成. 现代地理教育的考察和批评[J]. 地学季刊，1932，1（3）.

[7] 王駿声，唐道海. 江苏省立中学特殊视察报告[J]. 江苏教育，1935，4（10）；4（11）.

[8] 刘廷仪. 初中地理教学问题及其应有的改进[J]. 地理教学，1937，1（4）.

[9] 王钧衡. 认真学习苏联，提高地理教学质量[J]. 地理知识，1953（8）.

[10] 吴素梅. 对初一地理“地球”一篇教学的几点建议[J]. 地理教学丛刊第二辑，1959.

[11] 杨尧. 中国近现代中小学地理教育史（下）[M]. 西安：陕西人民教育出版社，1991.

[12] 张景新. 提高地理教学质量的功夫应该用作“导”字上[Z]. 中学地理教学经验选. 上海：上海教育出版社，1986.

[13] 褚亚平，等. 中学地理教学法[M]. 北京：高等教育出版社，1985.

[14] 唐晓烨. 导学式教学方法在地理教学中的运用[J]. 吉林教育科学 • 普教研究，1996（3）.

[15] 王淑华. 新课程理念下的地理教学方法[J]. 承德职业学院学报，2006（2）.

[16] 王肇和. 对新时期我国中学地理教育的回顾和今后发展的意见[J]. 铁道师院学报，1988（1）.

[17] 中华人民共和国国务院. 关于深化教育改革全面推进素质教育的决定[EB/OL]. http：//www. edu. cn/20011114/3009834. shtml（中国教育和科研计算机网）.

[18] 王均衡. 讨论“用振摆证明地球自转”的教材和教法[J]. 地理教学，1937，1（1）.

[19] 赵敏政. 建国十年来中学教学组织形式的发展[J]. 开封师范学院学报，1959，2.

[20] 邓锡武. 进行谈话法教学的点滴体会[J]. 地理知识，1956（7）.

[21] 王钧衡. 地理课中的口讲法和说话艺术[J]. 地理知识，1956，3.

[22] 褚绍唐，等. 地理教学法[M]. 上海：华东师范大学出版社，1982.

[23] 陈澄. 改革教学方法是地理教学发展智能的重要环节[Z]. 地理教学研究，1983.

另眼看“鲁尔”

——对“矿产资源与区域可持续发展关系”的理解①

“以某区域为例，分析该区域能源和矿产资源的合理开发与区域可持续发展的关系”[1]（以下有时用“主题”替代课标的完整表述）是高中地理课程标准“地理 3”中的一条标准。这条标准的核心，是使学生学会分析区域能源和矿产资源（以下简称“矿产资源”）与区域可持续发展关系的基本方法，促进他们区域可持续发展意识的形成；教学的“抓手”是区域矿产资源的开发利用；目前教学中使用较多的案例之一是德国“鲁尔区”。可能因为教师对鲁尔区的案例太熟悉了，也可能是对课程标准有不同理解，在教学中出现了矿产资源与区域可持续发展关系教学和以前大纲课程传统工业区教学雷同的现象。本文以这种现象为例，阐述对“地理 3”中矿产资源与区域可持续发展关系教学的理解，并从另外角度探讨“鲁尔区”案例的使用。

一、对“矿产资源与区域可持续发展”内容的理解

按照字面的理解，“以某区域为例，分析该区域能源和矿产资源的合理开发与区域可持续发展的关系”可以分为三个部分。第一部分是“以某区域为例”，体现“地理 3”“采用案例分析方式编写教科书和开展教学”[1]的要求，需要教学围绕一个特定的区域展开。第二部分是“区域能源和矿产资源的合理开发”，学生需要学习特定区域内重要矿产资源的开发利用情况。这一点反映“地理 3”与“地理 2”的区别——重点是矿产资源开发利用而非完整工业区的建设。第三部分“与区域可持续发展的关系”是指区域特定矿产资源开发对区域可持续发展的影响，也不是系统学习某个区域的可持续发展。对后两部分之间关系的理解，将决定教学的内容和思路。一般可能有三种理解：一是理解为某种特定的矿产资源其开发利用过程和方式对该区域发展的影响；二是理解为矿产资源衰竭或地位下降造成地区整体经济衰退后如何发展，即“转型”；三是理解为同时学习矿产资源开发过程

① 原载《中学地理教学参考》2012 年第 4 期，后被人大复印资料《中学历史、地理教与学》2012 年第 10 期全文转载。

中的影响和接近衰退时的“转型”。本文持第一种理解，认为本主题的教学主要包含以下三个内容。

第一个内容是矿产资源对区域发展的作用。“以矿产资源为原料生产出来的各种物质和产品已广泛应用于人类生产与生活的各个方面”，就我国来说，“我国正处于工业化的中期阶段，在今后几十年内将仍是矿产资源需求的旺盛时期，我国社会生产所需的95%的能源、80%以上的工业原料和70%的农用原料，仍将依赖于矿产资源。”[2]2 “从经济角度看，区域发展是区域财富增加和生活水平提高的过程。”[3]45 矿产资源与区域可持续发展的关系，首先要看这种自然天赋如何使“区域财富增加和生活水平提高”。具体来说，“自然资源的数量、质量和类型组合会影响区域生产发展的规模、经济效益和地区产业结构。”[4]12-13 所以，这个内容不仅仅是“引子”或“背景”，也需要让学生充分理解。目前教学中都是直接描述基于某种资源发展起来的工业体系，以此来体现区域矿产资源的影响。

第二个内容是如何使矿产资源的开发、利用可持续，只有资源本身能够可持续开发利用，该区域以矿产资源为主要物质基础的发展才能可持续。李廷栋院士在《矿产资源、地质环境与社会可持续发展》一文中提到我国矿产资源形势面临的四个重要问题：矿产资源储备不足，供需矛盾日趋尖锐；矿产资源消费率过高，利用率太低；矿业开发水平低，资源浪费严重；矿产综合利用程度过低，造成资源的巨大浪费。[2]2-3 四个问题中，后三个和本主题教学有直接关系，可以针对这些问题，结合具体区域设计教学，例如，讨论根据区域现有条件进行合理开发、按照节约和尽可能综合利用的原则开发、杜绝浪费和破坏等。[4]11

第三个内容是在利用资源的过程中如何保护环境。尽量减少自然资源开发利用过程中对环境的破坏，是使区域可持续发展的重要方面，也是中学地理教学的主线内容。“发展中国家不能再走发达国家过去走过的疯狂掠夺资源与先开发、后治理的老路。”[5]11 这一点已经得到人们的共识，关键是如何通过地理教学，让学生感受到这一点并能和我国现实的发展联系起来。例如，中国北方农牧交错地带本身就是环境脆弱带，其主体位于晋陕内蒙古区，而“这一地带正在建设国家级的能源重化工基地，分布有大批大型煤炭、天然气资源开发基地。工业化的快速发展，带动城镇扩展，使人水矛盾、人粮矛盾、农林牧用地矛盾日益尖锐……”[3]474-475 在这种情况下，人们应该如何做才能在利用矿产资源发展的同时也保护环境，这是教学的一个重点。

《普通高中地理课程标准（实验）解读》对该标准教学做了如下解释：“分析一个区域能源和矿产资源的合理开发与区域可持续发展的关系，要抓住以下几个要点：第一，该区域的背景条件——地理区位、能源资源或矿产资源的结构、地理环境状况；第二，该区域可持续发展的主要矛盾；第三，该区域可持续发展的主要策略。”[6]125-126 作为一个地理案例来说，区域背景的介绍是不可缺少的，但注意重点不是讲工业区位，应偏重区域的“能源资源或矿产资源的结构”。该区域可持续发展的主要矛盾也应该是指区域特有矿产资源的开发、利用与区域可持续发展之间的矛盾，例如，标准解读中给出的晋陕蒙乌金三角地区分析。区域可持续发展的策略，课标解读举例的做法是：重点发展采煤工业、有控制地高速发展、不宜多发展二次加工工业、重点地区优先发展、限制发展乡镇煤矿、注意保护环境等。[6]127 本文所说的第一种理解与课标解读的意思基本相同，同时做了一些补充。

从第二种理解出发，该主题的课就很容易上成“传统工业区转型”，如后面的实例所示。这两种理解的主题不同，一个重点在矿产资源本身如何开发才能促进区域可持续发展，一个重点在区域衰退后如何调整企业结构实现转型。以后者为重点的课，在讲转型后的区域工业结构时，衰落前作为发展基础的某些“能源和矿产资源”的开发利用已经不占主要位置，新发展时期的环境保护主要针对的也不是区域矿产资源的开发。这种教学把区域的可持续开发理解为“区域经济衰退后如何发展”，即一个资源型区域只有到了衰落的阶段才有可持续发展问题，而不是开发初期如何规划使区域可持续发展。

从第三种理解出发，教学会比较全面，但内容也会过于庞杂，不适合中学生学习。

二、教学过程实例简析

下面根据上述第一种理解，分析“地理 3”矿产资源教学过程的主要内容和环节。楷体部分是摘录、整理后的课例。

设计重点：德国鲁尔区衰落的原因；德国鲁尔区实现新发展的措施。

问题导入：东北三省曾是共和国的“长子”，新中国的工业摇篮，而近年经济却发展缓慢，东北的重点区域辽中南地区也是问题重重。像辽中南矿产资源丰富的地区，应如何调整才能实现区域的可持续发展。

介绍鲁尔区繁荣表现：世界著名重工业区。主要五大工业部门，鲁尔区煤炭分布与铁矿石来源图。提问：德国鲁尔区繁荣的主要区位条件是什么？鲁尔区的五大主要工业部门与丰富的煤炭资源存在什么联系？

探究：思考鲁尔区并没有铁矿，为什么钢铁工业发达？

总结鲁尔区繁荣的主要区位条件：丰富的煤炭资源、便利的水陆交通、充足的水源、发达的科技。

承转：鲁尔区繁荣了近一个世纪，20 世纪 50 年代后走向了衰落。描述鲁尔区衰落的具体表现：煤矿和钢铁企业大量关闭、钢铁产量下降、失业率上升。指导学生阅读世界能源消费构成图、20 世纪 70 年代经济危机简况、第三次技术革命简况材料和随着技术发展每冶炼 1 吨钢铁所需原料和燃料的变化图，合作探究鲁尔区衰落的原因。展示鲁尔区环境污染图……指导学生阅读“污染严重的莱茵河”材料。

归纳和总结鲁尔区衰落主要原因：煤炭地位下降，新技术革命冲击，单一重型工业经济结构，环境污染严重。

承转：衰落的鲁尔区该如何实现新发展呢？角色扮演与讨论：如果你是当时的鲁尔区的管理人员或企业负责人，你会提出哪些措施？

鲁尔区新发展措施学习：指导学生阅读“20世纪50年代鲁尔区工业分布”和“20世纪末鲁尔区工业分布”。提问：20世纪50年代和20世纪末鲁尔区在工业结构上有哪些变化？结合文字内容，找出两个时期在工业布局上有哪些变化？

通过读图，学生能够说出在工业结构上，煤炭、钢铁两大工业部门的企业数量大幅度减少，发展新兴工业。工业布局由“移铁就煤型”向平衡布局转变，钢铁企业向沿海转移。

呼应导入：探究辽中南地区的发展。投影：辽中南地区存在的主要问题。评价、归纳辽中南地区应采取的措施。

课后学习：了解我国政府在振兴东北老工业基地中采取的政策和措施。

如果事先没有说明，这个课例也可以看作是传统工业区发展的教学。教学中的重点、导入和呼应导入、新发展措施、课后学习均与图1中工业地域教学相同。课例中还有一些细节可以辅助说明该教学的“传统工业区转型”倾向。例如，对交通运输条件的描写。教师提问“思考鲁尔区并没有铁矿，为什么钢铁工业发达？”目的是引出交通运输条件，但结果是使教学的方向发生了不易察觉的变化，它已经从煤炭资源的影响偏到钢铁工业发展的区位条件上。此外，从整个课例还可以看出，这里“可持续发展”被理解为“区域新发展”或“企业振兴”。

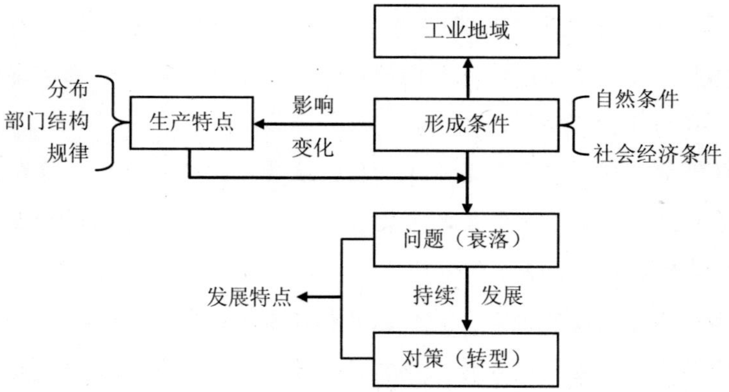

图1　以鲁尔区为案例的工业地域教学内容结构

三、案例的选择和使用

“鲁尔区”是个经典、成熟的案例，进行传统工业区转型的教学时很好用。在“鲁尔区”案例中，工业区域的发展一般被分为三个阶段：繁荣期、衰退期和新发展（振兴）期。

对传统工业地域的形成和发展来说这是个完整、清晰、有说服力的过程。但在学习“地理3”以矿产资源与区域发展为主的内容时，如果用同样的思路使用鲁尔区案例，可能会出现一些问题。例如，假设学习结束后发问：矿产资源与区域可持续发展是什么关系？依据教学思路得到的回答可能就是：等到资源枯竭或地位下降时，我们转型干别的！听上去像个笑话，不过鲁尔区案例的使用给我们的可能就是这样一个答案，而这并不是该主题要达到的目标。

如果把鲁尔区衰落的原因当作“前车之鉴”，进而转到目前正在发展的矿产资源区如何避免鲁尔区的问题上，教学会比较贴近主题要求。但这样我们又会面临一个很复杂的问题——世界工业发展的背景。教师可能会告诉学生“鲁尔区是繁荣了近百年才衰退的”，并描述当初如何繁荣，然后转到教学的重点：那样繁荣的一个地区为什么会衰落呢？前面课例中给出了四个主要原因：煤炭地位下降、新技术革命冲击、单一重型工业经济结构、环境污染严重。前两者算是外因，后两者算是内因。如何教学才能使今天我国正在发展的资源型区域能够借鉴鲁尔区早期发展的经验和教训呢？如果说目前我国还很需要煤炭，正在某地建设大型煤炭能源基地，这似乎无法借鉴鲁尔区“煤炭地位下降”的外因；如果讲世界能源消费结构中煤炭比重越来越小，在这种背景下煤炭资源丰富的地区如何发展，这又好像课标设置了矿产资源开发利用的主题，学生却在学习这种资源已经不那么重要时应该怎么办。以讲内因为主的方式可能容易对应“可持续发展”问题，但是否直接讲鲁尔区那一百年的繁荣是个不可持续发展的过程？且鲁尔区衰落过程中的外因、内因如何相互作用本身就是个很复杂的问题。例如，如果没有世界能源消费结构改变等外因，会存在鲁尔区工业内部结构不合理的问题吗？在课例给出的四个原因中，只有环境污染是可以直接拿来作为“借鉴”教学的。

鲁尔区案例也有比较切合主题的部分，就是它的繁荣阶段。鲁尔区的繁荣可以用来说明区域内煤炭资源对该区域发展的根本性影响。鲁尔区早期如何根据区域条件开发煤炭资源也是本主题教学可以拿来“借鉴”的内容，例如，如果有鲁尔区在繁荣时期改进矿产资源利用方式、提高矿产资源利用效率和保护环境的资料就比较好用。

总之，对于矿产资源利用与区域可持续发展的主题来说，鲁尔区案例基本是个“过去时”，如果从“以史为鉴”的意义上使用可能还需要重新编写。本主题的教学更需要一些“正在进行时”的案例，这些案例需要有如下特点：

第一，有矿产资源对某区域发展积极影响的详细内容。

第二，有矿产资源合理开发促进区域经济可持续发展的详细内容。矿产资源的合理开发必然要涉及其他区位条件，只要从合理开发利用促进区域可持续发展的角度搞清楚即可，不必像“地理2”讲工业区位因素那样系统学习。

第三，有在开发利用矿产资源中保护环境的详细内容。

这三点的核心是突出矿产资源与区域可持续发展的关系，而不是突出某个特定工业区的发展。例如，讲区域内其他工业部门的发展，讲到能说明矿产资源作用的程度即可，不用再深入挖掘为什么“没有某种矿产资源却能否发展某种工业”这样的具体原因。“转型”在讲矿产资源合理开发为主的“地理 3”教学中，并不是重点，特别是不再以特有矿产资源为主的“转型”。利用“正在进行”的案例，可能也会有结构调整问题，但这里的调整与鲁尔区、东北老工业区的“转型”不一样，调整还是在开发利用区域特有矿产资源的前提下，目的是使开发利用率更高；“转型”则更多地偏向非矿产资源利用的产业部门。

以上分析由于是和其他教师进行了讨论，涉及的方面可能比较专业。在实际教学中，还要认真考虑我们是基础教育，面对高中学生，特别是将来不准备参加地理高考的学生，如何把握教学的程度，尽量避免把“地理 3”上成专业化很强的课。建议教学中适当减少一些学术化比较重的内容或语言，增加一些贴近生活的东西。学习区域矿产资源对该区域发展的影响，一般都是讲工业部门的“繁荣”和在世界上的地位，也可以查找些当地百姓生活发生的变化作为补充。例如，鄂尔多斯因煤矿开发致富后，当地一位出租车司机对外来者形象地描述当地致富的速度，说是昨天还一家人轮着穿一条棉裤，今天就是百万富翁了。这些区域老百姓就业、日常生活、文化教育等多方面发生的变化不仅使学生容易理解，也会对区域矿产资源重要性有比较深入的认识。如果学生所在地正好有这样的例子，材料又比较容易找到，就最好使用当地的、现实正在开发过程中的案例。高中“地理 3”案例分析教学中，地理意识、观念和方法教育的意义远远大于对某个具体区域知识的了解，案例只要能讲明原理和方法即可。

本文仅就内容标准与相关课例关系进行讨论，至于课程标准设置上是否有什么问题，需另作研究。

参考文献

[1] 中华人民共和国教育部. 普通高中地理课程标准（实验）[M]. 北京：人民教育出版社，2003.

[2] 赵鹏大. 院士论谈：资源、环境与可持续发展[M]. 北京：中国地质大学出版社，2000.

[3] 赵济，陈传康. 中国地理[M]. 北京：高等教育出版社，1999.

[4] 崔功豪，魏清泉，陈宗兴. 区域分析与规划[M]. 北京：高等教育出版社，1999.

[5] 陈才. 区域经济地理学[M]. 北京：科学出版社，2001.

[6] 陈澄，樊杰. 普通高中地理课程标准（实验）解读[M]. 南京：江苏教育出版社，2004.

柳暗花明又一村[1]

这里不是要记述游山玩水之心得，而是想说说教学研究中的“脑筋转弯”。

过去看有些教育硕士做研究，纠结在个别难题的教学上，为如何让学生熟练掌握而煞费心机。但如果仔细看过这种题，就会发现教师费那么大的功夫，处心积虑，其实或是题目的本身有问题，或是完全没有必要让学生做这种题。教师为这种事苦恼，不过是因为大家都在做，而且一直在做，他们并未对题目本身的合理性有所思考。做到研究生的水平了，可以“脑筋转转弯”，研究研究题目本身的事情了。

聊天中听有人说：某教科书中某个内容的编排不合理，老师们每次讲到这都觉得特不顺手，要是把这个内容放在后面的什么地方讲就顺了。我知道，那本教科书已经使用多年了，教的时候是不是有可能让自己顺手些，例如，把那一内容的顺序移动一下？

有教师说某某案例使用起来总觉得别扭，但是它太经典了，没有想到过换个方法使用这个案例。

相信很多人都遇到过类似的问题……

我们可能习惯了“习惯”。我们更多的时候是沿着一条别人或“习惯”开辟好的路行走。当感觉此路不顺时，可能会停下来抱怨几声，然后接着走，直到“山穷水尽”……但这条路是否对呢？是否可以有捷径？

最近看到两篇文章，谈东西半球划分方法和相关的教学问题。其中一篇是丁尧清等人写的，文章最后这样写道：

这个知识点也是学生掌握起来难度很大的一个问题。因为初一的孩子受认知水平和空间思维能力的限制，普遍感觉对东西半球的这个划分（数值）很抽象。他们在解决一些具体问题时往往不知所措，只能靠主观印象，认为经度值后面带“W”就在西半球，经度值后面带“E”就在东半球。按照本初子午线和180°经线划分东西半球，既是东西半球划分的两种方法之一，也契合初中生的空间思维水平，此方案可以有效降低学生记忆负担……

---

① 原载《地理教育》2012年第6期刊首语。

也许大部分人不赞同这种观念，也许课本并不会为此改变，但文章的作者敢于挑战教学的“难点”：不是所有的难点都需要去全力攻破，还有另外一种思路，就是改变内容本身。有些知识点不是难度过大吗？不讲不行，但当它有两种讲法，二者都有道理，又不影响学生认识发展时，可以采用难度较低的一种。

有人说，某些内容要考试，觉得不合理也不敢动。再转换一下脑筋，有兴趣、有能力、有时间的教师可以把个人的看法写出来发表在正式刊物上。一线的教师发出自己的声音，这是教师教学自主性的体现。如果观点合理，自然会产生积极的社会影响。要知道，不论是教科书编写者还是考试命题者，大家都要不断吸收新的信息、与时俱进。

教学研究需要“脑筋转弯”，当然不是“脑筋急转弯”，要慢慢想透。

"板块划分"的来龙去脉及教学思考（上）①

《义务教育地理课程标准》"世界地理"部分有一条标准："知道板块构造学说的基本观点，说出世界著名山系及火山、地震分布与板块运动的关系。"地理课程标准的实验教科书在介绍板块构造学说时使用的都是"六大板块示意图"。2011 年日本大地震发生后，网上出现了不少分析日本大地震原因的文章，使用的板块地图上不只是"六大板块"，还有一些小的板块，如"菲律宾板块"（如南方报业网的中国地震局台网中心报道②）；日本大地震的原因也不是如中学地理教科书所言只是亚欧板块与太平洋板块碰撞的结果，其中还有北美洲板块的作用（如百度百科的日本地震专题③）；还有人指出日本大地震是由于鄂霍茨克板块和太平洋板块碰撞引起的（如新浪环球地理的科学百科专题④）。2012 年初中地理教科书重新修订，已有版本改用新的板块分布示意图。地球岩石圈的板块划分是否有了新的进展？中学地理教学应该怎样讲？本文将就相关内容做一梳理和讨论。

一、科学出版物和相关网站中的板块划分

在有关板块构造学说的学术著作、大学教材和一些相关网站中，地球岩石圈板块的划分说法不一。

1. 以六大板块为基础，附加若干小板块

"6+1"是比较多的表述方法。例如，尹赞动 1978 年在《地壳结构新说：板块构造》一书中这样描述板块数量的变化过程：

Le Pichon（勒·皮顺⑤）划分出来的六大板块的名称是：①太平洋板块；②亚欧板块；

---

① 合作者：宋丽芳，原载《中学地理教学参考》2012 年第 7 期。

② http://nf.nfdaily.cn/21cbh/content/2011-03/14/content_21241657.htm。

③ http://baike.baidu.com/cms/s/zhuti-zisin311/ribendizhen.html。

④ http://tech.sina.com.cn/geo/science/news/2011-03-17/0811694.shtml。

⑤ 本文作者加注：本文中 Le Pichon 的中文译名因所引原文翻译的不同略有不同。

③印度洋板块；④非洲板块；⑤美洲板块；⑥南极洲板块。……六大板块之说发表后，立即被各家采用。不过进一步研究，又增加了一些大、中、小板块。南北美似乎应该分为两个。位于加拉帕戈斯群岛以南的东太平洋一部分也被单独划分出来。最近有人从帕米尔附近开始画一条线，大致向东北延伸，到贝加尔湖北端之北转向东去，直到鄂霍次克海边入海，在原亚欧大陆上分出东南亚板快。……文献中还出现过几个小板块：菲律宾、斐济、阿拉伯半岛、土尔其、爱琴、阿普利亚、可可、南桑德韦奇等。有的已为人们所承认，如菲律宾板块和爱琴板块；有的尚有疑问，如阿拉伯半岛板块和南桑德韦奇板块。[1]46-54

但该书中的附图只有勒·皮顺 1968 年 6 月划分的六大岩石圈板块。①

宋春青 1978 年出版的《地质学基础》在表述文字上略有不同："……六大板块的划分只是最初的一种方案。以后，随着研究工作的进展，又有人进一步在大板块中划分出许多小板块。如美洲大板块可以分为南北美两个小板块，亚欧板块中又分出东南亚板块，还有把菲律宾、阿拉伯半岛、土耳其等作为独立小板块的。"[2]379-380 在这段描述中，作者将由美洲板块分割而成的南美板块和北美板块看作是和菲律宾板块等一样的"小板块"。

上面两段文字表明，板块构造学说提出后的第一个 10 年间，板块的划分就有了不同的方法。

在一些基本事实上，学者之间的说法也有不同。例如，张朝文 1981 年出版的《大陆漂移——板块构造概论》中写道："地球表面究竟有多少板块呢？大小多少说法不一。摩根（Mogan，1968）划出约二十个板块。勒·比雄（Le Pichon，1968）只划分为六个板块……"[3]17 李春昱在 1986 年出版的《板块构造基本问题》中则这样表述："以深海沟、扩张脊和转换断层为界，摩根和勒皮松（Le Pichon）先后把现代全球表面分成六个大板块……"[4]17

一些词典中的提法也是六大板块附加小板块。1982 年由上海辞书出版社出版的《地理学词典》中有"板块构造"的词条，内容是："全球划为六大板块：欧亚板块、太平洋板块、美洲板块、非洲板块、印度洋板块和南极板块。有人还划分出了一些小板块，如可可板块、纳兹卡板块、菲律宾板块、中国板块等。"[5]417 图 1 是该词条下的插图，图中虽然只标出了六大板块的名称，但也能看出菲律宾等小板块的范围。1997 年在国外出版、2001 年上海外语教育出版社出版的英文《牛津地理词典》（*Oxford Dictionary of Geography*）相关词条的说法基本相同：六大板块和一些小板块。[6]330

① 因原图不够清晰，略去。

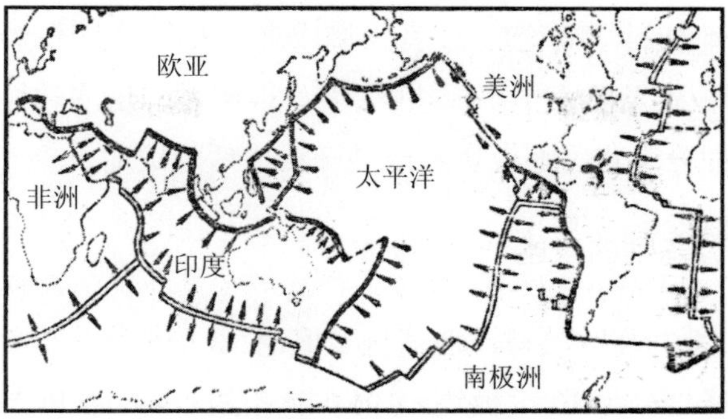

世界板块分布图

图 1 《地理学词典》插图

资料来源：上海辞书出版社：《地理学词典》，上海：上海辞书出版社，1982 年版，第 417 页。

2. 以七大板块为基础，附加若干小板块

杨伦在 1998 年出版的《普通地质学简明教程》中写道：“地球科学家以上述板块边界类型为基础，将全球岩石圈划分为七大板块（图 10-16）。即欧亚板块、非洲板块、印度板块、太平洋板块、南极洲板块、北美洲板块和南美洲板块。这七大板块称一级大板块。……除上述七大板块之外，根据全球地震研究资料可进一步划分板块。目前较流行的有划分成 12 个板块的方案……”[7]148

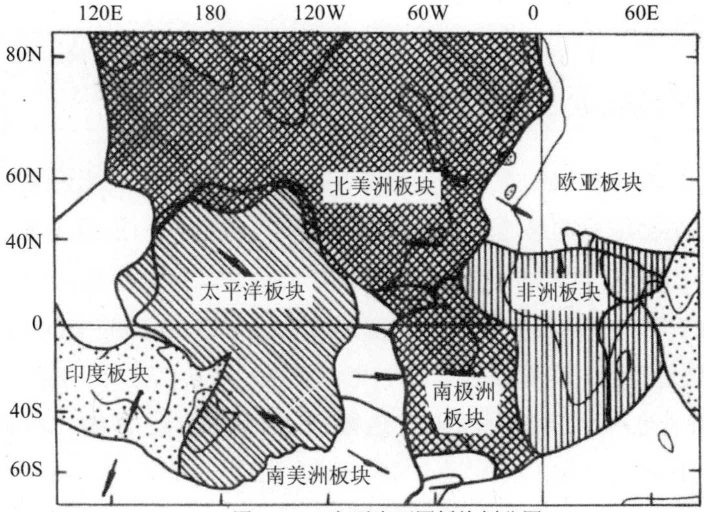

图 10-16 主要岩石圈板块划分图
（据 P. J. Wyllie，1975）

图 2 以七大板块为主的划分方式

资料来源：杨伦，刘少峰，王家生：《普通地质学简明教程》，武汉：中国地质大学出版社，1998 年版。图中的“南美洲板块”误注成“南极洲板块”。

2006 年出版的《地球科学概论》（作者为柳成志）采取了上述说法，写道："全球可以分出 7 个主要岩石圈板块及若干个小板块。"[8]178 很明显，这些教材中的七大板块是将六大板块中的美洲板块划分为北美洲板块和南美洲板块后形成的。

3. 以 12 个板块为基础的表述

例如，2004 年出版的高校教材《地球科学概论》（杨桥编）这样写道："摩根（Jason Morgan，1967）将全球划分为 12 个板块（1968 年，法国 Xavier Pichon 将全球岩石圈划分为 6 大板块）"，[9]11 并给出了表 1 的内容。2006 年由阿瑟·格蒂斯（Arthur Getis）等编写的《地理学导论》（*INTRODUCTION TO GEOGRAPHY*）第 10 版写道："岩石圈划分为大约 12 个大板块和许多小板块……"[10]58

表 1　大陆与大洋板块

★以大陆为主：	★以大洋为主：
北美板块（North American Plate）	菲律宾板块（Philippine Plate）
欧亚板块（Eurasian Plate）	太平洋板块（Pacific Plate）
南美板块（South American Plate）	印度—澳大利亚板块（Indo-Australian Plate）
非洲板块（African Plate）	加勒比板块（Caribbean Plate）
阿拉伯板块（Arabian Plate）	纳兹卡板块（Nazca Plate）
南极洲板块（Antarctic Plate）	可可板块（Cocos Plate）

4. 只给出全球板块的模糊数量

有些著作或教材中板块的数量是模糊数字，例如，1988 年美国国家航空和宇航管理局地球系统科学委员会编写的《地球系统科学》一书（1992 年由地震出版社出版中译本）中写道："按照这一理论，可以将地球表面分成若干个处于持续不断地相对运动中的准刚性板块。"[11]30 2001 年出版的英文书籍《理解地球》（*Understanding Earth*）第 3 版中这样描述："根据板块构造理论，岩石圈划分为十几个坚固的板块。"[12]456 美国地质勘探局的网站中关于板块的描述是："地球的地壳和上地幔是由一些大的、薄的、相对刚性的板块组成的，板块之间是相互运动的。"①

5. 只写六大板块

在大学教材中，也有只提六大板块的。例如，高等教育出版社 1983 年出版的《地球概论教程》中这样阐述板块构造的内容："1968 年，勒·皮顺根据上述成果提出地壳构造

① http://earthquake.usgs.gov/learn/glossary/? term=plate%20tectonics，2012 年 3 月 23 日。

的板块学说。他认为全球地壳不是整体一块，而是由六大板块拼合而成。”[13]51 高等教育出版社 2001 年出版的大学教材《地学基础》中写道：“目前认为，对全球构造的基本格局起控制作用的有六大板块，即太平洋板块、亚欧板块、美洲板块、非洲板块、印度洋板块和南极洲板块。”[14]72 教材中使用的地图是从丁登山等 1988 年所著《自然地理学基础》一书中转引过来的，见图 3。该图只有六大板块，没有出现国外教材中的“菲律宾”等小板块。

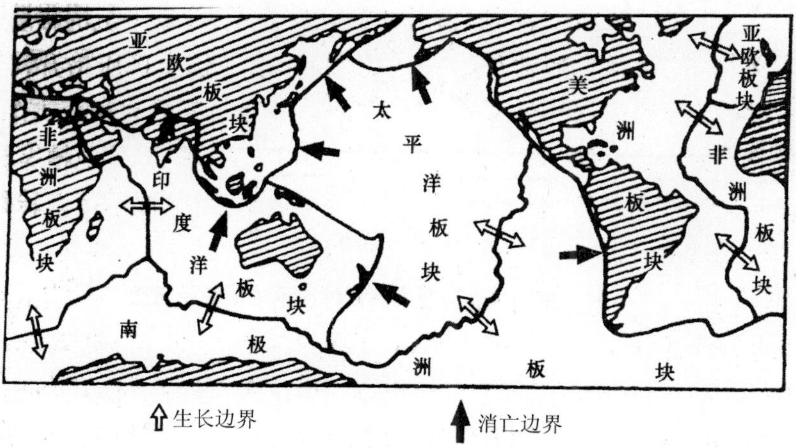

图 2-2-11　全球六大板块示意图

图 3　《地学基础》中使用的地图

资料来源：陈静生，汪晋三：《地学基础》，北京：高等教育出版社，2001 年版，第 72 页。

上述两个例子虽然只提到六大板块，但一些细节显示了表述的客观性。第一个例子中，作者指出六大板块的划分是勒・皮顺的提法，意思是该书要介绍的是某个人的划分方法。第二个例子中，作者使用了“起控制作用”的字样形容六大板块，已经含有“主要”并存在其他小板块的意思。

还有些数据库同时介绍了若干种板块划分。例如，中国大百科全书数据库，在板块划分的介绍中提及了三种说法：“全球岩石圈可划分为六大板块：欧亚板块、非洲板块、美洲板块、印度板块（或称印度洋板块、澳大利亚板块）、南极洲板块和太平洋板块。有人将美洲板块分为北美板块和南美板块，则全球有七大板块。根据地震带的分布及其他标志，人们进一步划出纳斯卡板块、科科斯板块、加勒比板块、菲律宾海板块等次一级板块。”①数据库中出示的板块示意图则是 12 个板块划分图，见图 4。

① http：//ecph.cnki.net/Allword.aspx？ objid=73882&vol=%u5927%u6c14%u79d1%u5b66+%u6d77%u6d0b%u79d1% u5b66+%u6c34%u6587%u79d1%u5b66，2012 年 3 月 23 日。

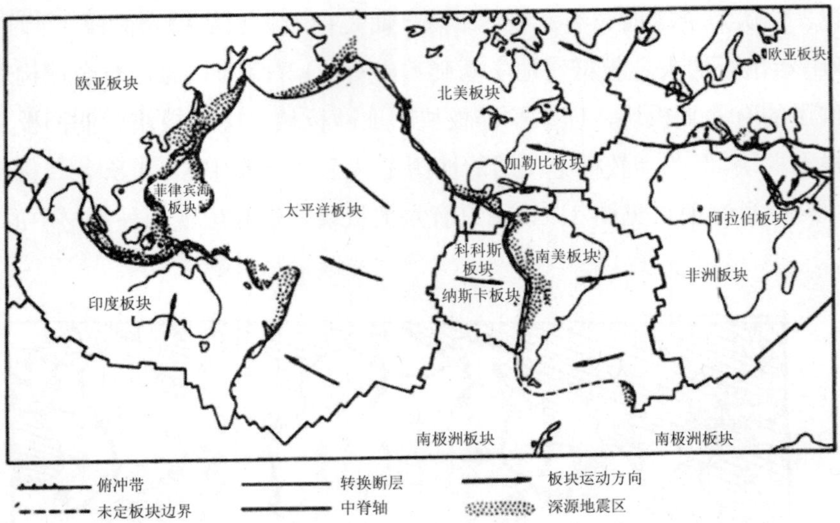

图4 中国大百科全书数据库出示的板块示意图

资料来源：中国大百科全书数据库。

综上所述，在学术界，人们多认同这样的说法：1968 年提出板块构造学说时，勒·皮顺划分的是六大板块，后续研究中，又有人陆续提出其他的划分方法和板块数量。在关于大小板块的关系中，有人认为只是板块大小的不同，也有人表述成不同级别的关系，但大都承认控制世界海陆基本格局的是六大或七大板块。

参考文献

[1] 尹赞勋. 地壳结构新说：板块构造[M]. 香港：香港商务印书馆香港分馆，1978.

[2] 宋春青. 地质学基础[M]. 北京：高等教育出版社，1978.

[3] 张朝文. 大陆漂移——板块构造概论[M]. 成都：成都地质学院出版社，1981.

[4] 李春昱. 板块构造基本问题[M]. 北京：地震出版社，1986.

[5] 上海辞书出版社，地理学词典[M]. 上海：上海辞书出版社，1982.

[6] SUSAN MAYHEW. Oxford Dictionary of Geography[M]. New York OXFORD UNIVERSITY PRESS，1997. 上海：上海外语教育出版，2001.

[7] 杨伦. 普通地质学简明教程[M]. 北京：中国地质大学出版社，1998.

[8] 柳成志. 地球科学概论[M]. 北京：石油工业出版社，2006.

[9] 杨桥. 地球科学概论[M]. 北京：石油工业出版社，2004.

[10] Arthur Getis Judith Getis Jerome D. Fellmann Victoria L. INTRODUCTION TO GEOGRAPHY[M]. TENTH EDITION. 2006.

[11] [美]美国国家航空和宇航管理局地球系统科学委员会. 地球系统科学[M]. 陈泮勤，马振华，王庚辰，译. 北京：地震出版社. 1992.

[12] Frank Press/Raymond Sieves. Understanding Earth（Third Edition）[M]. New York：W. H. Freeman and Company. 2001.

[13] 徐宝棻，应振华. 地球概论教程[M]. 北京：高等教育出版社，1983.

[14] 陈静生，汪晋三. 地学基础[M]. 北京：高等教育出版社，2001.

“板块划分”的来龙去脉及教学思考（下）①

二、科普读物和中学教科书中的板块划分

1. 科普读物中的表述方法

我国已有的板块构造学说科普读物，对于板块的划分表述也有所不同，但早期大多采用六大板块为基础的说法。例如，1978 年由范时清撰写、科学出版社出版的中级科普读物《世界大洋地质基本轮廓》这样写道：“地球表面的岩石圈由许多板块组成，最基本的有六大板块……”[1]12 所用地图的图名为《地球表面六个主要的岩石圈板块》（图略）。1984 年，科学出版社出版由班武奇和陈树杰编写的科普读物《板块构造学说的来龙去脉》，书中写道：“目前，一般把岩石圈划分为六大板块：欧亚板块、太平洋板块、西大西洋板块（又叫美洲板块）、非洲板块、印度-澳大利亚板块、南冰洋板块（也叫南极洲板块）。这六大板块每个还可进一步划分为若干次一级的板块，如有的把中国为主的亚洲东部和东南部从欧亚板块中分出，叫中国板块。”[2]96 这本书引述了《大陆漂移浅说》一书提出的“中国板块”，这在其他书籍中很少看到，见图 5。2007 年北京师范大学出社出版的科普读物《地震的奥秘》这样介绍：“全球岩石圈分为六大板块，每个大板块又可分为许多小板块……”[3]4 这本科普读物也表达了六大板块外还有其他小板块的意思，但使用了“每个大板块又可分为”的说法，容易理解成六大板块中包含小板块，二者是所属关系，这与前面大部分著作所表述的大、小板块关系并不一致。该书所用插图见图 6。

① 合作者：宋丽芳，原载《中学地理教学参考》2012 年第 8 期。

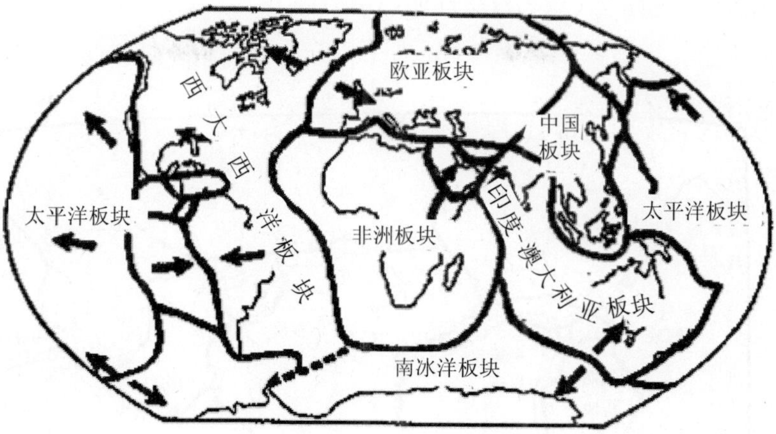

图 5

资料来源：班武奇，陈树杰：《板块构造学说的来龙去脉》，北京：科学出版社，1984 年版，第 95 页。

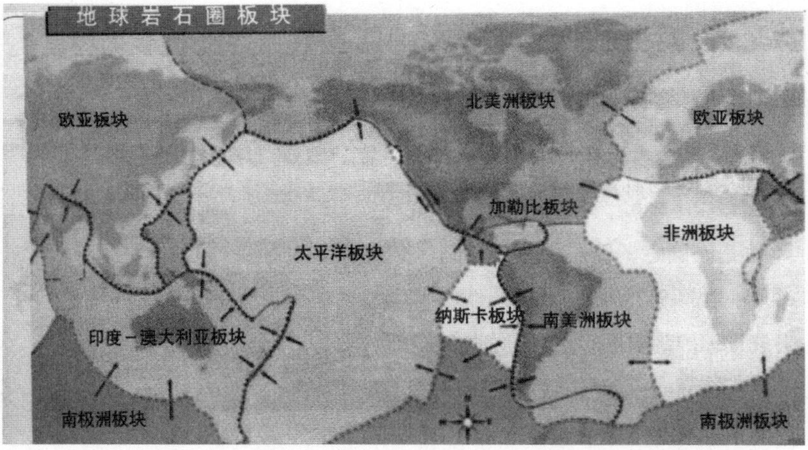

图 6

资料来源：北京市教育委员会，北京师范大学科学传播与教育研究中心：《地震的奥秘》，北京：北京师范大学出版社，2007 年版，第 5 页。

2. 中学地理教科书中的表述方法

作为参照，这里举一例国外地理教科书中板块划分的方法。浙江教育出版社曾在 2004 年出版了一本美国《科学探究课题案例集》的中译本，里面有板块构造学习的专题。该书的“背景知识”中写道，“地球的表面由大约 20 个板块组成……主要的板块是非洲板块、南美板块、北美板块、太平洋板块、印度—澳大利亚板块和南极洲板块。还有一些较小的板块，如科科斯板块、纳斯卡板块、菲律宾板块和加勒比板块。[4]31 书中所附地图显示了这些板块的位置，见图 7（原书没有注明出版时间）。

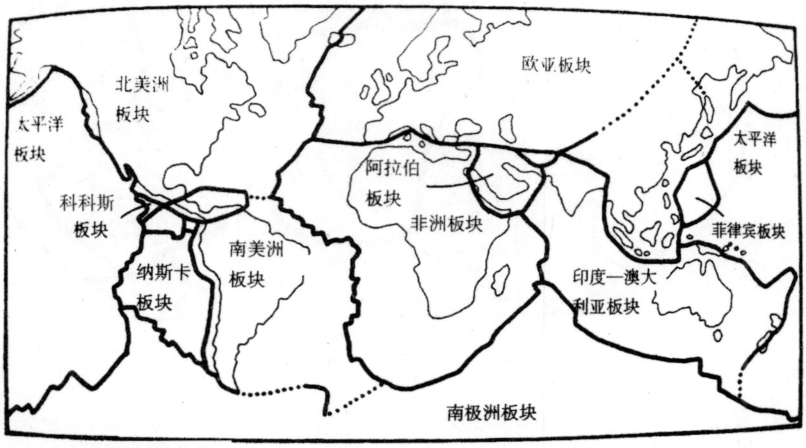

图 7

资料来源：[美]大卫・杜埃尔，[美]查尔斯・费舍，朱雯华，曾立，译：《科学探究课题案例集》，杭州：浙江教育出版社，2004 年版。

同样作为参照，这里再举两个我国香港地区地理教科书的例子。1996 年香港出版的 A 水平考试用书写道："岩石圈包括大约 12 个不同尺寸的板块。"[5]5 另一本用于 A 水平考试的书中这样写道："整个地球岩石圈被划分为大小不同的六大板块，它们是：美洲板块、欧亚板块、印度板块、非洲板块、太平洋板块和南极板块。在这些主要板块内部和之间，还有许多小板块。"[6]136 2005 年香港会考使用的教材中写道："板块可以分为大陆板块及海洋板块，主要包含有陆地的板块称为大陆板块，如欧亚板块、南美洲板块等；而主要包含海洋的板块称为海洋板块，如太平洋板块、纳斯卡板块等"，[7]52 提到的板块名称中同时包括了大、小板块。

我国大陆 2001 年之前的地理教科书对板块划分方式的介绍已经各有不同。例如，1982 年北京师范大学出版社出版的高中《地学（新编）》中写道："全球岩石圈可以分成六大板块，即太平洋板块，亚欧板块，印度板块、非洲板块、美洲板块和南极洲板块。……大板块又可以划分为若干小板块，已划出有四十多个。"[8]95 人民教育出版社 1995 年出版的《高级中学课本地理上册（必修）》中有这样的描述："全球岩石圈分为六大板块：亚欧板块、非洲板块、美洲板块、太平洋板块、印度洋板块和南极洲板块。大板块又可以划分为若干小板块。"[10]150

初中地理使用的大部分教科书都采用只介绍六大板块的写法，例如，“板块构造学说认为：1.由坚硬岩石组成的地球表层，并不是整体一块，而是分成六大板块。……”[11]34“板块构造学说认为，地球表层的岩石圈并不是整体一块，而是由六大板块拼合而成的。”[12]70“科学家们经过研究认为，地球表层由六个大板块拼合而成。这六大板块是：亚欧板块、非洲板块、美洲板块、太平洋板块、印度洋板块和南极洲板块。”[13]43

三、对“不同板块划分”现象的思考和教学建议

1. 思考

通过以上分析可以看到，“小板块”等说法并不是“新理论”或“新发展”，是在板块构造学说提出早期就存在的。地球科学对岩石圈中板块划分的研究，其目的在于力求更加真实客观地表述自然现象，揭示自然现象产生的原因，因此对板块划分的探索会有不同的结果。板块构造学说本身还在发展，板块的各种划分方法，都是这个认识过程中某一阶段的反映，无法简单用“对”“错”判断。我国科学书籍中对板块划分的介绍都是直接或间接引自国外研究成果，不同学者参考或认可的资料来源不同，也会形成不同的“说法”。此外，在提及板块数量的专著中，板块划分内容所占篇幅都很小，大都用少量文字和一张分布图进行说明，研究者关注的重点主要在板块运动的动力机制方面。

中学地理教科书中板块划分内容的变化则可能与编者的信息来源有关。虽然“小板块”等划分方法早已存在，但可能有些教科书编者过去并没有注意到这个细节。促使更多教科书编写者注意这个问题的，是网络技术对此内容的传播。以地震为例，某某地区发生地震后，人们在很短时间内就可以从网络获得地震信息，同时，也能很快看到专业人员对该次地震原因的解释。当这些解释使用的板块分布图是比较复杂的专业地图时，自然会引起教科书编写者思考教科书中相关内容的选择。

港澳地区和国外教科书的引入也可看作是教科书中板块数量变化的推手。从上文的梳理中可以看出，香港出版的教科书在 2005 年就使用了“纳斯卡板块”的小板块名称。浙江教育出版社出版的美国的案例集中更为详细地介绍了全球的 20 个板块及其位置。港澳和国外教科书在中国大陆的流传和使用，也在客观上推动了我国大陆教科书的变化，大陆初中地理教科书开始逐渐由只介绍六大板块进而转为关注六大板块外的小板块。

2. 建议

首先，教学要以课程标准的要求为依据进行设计。因为板块构造学说的重要性，中学地理课程一直都把它作为学习的内容。在我国最后一版初中地理教学大纲中，板块构造学

说是选学内容，要求“知道板块构造学说”；在2001年义务教育地理课程标准（实验稿）和义务教育地理课程标准（2011年版）中是必学内容，要求“知道板块构造学说的基本观念”，并专门就此加以说明，提示这个内容的学习“要注意科学史教育及科学兴趣培养”。这三个版本的大纲或课程标准中均没有要求掌握板块的数量。也就是说，学习板块构造学说的目的并不是让学生记住或详细了解板块的划分方法和数量，而是让学生知晓自然地理中的基本常识和现象，认识地球表面的陆地海洋是在不断运动、变化的，这些运动和变化是今天地球上许多自然现象产生的原因，同时了解相关的认识发展过程，培养科学精神和科学兴趣。

其次，在实际教学中，建议教师把握以下两点：

第一点，避免把教学内容绝对化。板块构造学说只是一个学说，一个在当今得到公认的学说，而不是对地球岩石圈运动认识的终结；板块的划分和数量也是相对的，学生在其他资料中看到的有可能与教科书不完全相同，要让学生意识到这种情况是正常的。在教学语言中可以使用“主要”“起控制作用”“有些学者划分成……”等开放性的词汇，引导学生认识地理事物的复杂性，帮助他们形成地理事物和相应学说都在不断发展的意识。接受了这样的教育，他们在看到不同的板块划分时就不会感到惊讶和困惑了。

第二点，不论是初中还是高中，避免用各种形式（包括考试命题）引导学生记忆具体板块的划分、数量和名称，回避需要学生准确区分不同板块的学习活动，如要求学生在空白图上填写板块的名称等，把学习的重点始终放在科学观和科学精神的教育上。

在这个前提下，不同版本的地理教科书是否统一板块数量和板块划分方法就不是大问题了，即使只介绍六大板块也未尝不可。

参考文献

[1] 范时清. 世界大洋地质基本轮廓[M]. 北京：科学出版社，1978.

[2] 班武奇，陈树杰. 板块构造学说的来龙去脉[M]. 北京：科学出版社，1984.

[3] 北京市教育委员会，北京师范大学科学传播与教育研究中心. 地震的奥秘[M]. 北京：北京师范大学出版社，2007.

[4] [美]大卫·杜埃尔，[美]查尔斯·费舍. 科学探究课题案例集[M]. 朱雯华，曾立，译. 杭州：浙江教育出版社，2004.

[5] Teresa Law. A-Level Volum one Geography Notes[Z]. Hong Kong：Macmillan Publishers（China）Limited，1996.

[6] Yu Ka Yiu. First Aid in A-Level Geography Book 2[Z]. Hong Kong：Pilot Publishing Company Ltd.，1997.

[7] 麦家矿，谢摹辉，萧伟乐. 会考互动地理[Z]. 香港：雅集出版社有限公司，2005.

[8] 北京师范大学地理系《地学》编写组. 地学（新编）[M]. 北京：北京师范大学出版社，1982.

[9] 人民教育出版社地理社会室. 高级中学课本地理上册（必修）（第 4 版）[Z]. 北京：人民教育出版社，1995.

[10] 人民教育出版社地理社会室. 九年义务教育四年制中学教科书地理第一册[Z]. 北京：人民教育出版社，1992.

[11] 郭立言. 地理第一册（第 2 版）[Z]. 北京：中国地图出版社，1995.

[12] 金陵，王民. 地理第三册（第 3 版）[Z]. 北京：北京师范大学出版社，1998.

尊重教学的多样化[①]

在过去的十多年课程改革中，国内出现了各式各样的教学方式与方法，如使用“学案”上课。而在“学案”方法传播的同时，也出现了对它的争议。有争议是正常的。争议的产生，无非是有人认为它“不好用”或有这样那样的缺点，因而给予否定。再如，有些地区的教师“发明”让学生站着上课，于是，很多隔山隔水的外省学校也来模仿。站着上课可不可以？当然可以。例如，教师在前面演示教具，后面的学生看不清，就可站起来听，或围着教师听；小组讨论时，为了便于大家凑在一起观看材料和交流，有的学生站着，有的学生俯身在课桌上，这些都是可以的。但如果你看到教师特意设计让学生站着进行小组讨论的课堂，肯定会觉得奇怪，甚至会对这种“新”的课堂组织方式持否定态度。

有些方式、方法，发明者用得很好，可为什么越传越不是那么回事了？我想人们可能有一种潜意识，一种新方法的出现，在它的产生地有比较好的效果，就认为应该将其推广到全国。而一旦人们有这样的“企图”，有些“创新”就会在被移植的过程中出现“水土不服”的症状，结果导致更多的人趋于对它的否定。

教学方式、方法的发明与技术设备的发明不同。后者可以生产一种通用产品，在全世界销售，如平板电脑。但教学方式、方法的发明却有所不同，它们大都针对自己所在地区、学校及学生学习中存在的困难和问题，属于“因地制宜”“因材施教”的实践措施，有着鲜明的个性，因此他人用着不顺手是完全可能的。

针对这个问题怎么办？我的看法是要持一种尊重的态度。尊重教学方式、方法的多样化，承认教学方式、方法的多样化、个性化是教育丰富性的体现，尊重教学方式、方法的多样化就是尊重教育。

如何尊重？首先，认真看待其产生的特殊背景和价值，承认其存在的合理性和必要性，不以自己模仿失败而加以彻底否定；其次，客观宣传，给他人以启示，激发他人去创新，而不是试图将每个“新方式、方法”都变成普适性的东西，来个全国大一统；最后，个人学习他人的教学方式、方法时，应避免刻意模仿，而是要琢磨他人的核心

① 原载《中学地理教学参考》2013 年第 5 期卷首语。

理念，为我所用。

要尊重教学的多样化，因为高质量的教学产生于因地制宜的创造性教学，而非大一统的“教学模式”。

浅论褚亚平先生对我国中学地理教育教学研究的两大贡献①

褚亚平教授是我国地理教育学界的著名学者和专家，曾执教于北京师范学院及首都师范大学地理系；曾兼任中国地理学会常务理事、中国教育学会地理教学研究会理事长、中国地名学研究会副理事长、国家教委中小学教材审定委员会学科审查委员。2004 年，褚先生撰文，“用最坚定的专业信念和最明快的言词”，阐述了自己的地理教育思想，包括：协调人和自然的关系，不断改善人类生存生产环境，合理利用和开发自然资源和文化资源，并探明可持续发展的途径，应是现代地理学科教育内容的基本实质；以人为本，以德智体全面发展为培养目标，以终生有用的地理基础知识为教育素材，以全方位多侧面观察分析地理事物的方法为探究常规，以典型地域和乡土地域的实地考察为实践依据，是当代地理学科教育工作者应具有的基本思想和工作要求；地理事物的地域性和综合性是认识地理事物特性之所在；辩证唯物主义和历史唯物主义是地理教育思想深化的理论基础，在认识地理事物和传播地理知识的过程中，始终要把握住上述两个方面，才能提高地理教育的思想水平；由于地理事物普遍具有的形象性、生动性和可摄取性，故在现代化发展进程中，电脑网络就成为地理教学迅捷摄取、传播和探究时空形象信息的高效能手段，这就使地理课程的教与学大放异彩，更会成为人人爱学的课程等 8 条。[1]褚先生在几十年的教学和研究中，为我国中学地理教育教学和学科发展做了很多开创性工作。笔者作为褚先生的学生，在学习和后来专业成长的过程中，参与了褚先生的一些开创性研究，直接受到褚先生创新意识和思想的教诲，现受《地理教育》期刊主编李晴教授嘱托撰写此文。因篇幅限制，本文只选取了褚先生对我国中学地理教育研究最为重要的两个贡献——完善、发展地理教育教学学科体系和创建地理教材“三系统”理论。

① 原载《地理教育》2013 年第 6 期。

一、地理教育教学学科体系的建设

1. 完善、发展地理教学法学科体系

作为地理教育教学领域的研究者、学术带头人和教育者，褚先生十分重视学科建设。地理教育教学作为一门学科存在，始于“地理教学法”。新中国成立不久，师范院校地理系就开设了地理教学法这门必修专业科目。20 世纪 50 年代，褚先生开始对地理教学法学科的一些基本问题进行研究。这些基本问题包括：地理教学法的研究对象和任务、地理教学法的科学性质、地理教学法科学研究思想等。在研究中，褚先生认为“首要的是树立正确的科学观点，亦即马克思主义的观点，” ①[2]在正确的科学观的指导下，才能有科学的研究。

关于地理教学法的研究对象，褚先生认为，不能把教学法简单地理解为是研究“怎样教”的学科。“它所研究的对象，绝不仅仅是地理教学方法的问题（地理教学方法是地理教学法研究对象中的重要组成部分之一），而至少还应当有地理教学任务（目的）和地理教学内容的问题。”褚先生重视地理教学各个方面的内在联系，强调作为一门学科教学法，“应当从其整个教学过程中存在的全部问题着眼，来研究包括其教学任务、教学内容、教学方法在内的教与学的一系列问题。”在各种研究对象对地理教学的影响力上，褚先生也注意区别主要矛盾和次要矛盾，认为，“教在教学过程中是起着主导作用的，教的方法好坏，会在很大程度上影响着学的方法、学的效果”。

我国在 1949 年以后相当长的一段时间内，学校教育深受苏联的影响。褚先生在文章中也提到库拉佐夫和包洛文金，并引用了库拉佐夫和包洛文金关于地理教学法研究对象的论述。库拉佐夫认为：“地理教学法这门科学的研究对象是地理教学过程。它所研究的问题范围包括：确定教学目的，研究学校各年级地理课程的内容，阐明其教养意义和教育意义，建立能保证学生深刻、牢固、自觉地掌握地理知识的教学方法、形式和原则的理论根据，形成辩证唯物主义的世界观，进行思想政治教育等。”包洛文金认为：“地理教学法是研究地理这个教学科目的任务、意义和内容，并研究这个科目教授方法的科学。”褚先生以苏联教育家凯洛夫等主编的《教育学》中提到的有关教学法的科学论点为依据，提出“地理教学法是研究地理学科教学任务、内容、方法和组织形式的科学。”在向苏联学习的同时，褚先生也提到要“创造性地来研究出我国的地理教学法”。[2]具有国际视野，关注国外同领域的发展，积极吸取别国的经验，创建自己的地理教育教学学科，这种风格贯穿褚先生多年的研究。

① 本文的引用经褚先生建议稍作修改。

关于地理教学法的研究任务，褚先生明确指出，地理教学法的任务就是“正确解决存在于它的研究对象中的一系列问题。”这种“问题”的研究视角也是地理教学法学科研究一直遵循的原则。具体说来，就是解决“为什么教（学）”“教（学）什么”“怎样教（学）”“教（学）得怎么样”等地理教学中的现实问题。

关于地理教学法学科的学科性质，褚先生是从与地理学科的对比开始阐述的，指出：“由于地理教学法所研究的是地理教学，不是地理学，是研究通过地理学科对新生一代的教养教育，而不是地理事物，所以，地理教学法跟其他学科的教学法一样，同属于教育科学，而不宜于主观地强调它是地理科学。”从褚先生提出这种观点到本文写作的2013年，几十年的学科发展和学科门类归属，证明褚先生对地理教学法学科性质的论述是正确的。

关于地理教学法的科学研究思想，褚先生在分析地理教学法与普通教育学关系的基础上提出：从学校地理教学实践中总结经验，来不断丰富地理教学法内容，是完全必要的。但是，地理教学法理论的提高，就不能单凭采集地理教学经验，还必须要通过系统的地理教学法科学研究工作。[2]褚先生的这种观点对50多年后今天地理教育和教学的研究，仍有重要的指导意义。

上述观点构成了地理教学法学科框架的基本内容。从中可见，早在20世纪50年代末，褚先生就已经跳出“地理教学法”的表面含义，比较全面地阐述作为一门学科，“地理教学法”所应关注的重要方面，特别是提到“整个地理教学过程”和“存在问题”，这种“系统思想”和“问题意识”仍是今天学科建设和研究的基本思路。在先期研究和讲义编写的基础上，1981年，褚先生与曹琦先生、周靖馨先生合作出版了高师教材《中学地理教学法》。在该书的前言中，褚先生重申了上述对地理教学法学科的基本认识，呈现了地理教学法学科的基本框架和主要内容，使具有我国特色的地理教学法学科逐渐成熟。

2. 开创地理教育学的研究

褚先生在学术领域的重大贡献是开创了地理教育学的研究。20世纪80年代，在完成对地理教学法学科框架的建立后，褚先生提出要把地理教学法学科向地理教育学方向发展，开始探索创建地理教育学学科，并为研究生开设出“地理教育学”课程，提出了地理教育教学的一些新思路和理论见解，对我国中学地理教材的革新、发展及理论建设产生了极大的影响。

褚先生提出创建地理教育学学科是基于如下时代背景的。基础教育环境从20世纪80年代开始逐渐开放，使得在过去国家统一颁布大纲、统一编写教材的背景下没有必要研究的一些地理教育问题有了研究的空间和条件；世界和我国环境形势日趋严峻，公民人地观、环境观培养的急迫性，客观上加重了中学地理课程的教育责任；基础教育迫切需要高水平的地理教师，也对主要用于高师地理教师培养的地理教育教学学科体系的创新提出了更多的需要。在这些背景下，地理教学法学科走向现代化成为时代赋予研究者的重任。在从地理教学法向地理教育学的转变中，褚先生指出，不能“只讲学科的任务、教学内容和方法等基本规律，而不涉及或很少涉及处在教学过程中的师、生本身的条件和心态，以及能动性问题。”[3]也就是说，对中学地理教学的研究和对地理教师的培养，必须关注中学生，关注他们的心理状况，关心非智能因素。在这种观念的指导下，1985年，褚先生通过研究生和进修生课程和论文指导的形式，进行了对学校地理教学过程、地理学习心理和地理教师素质等八大专题的探讨，将地理教学法学科向地理教育学学科方向发展。1987年，为助教进修班开出了内容比较充实的“地理教育学”课程，提出了关于地理教育教学上的一些新思路和理论见解，如“地理教育学内容结构的基本框架”“地理课本系统结构模式”“乡土地理教学与发展学生非智力因素的关系”等。1992年褚先生领衔主写出版了《地理教育学》专著。《地理教育学》一书以邓小平“教育面向现代化，面向世界，面向未来”为指导思想，呈现了“面对21世纪培养社会发展需要的新型人才”这一教育观。在地理教育学的内容建构上采用了系统科学的方法论，整个学科体系以实现地理教育教学质量最优化为目标，表现出现代形态和科学的体系，受到同行学者和国家教委主管部门的重视和好评。“从此，中国的地理教育学开始有了它的学科系统初型和思想理论脉络。”[3]

《地理教育学》一书阐明了该学科的研究对象和研究任务，指出“作为地理教育学的研究对象则是一致的，始终如一的，就是‘地理教育’这个客观存在的社会现象。……这与地理教学法学科的研究对象——‘地理教学’或“地理教学过程”，有着明显的差异之处。”[4]3 褚先生还提出：“‘地理育人’应是地理教学的根本思想”。[4]4 由此可见褚先生在建立地理教育学时所站的高度。

在学科性质上，褚先生把地理教育学定性为“学科教育学门类的一支，或者说它是学科教育学系统中的一个子系统学科”。“地理教育学也就成为专门研究和解决学校地理教育教学问题的一门学科。”[3]

在学科内容上，“一般应包括学科概论、地理教育论、地理教学论、地理教材论、地理教师素质论、地理学习心理论等部分。其中，地理教师优良素质的形成和发展、学生在地理课程学习过程中的心理表现和发展、学校地理教学过程中的师生协调发展、地理教育的现代化过程、学校地理教材的优选精编和改革、课内外地理教学方法论等几个方面是学科内容的重点。”[3]

褚先生在地理教育学的探索中，从学科研究对象、任务、研究方法和学科内容等多个方面推进了学科的发展。

二、学校教材理论建设——提出地理教材“三系统”

褚先生早年曾主编过中学地理教材，离开出版社后也一直十分关注中学地理教材的建设。20 世纪 80 年代初，褚先生在为硕士研究生授课的过程中，提出了地理教材构成“三系统”的想法，并与研究生合作，先后在《课程·教材·教法》和《首都师范大学学报》（自然科学版）上发表文章，详细阐述了地理教材“三系统的理论”。这是我国 1949 年以后少有的有关地理教材的独创理论。

系统论的思想和方法是地理教材“三系统”的哲学基础。系统方法具有三个最显著的特点：整体性、综合性和最优化。褚先生用系统的思想构建地理教材理论，认为，“用系统论的观点分析，学校地理教材本身是一个适用于学校教学的知识功能系统。在这个完整系统的构成上，又可分为课文系统、图像系统和作业系统三个子系统。”“三系统”“强调从事物的整体、事物之间的联系和事物的发展的角度看问题。”“用系统论思想研究教材，不仅注意到具体的教学内容，而且注意到教材内部各部分之间的有机联系，以及这种联系同地理教材整体特性之间的关系。教材构成要服从教材整体的需要，而教材的整体又体现于教材内部各部分的组成和相互之间的联系。”当我们将“学校地理教材作为一个由各要素组成的有机整体”去研究时，就要考虑上述“三系统”的相互结合，不能允许教材成为杂乱无章的偶然堆积。[5]

学生认知心理也是地理教材“三系统”理论创建的理论之一。“三系统”理论对地理教材的课文系统、图像系统和作业系统都给予详细的定义和阐述。“课文系统”的基本内容构成，主要有地理基础知识和地理基本原理的文字表述、教学指导语、教学辅助材料；“课文系统”的表现形式，通常多为文字叙述，还有用文字填充的各式表格说明。“不论具体构成是怎样的，地理教材课文系统应该是完善的，系统内容的构成应该是合理的。”[5]“从理论上分析，课文系统以文字的讲解、描述、说明为主，本身必须具有逻辑性，学生学习和应用这部分教材时也以进行逻辑思维为主，所以从它的性质可以把它看作教材中的‘逻辑系统’。”“图像系统”是以具有直观形象特点的图示、照片、绘画等形式储存和传递教学信息的，它的特性是直观性。图像为学生提供了直观教材，促进学生进行形象思维。因此，教材中的图像系统也被称为“直观系统”。“作业系统”以指导学生进行独立思考和实践性活动的方式传递地理教学信息。因此，也被称为“实践系统”。“三系统”理论把三个系统分别定性为逻辑系统、直观系统和实践系统，这三者的结合“就是认识和实践的结合，就是学习和应用的结合，就是感性认识和理性认识的结合”，这种结合的基础是学生的认识规律。把教材“静止”的组成部分与学生活生生的认知过程和学习实践结合起来，是地理教材“三系统”的精髓所在。

1991 年，褚先生又对“三系统”理论进行了深化，创建了“地理课本系统大结构分析模式”“地理课本系统内容联系结构图”和“地理课本内容一体化图式及动态结构图”，尝试通过对课本结构的进一步研究，探索学校地理课本的一体化原理，为研究中学地理教材提供了新的思路。[6]

地理教材早就存在课文、图像和作业这些内容，但能从系统论的高度对这种人们习以为常的现象进行提升，提出一种教材理论，前人还没有做过。这种理论对以后地理教科书的编写和研究起到了重要的指导作用。“三系统”理论提出后的近 30 年时间里，一直有人在自己的研究中提及这个理论，也有人直接使用这个理论进行教材研究，表现出该理论强大的生命力。

参考文献

[1] 褚亚平. 我的地理教育思想[J]. 地理教育，2004（1）.

[2] 褚亚平. 地理教学法的研究对象及其他[J]. 地理知识，1959（10）.

[3] 褚亚平. 为了 21 世纪的地理教育努力探索地理教育学[J]. 中学地理教学参考，1994（12）.

[4] 褚亚平，等. 地理教育学[M]. 上海：上海教育出版社，1992.

[5] 褚亚平，林培英，郑亚非. 析现代学校地理教材构成的三系统[J]. 课程・教材・教法，1984（5）.

[6] 褚亚平，林培英. 学校地理课本系统的大结构模式及一体化原理[J]. 北京师范学院学报（自然科学版），1991（1）.

清末：地理教科书谁在编？①

如同其他学科一样，今天的中小学地理教科书编写班子都是主编+团队模式，未见个人独著或二三人合著式。而参与地理教科书编写的人员，绝大部分为大学知名地理学教授或中学地理特级教师，或有深厚的地理学研究背景，或熟知中学地理教育，至少也接受过大学地理学专业教育。而在晚清近代地理教科书刚刚兴起之时，情况可并非如此。在笔者所见到的近 70 册清末地理教科书中，除一些教科书为机构署名或作者不详外，共有 26 名独立署名作者。这些教科书几乎都为个人编写或编译，这在当时是普遍现象。晚清因为学制仓促改变，各地新式学校一夜兴起，急需大量各学科的教科书，政府无暇对教科书编者资质、编写质量进行审查。谁去编写地理教科书都可以，与出身和社会地位都无关，全凭个人喜好或其他动机。今天回头看那些姓名尚可考的地理教科书编者们，有一些人在编写地理教科书之前就已赫赫有名，也有一些人则因此而走上成名之路。

“一编成名”的张相文

学界公认为我国地理教科书编写做出历史性贡献的是张相文。张相文于 1866 年出生，江苏泗阳人。1901 年，他编写出版了我国第一套近代地理教科书《本国中等地理教科书》和《初等地理教科书》（有文字记载，但未见该书），时年 35 岁。据张相文年谱记载：“两书流行达二百余万部。出于意料之外。海内外谈地理者无不知之。” 此后，张相文又编撰多部地理教科书、游记等，并于 1909 年在天津发起成立中国第一个地理学术团体——中国地学会，被选为会长，创办中国最早的地理学期刊《地学杂志》，被后人誉为我国近代著名的地学家、教育家，是中国近代地学的奠基人。这都是后来的事。在编写第一套地理教科书时，张相文只是南洋公学的一名年轻的普通教员，教国文和地理，同时学习日文。据资料记载，在老师家中看到的一张世界地图激发了他对地理的兴趣，才潜心钻研。此外，还受到在南洋公学所见日本教科书的影响。之后，张相文曾在广州两广师范讲习所、江苏

① 原载《中华读书报》2013 年 5 月 22 日 014 版，张雪亦有贡献。

江北师范学堂、天津北洋女子师范学堂、北京大学和辅仁大学等多校任教，还曾与张謇在上海组织教育总会，对推动中国近代教育事业起步和发展有着重要作用。

史地名宿屠寄

屠寄则成名在编书之前。他是1856年生人，长张相文10年，祖籍江苏武进，是在文学、历史和地理方面均有骄人成就，且在官场留下足迹的清末著名学者。屠寄在1909年编写出版《中国地理学教科书》时53岁，已任教职多年。在教学方面，他自1875年开始在乡书院、学堂教书。1909年以前，他在多个学堂、书院教授过历史、地理、文学，并且创办过学校。1903年，他受聘去京师大学堂任教，后编写《京师大学堂史学科讲义》。在治学方面，1880年就已编撰了两卷文学著作，1875—1892年作诗208首，1898年开始编著蒙元史学术著作《蒙兀儿史记》，其中的《地理志》，对蒙古地理进行了考释。1899年3月他主笔撰写《黑龙江舆地图说》，被誉为“黑龙江历史地理学中的杰作”。在从政方面，1892年春，屠寄就已授翰林院庶吉士，后任工部主事。1896—1899年，在黑龙江担任舆图局总办，主持测绘工作。1905年，担任浙江淳安县令。《中国地理学教科书》是屠寄唯一一本为中学撰写的教科书。据屠寄记述，他编写地理教科书完全是因为社会的需求，当时“国家兴立学校，颁发章程，自小学至中学，列地理一门于普通必备之学科中……然此学教科之官书尚未编定”。虽然只写了一本中学地理教科书，但分量很重，长达400多页，融入了屠寄多年的教学和治学的经验，是研究我国清末地理学发展和地理教育的宝贵的原始资料。

多产作家姚明辉

在晚清中小学地理教科书的编者中，姚明辉属多产作家。他是上海南翔镇人，1881年出生。笔者经眼过他编写的地理教科书有《本国地理教科书》（三卷）、《高等小学地理课本》（二、三、五、六、七册），他同时编写配套的《高等小学地理教授本》八册九本；民国时期，他还编写了《中华民国高等小学地理课本》《高等小学新地理教科书》《高等小学校教科书　中华民国新地理》《中学新地理　世界之部》等多套地理教科书及教授书等。1901年起，姚明辉任上海澄衷学堂教员、教科书编纂员。1904年起，历任上海南洋中学和龙门师范教员，兼中国图书公司地理编审员。照此推断，1906年出版《本国地理教科书》时，他应该是在南洋中学或龙门师范任教，时年只有26岁，可谓初出茅庐。后来，姚明辉又历任南京两江优级师范地理部主任、教授，兼宁海师范教员、江苏省立苏州、扬州、淮安等地师范学校校长和筹办员，成为一名教育家。姚明辉也出版过非地理教科书的著述，但就笔者所能查到的资料，这些著述都晚于1906年，《本国地理教科书》应是姚明辉编写出版的第一套教科书。姚明辉曾与张相文就地理教科书之事有过交往。张相文曾回忆自己编辑出版的《本国中等地理教科书》，“然书实浅略，且有误处，上海姚孟醺（明辉）君为作正误一编，与书并行。文字因缘，良可感之。”

职业编辑群体

有几位作者是在出版机构的编辑任上编写地理教科书的。一位是谢洪赉，他是浙江绍兴人，生于1873年。28岁时就编译出版了他的第一本地理教科书《最新中学教科书瀛寰全志》，1904年出第2版。后又陆续出版《最新地理教科书》《最新高等小学地理教科书》《高等小学最新中外地理教科书》《中外国地理教科书》等。追溯谢洪赉经历，他成长于一个基督教家庭，从小在教会学校接受了良好的中英文教育。1895年，他受人之邀到上海中西书院管理图书，并协助编辑事宜；1897年，进入刚刚创建的商务印书馆；1898年，25岁的谢洪赉利用自己出色的英文修养，编译出版了商务印书馆历史上的第一部出版物——英文教科书《华英初阶》《华英进阶》，销量很好，为早期商务印书馆掘得了“第一桶金”。他在商务印书馆编辑任上最大的成就，即是参与了中国近代史上第一套中小学教科书——“最新教科书”的编译工作，其中包括前述几本地理教科书。

在编辑职位上编写地理教科书的，还有后来中华书局的创始人——陆费逵，他是1886年生人，原籍浙江桐乡。1906年出版《本国地理》，这是他个人编纂的唯一一本地理教科书，当时他因抨击时政遭通缉，刚从汉口逃到上海昌明公司上海支店（书店）任经理兼编辑。这之前有过短暂的教书经历，后以出版为主业。他本人倾向革命，提出过积极的教育主张，在民国成立当年即组建了近代史最著名的出版机构之一——中华书局，成就显著，影响巨大，被誉为我国近代著名的出版家和教育家。但与地理联系的，只有他早年（20岁）时撰写的《本国地理》一书。

谢观是江苏武进人，1880年出生，1911年31岁时编纂出版《简明中国地理教科书》上下册。谢观有两次任上海商务印书馆编辑的经历，此书也是商务印书馆出版，按时间推算，当时他应该正在商务印书馆任职。民国后，谢观又独立或与人合作，出版《共和国教科书外国地理》和《共和国教科书本国地理》[①]，均为在商务印书馆的职务之作。谢观的地理知识来自早年遍读家庭所藏地理图书，父亲对舆地学颇有研究，影响了谢观的早期职业生涯，也是清末众多地理教科书编者中少有的具有地理学（舆地）教育背景的人（虽然为家学）。但谢观的家庭另有前辈精通中医学，受此影响，他的后半生专事医学，设诊行

① 《共和国教科书》是商务印书馆于1912年出版的一套教科书。《共和国教科书外国地理》和《共和国教科书本国地理》是其中的分册。“共和”来自辛亥革命推翻清朝专制帝制、建立共和政体的历史背景。

医，撰写医学专著，成为著名的中医。谢观在编写第一套地理教科书前，也在学校短期任教并任过校长，他还曾考入过大学，是苏州东吴大学的肄业生。

此外，还有管圻 1907 年在乐群书局参与编纂初等小学各科教科书时编辑出版《初等小学中国地理新教科书》上、中、下三册；邵羲 1906 年在上海预备立宪公会兼任会刊编辑员时翻译出版《地文学问答》，由商务印书馆出版。两人都曾参与政治活动，是清末的政治人物和地方精英。

归国留学生群体

邵羲曾留学日本，《地文学问答》的出版与此背景有关："近日地理之书译者甚众，惟地文学则阙如，以斯学属于科学之一种，非若普通地志之易知也。然地文地理为天然之科学，凡研究科学者，不可不先求诸地文学，故亟译之以飨我国学界。"归国留学生，也是清末西学东渐大潮中近代地理教科书编写者中的一个特殊群体，其中以借鉴日本地理教科书编写者居多，如陈乾生（即中国共产党早期领导人陈独秀），1901 年曾留学日本东京专科学校（早稻田大学的前身），1902 年编译出版《小学万国地理新编》。夏清贻，早年留学日本，肄业于早稻田大学，1901 年编撰出版《普通地理读本》，同时还编撰历史教科书，曾在学校任教，但教授的科目是乐歌，并被誉为我国"音乐教育先驱"。吴启孙，晚清著名学者吴汝伦之子，曾留学日本，编译出版了日本著名地理学家矢津昌永所著的《世界地理学》。侯鸿鉴，近代教育家，曾留学日本宏文学院师范科，编译出版了《中等地理教科书》。

除了留日者受日本地理教科书影响外，同期还有留美者翻译或编译地理教科书，传播西方地学思想，如翻译家奚若，从东吴大学毕业后，曾留学美国，1907 年与人合作翻译忻孟（美）所著《最新中学教科书地文学》，据说在当时发行很好。翻译此书时，奚若正在商务印书馆编译所担任编辑和翻译工作。有人因此称其为"地理学家"，但因奚若除地理教科书外，还翻译了大量其他学科的教科书，所以称其为"不可多得的翻译家"更为恰当。

因资料有限无法对清末地理教科书的署名编者一一详述。清末正处于社会变革时期，不论是初出茅庐还是功名在身，这些拥有不同教育背景、不同职业、不同社会身份的编者，出于不同的动机，集个人智慧与出版机构之力，翻译、编撰出各种版本的地理教科书，致力于向国民传播新的地理知识，构成清末时期教科书编写的独特图景。这些地理教科书有些影响甚远，有些昙花一现，但都为当时启蒙国人地理知识、提高国人自然科学和社会科学素养、激发国人爱国之心做出了不可忽略的贡献。流传下来的地理教科书，也成为后人研究近代地理教科书发展的宝贵财富。

实践困惑与内容重构：对高中地理新课程“反弹”现象的思考①

义务教育课程标准正式颁布后，高中课程标准的修订也已启动。作为高中地理课程标准编制组的成员，在经历了实验阶段对高中地理课堂的观察和与高中地理教师广泛深入交谈后，对高中地理课程定位以及课程标准的内容结构有了新的想法，这里“抛砖引玉”，望得到指正。

一、高中地理新课程“反弹”现象的表现

“反弹”现象是指高中地理新课程实验过程中，课堂教学自觉或不自觉地回到旧课程的现象，这在必修一模块自然地理教学中比较突出。所述问题的来源主要是对高中地理课堂的观察、与高中地理教师交谈和向高中地理教师征集。本文将“反弹”现象分为三类。

第一类是结构性“反弹”。北京开始高中新课程实验的前夕有教师问，实行新课程后，会不会因为教师不断把课程标准删去的内容补回来，又回到旧课程。回答是“会”，因为前期实验的地区已经出现了这种“反弹”现象。有的教师将大纲版课程中出现过的细节内容补回到新课程，例如，讲授“海水温度和盐度”“洋流的类型”等课程标准中没有纳入的知识。还有不少教师认为“土壤”这个重要的要素不讲不行，哪怕在案例中出现也要讲到。结果“土壤”就形成了“隐形”的必修内容。“反弹”在以自然地理为主的地理必修一模块中表现最为明显。除去对高考的担心，课程标准本身的内容结构也为这种“反弹”提供了可能。

高中地理课程标准中自然地理内容的结构与教学大纲不同，本文选取部分内容进行对比，见表 1。

① 原载《教育科学研究》2013 年第 11 期，人大复印资料《中学历史、地理教与学》2014 年第 3 期全文转载。

表 1 高中地理教学大纲与高中地理课程标准自然地理内容相关部分对比

2003 年版高中地理课程标准[1]7-9	1986 年版高中地理教学大纲[2]	2000 年版高中地理教学大纲[3]
2. 自然地理环境中的物质运动和能量交换 • 运用示意图说明地壳内部物质循环过程 • 结合实例，分析造成地表形态变化的内、外力因素 • 运用图表说明大气受热过程 • 绘制全球气压带、风带分布示意图，说出气压带、风带的分布、移动规律及其对气候的影响 • 运用简易天气图，简要分析锋面、低压、高压等天气系统的特点 • 运用示意图，说出水循环的过程和主要环节，说明水循环的地理意义 • 运用地图，归纳世界洋流分布规律，说明洋流对地理环境的影响	（二）地球上的大气 1．大气的组成和垂直分层 2．大气的热状况 3．大气的运动 4．天气与气候 （三）地球上的水 1．水循环和水量平衡 2．海洋水 3．陆地水 4．水资源的利用 （四）地壳和地壳的变动 1．地球的内部圈层 2．地壳的结构和物质组成 3．地壳运动 4．全球构造理论——板块构造学说 5．地球内能的释放——地热、火山、地震 6．外力作用于地表形态的变化 7．地壳的演化 （五）地球上的生物圈和自然带 1．生物与地理环境 2．生态系统和生态平衡 3．土壤（选学） 4．自然带	二、大气环境 （一）大气的组成和垂直分层 1．大气的组成 2．大气的垂直分层 （二）大气的热状况和大气的运动 1．大气的热状况 2．大气的运动 （三）天气、气候与人类 1．常见天气系统的特性及活动特点 2．影响气候的主要因素 3．大气环境保护 三、海洋环境 （一）海水的性质和运动 1．海水温度和盐度 2．海水运动 （二）海洋开发 1．海洋资源的开发利用 2．海洋空间的开发利用 （三）海洋环境保护 四、陆地环境 （一）陆地的组成要素 1．岩石 2．水 3．生物 4．土壤 （二）陆地与其他自然环境的关系 1．地壳的物质循环 2．水循环

在地理教学大纲中，出现过根据地理圈层编排的结构（1986 年版），也出现过按照不同自然环境编排的结构（2000 年版），这些结构都与大学地理课程中的部分地理结构比较接近。抽出两种结构的内核，大致就是“地形—气候—水文—土壤—植被”的系统。高中地理课程标准既没有使用地理圈层结构，也没有使用地理环境结构，而是新设计了“自然环境中的物质运动和能量交换”主题，选择了比较重要的地理循环过程建立内容结构，突出它们对环境和人类活动的影响。在这个结构中，有些原来的重要内容如“土壤”没有被选入；有些细节的内容也被省略，如大气分层、洋流的概念和分类等。在实验中，这种改变只是在部分严格按课程标准上课的地区有所体现，而在其他地区，“反弹”使教学更趋于旧课程。

第二类是原有课程强大的“惯性”导致新课程的设计无法真正实现，也可称作具体标准落实上的“反弹”。例如，新课程中有一条标准：“运用图表说明大气受热过程”，这个要求相比教学大纲中的“大气热状况”复杂程度和难度都有所降低，但因为二者很接近，有些教科书或教师很自然地就按照原有课程内容上课，没有达到课程标准期望的目标。

第三类是“探究教学”做了初步尝试后又逐步退回以讲授为主的课堂。教师把“探究”方法实施中遇到的主要问题描述为“时间不足”和“班级人数过多”。“时间不足”与高中地理教师普遍反映课程标准规定的内容容量过大问题正好吻合。

在仔细分析了各种问题后发现，这些问题并不是简单改善教学方法就可以解决的，可能地理课程存在“系统误差”，即在一个特定的系统中，某种误差因系统的构成而自动存在，是其他努力无法根本改变的。根据问题的性质，本文把内容结构作为探讨“系统误差”的“抓手”。

二、从“反弹”现象反思高中地理课程内容结构

高中地理新课程实践中的“反弹”现象，引发我们思考如下问题，它们都与地理学科系统对教学的影响有关。

（一）课程内容“枝杈”式删减是否能从根本上起到“减负”作用？

自然地理教学的“反弹”现象提醒我们，仅是有选择地删减某些内容，可能实现不了减轻高中地理教学负担的初衷。因为隐性的学科骨架还在，不论是高考还是习惯性教学，都很容易通过“找补”的方法重现原有课程的内容结构。自然地理内容结构的变化很好地说明了这一点。因自然地理内容具有自然科学的属性，在高中地理必修的三个模块中，它是学科体系比较明显的部分。前述教学大纲中出现的“圈层结构”和“环境结构”，从名称上看，它们也并非是大学地理学科体系或课程的“缩编”，但它们保留了大学地理学科系统的特点，即“全面”“系统”，试图让学生掌握有关地球自然地理环境的全部要素或环境知识。这个特点使得高中地理教学难以摆脱“大学课程下放”的隐性影响，也使得高中地理成为中学学生心目中难度较大的学科。为什么“全面”“系统”就会导致难度大呢？首先，不论编者的初衷如何，实际效果就是让高中学生接受地理学科的系统知识，这本身就有较大的难度；其次，“反弹”的现象告诉我们，当课程内容追求“大而全”的“系统学科知识”时，就会产生“牵一发而动全身”的效果，什么内容也不敢“砍”，“砍”去了课程就不系统了，知识链就断开了，课就不好上了。本来与数学等学科比，地理的学习是可以“空降”的，即从哪一段开始学都有可能。但过于强调“学科系统”的课程导致课程变得僵化、不易改变。有教师认为，系统的知识才利于学生理解，才有利于学生思维的发

展。理论上讲是对的，但学生的时间确实有限。即使在分配给高中地理课程的时间范围内盘算，也不宜全部用所谓“系统”的学科知识填满，而应留给学生一些在地理的范围内自主学习的空间。

高中地理课程标准（实验稿）将自然地理部分内容组合成“自然地理环境中的物质运动”，正是根据高中课程改革的宗旨和理念，为尝试打破传统“大而全”的内容结构进行的创新。但为什么在实验中并没有取得明显的效果？现在反思，问题可能在于虽然有所改变但并不彻底，使得最终形成的内容结构客观上还有地理学科系统本位的导向或“暗示”，从而导致“反弹”现象的发生。这好比一个衣架，原有的课程就是挂满衣帽的衣架。新课程则是摘去了一些衣帽的衣架，甚至是去掉了一些衣钩（如土壤）的衣架。有些衣钩上没有衣帽了，但架子还在那里，人们很容易就把摘去的衣帽再挂回去，甚至把去掉的衣钩（土壤）再装上。前面提到的第二类“惯性”问题，也因为过去的“架子”还在那里，模仿过去的教学比较容易。

这种“衣架”效应还带来另外的问题。课程标准制定时有一个共识，即减少必修的内容要求，为学生提供“探究学习”的空间。但实践中发现，教师并没有感觉到这种空间的存在，仍将“没有时间”作为无法进行探究学习的主要原因。这与被“找补”回去的实际内容结构不无关系。看来，枝杈式的删减并不能自动为“探究学习”提供时间机会。

（二）定位在“物质运动和能量交换”层面上的自然地理学习是否更加困难?

将自然环境的学习由基于五大要素的“圈层结构”和“环境结构”发展为从“物质运动和能量交换”的角度学习地理，本来是一种进步。但在实践中，不论是地理教科书还是地理课堂教学，很少看到真正基于这种视角的内容组织或课堂过程，也少见有教师从这个新角度谈论自己的教学设计。从课程标准理解到地理教科书编写再到地理课堂实践，似乎只要是讲到这七个内容标准了，就是在讲“自然环境中的物质运动和能量交换”。除去隐性地理学科系统结构的影响，要求本身是否过高也需要我们反思。“物质运动和能量交换”是近乎哲学意义上的表述，涉及人对自然界的基本认识。中学自然科学教学中的每一次学习都是在帮助学生形成这种认识，但把它作为自然地理内容组织的一种框架，是否会因为过于空泛、难以真正落实而形同虚设？或者，是否会因其富含哲学意义而加大高中地理必修课教科书编写和教学过程的难度？

（三）行为动词引导式的内容标准为何在这里没有起到足够的作用?

在对“反弹”现象进行研究时又注意到另外一个现象，即“行为动词”的引导作用发挥并不理想，也促成难度和容量的“反弹”现象。

以学习的行为动词引导内容标准是课程标准不同于教学大纲的一个特点。其作用主要是突出学生能力培养的要求，控制课堂教学走向。例如，如果只列出一个知识点“洋流的分布规律”，教学和考试就可能以考查学生的记忆为主；行为动词引导的标准“运用地图，归纳世界洋流分布规律”，就将教学和考试引导到地图能力培养方面，而且降低了目标要求，有减轻学生负担的作用。甚至已经有教师表示了疑虑：如果真的按照课程标准教学，要求是否太“低”了。但在实际教学中，这样的“行为动词”引导方式似乎并没有发挥很明显的作用，“反弹”现象照样出现。仍以“运用地图，归纳世界洋流分布规律”的要求为例，教学中很多教师还是要讲世界洋流分布规律的成因，认为不讲成因学生无法真正掌握洋流分布的规律，尽管洋流分布成因比较复杂，属于专业性较强的内容。由此分析，最终原因在于教师们放不下学科的系统，从而有选择地忽略了行为动词的作用。

三、高中地理必修课程内容重构的思考

“反弹”现象说明高中地理课程内容结构还存在“系统误差”，导致在实验过程中课程理想与教学实践发生冲突。“结构影响行为，因此改变背后的结构，能够产生不同的行为变化形态。”[4]未来高中地理课程的发展需要课程设计者对其内容结构作进一步的思考和研究。本文仅提供一些思考，也是几种重构的可能性探索。

（一）以环境与可持续发展教育定位必修课程，建立超越学科的内容结构

地理课的内容特点是综合性，跨自然科学与社会科学，涉及面很广。可以考虑建立超越地理学科系统的高中地理必修课内容结构，而环境和可持续发展教育结构则是最恰当的选择。其依据是课程改革对高中课程的定位。教育部颁布的《普通高中课程方案（实验）》将普通高中教育定位为“普通高中是在九年义务教育基础上进一步提高国民素质、面向大众的基础教育。普通高中教育为学生的终身发展奠定基础。”[5]原教育部基础教育司副司长朱慕菊对此的解释是：“我国已经进入了高等教育大众化阶段，相应地，我们的高中教育也应成为大众化的教育。高中的教育应具有独立的价值、新的评价标准，培养高素质的国民，而不再是高等院校的附属。”[6]高中地理课程是基础教育课程的组成部分，前述对普通高中教育的定位同样适用于高中地理课程，同时，高中地理课程的定位还应体现课程的功能和特点。高中地理课程标准解读对高中地理课程定位有如下解释：“一方面，尽管公共信息渠道越来越多，身边的素材也逐渐便于提取。但考虑到我国实情，在今后的一段时期内，培养可持续发展观的主渠道仍然是课程。另一方面，环境伦理虽然在发达国家逐步成为了大众伦理，但在我国仍然是前沿伦理。所以，以地理课程为载体进行环境和可持续发展科学教育，顺应世界发展的潮流，也符合我国的国情。”[7]这段话虽然没有直接说明，但可以看出是将高中地理课定位在环境和可持续发展观教育上，实际上，地理课也是中学唯

一把环境与可持续发展教育作为主线的课程。这种定位是恰当的。

这里需要作一点说明。因为地理就是研究人地关系的科学，以学科系统为框架结构的地理课程也可以说体现了上述课程定位。但本文取科普性质的环境与可持续发展教育，主张跨越地理学科系统，从公民素养的角度设计环境与可持续发展教育的内容结构。地理知识在其中起帮助学生科学、理性地看待环境与可持续发展问题的作用。在内容标准的设计上，将目标直接指向认识、理解、参与实际生活中的环境与可持续发展问题，地理知识则作为达到这些目标的工具。例如，高中地理课程实验稿中有“结合实例，分析造成地表形态变化的内、外力因素”的标准（表 1），这条标准的指向是地理知识的理解，如果在以环境与可持续发展教育定位的内容结构中，类似的内容可以设计为“解释某区域为什么容易发生某种地质灾害”，有关地质、地貌的重要概念和知识以及人文地理、区域知识都可以纳入学习过程，用来帮助学生科学地理解自然灾害。

对于较为系统的地理学科主题的教育，则可以由高中地理选修课完成。高中地理选修课程为满足不同学生的兴趣、大学学习倾向和工作倾向等不同需要而开设。在这个定位下，甚至可以直接用大学课程名称开设选修课，例如“地质”“天文”“气象与气候”等。

（二）在地理学科系统框架下将必修课程设计为单一主题内容结构

目前高中地理课程中体现的地理学科框架，是将内容分为三大部分：以自然地理为主、以人文地理为主、以区域可持续发展为主，客观上对应地理学科中的自然地理、人文地理和区域地理。每一部分都有自己的内容体系，展开讲、系统讲时间不够，也没有必要；选择讲，又容易出现前述各种问题。可以考虑只选择一个部分作为必修课程内容，在一个学年内完成。地理学科的三个部分每个都可以独立撑起一年的必修课程，但最恰当的部分应该是自然地理部分，因为自然地理学习的对象是自然环境，内容相对稳定，属于公民素养里重要的基础知识。课程名称也可使用《地球科学》。世界范围内地球科学教育发展比较成熟，相关的教科书、科普书籍、科普录像等种类很多，地球科学教育容易参考、借鉴世界比较先进的经验。人文地理和区域地理内容则可设计成选修课。

（三）保留地理学科综合性的框架体系，建立必修课程框架内的选学结构

如果认为还是需要让学生接受地理学科自然、人文和区域三大部分的均衡教育，也可在高中地理必修课程内部设计成相对独立的专题，现有的三个模块不变，各规定一个必修专题，再规定最低数量的选学专题，共同构成必修课程学分。这样内容整体覆盖面比较广，每个专题的内容也可以比现在充实一些，例如，以自然地理为主的模块一可以将“地形与地貌”作为必修专题，把“气候”“土壤”等设计成选修专题。学生如有能力和兴趣，也可以把所有专题都学到，这也能保证不同水平的学生有不同的地理认知结构发展空间。至

于是否可以不学习传统结构中的所有要素，香港于 2009 年开始实行的高中地理新课程，就把内地高中自然地理中的基本内容“地质地貌”和“天气与气候”列为选修单元。笔者曾拿香港的这个方案与内地高中地理教师讨论，也没有听到强烈的质疑声音。

有香港学者在总结香港高中地理新课程设计的特点时说道：“新高中课程的设计显示了设计者尝试在学科的学术性、应用性及学生学习兴趣中取得平衡。”[8]此外，内地学生还有学习时间是否充足的问题。“寻找平衡点”正是课程设计者实际在做的事情。多因素平衡的关键是不纠结于地理学科结构宏观或微观上的“完整”“系统”。设计者和地理教师应该想到，我们不是要培养地理学者，不是通过高中地理课程把一个完整的地理学科系统“移植”到学生的头脑中，而是使他们获得认识地理环境和人地关系的地理视角，激发他们的兴趣以及思维潜能。至于认识地理环境的目标，某块地理知识没有学到，并不会影响学生的正常发展，毕竟需要认识的东西太多了，他们可以运用中学学到的东西去自己获得新知。这样思考，才能为高中地理课程发挥其应有的素质教育功能创造空间。

参考文献

[1] 中华人民共和国教育部. 普通高中地理课程标准（实验）[M]. 人民教育出版社，2003：7-8.

[2] 课程教材研究所. 20 世纪中国中小学课程标准·教学大纲汇编　地理卷[M]. 北京：人民教育出版社，2001：281-284.

[3] 中华人民共和国教育部. 全日制普通高级中学地理教学大纲（试验修订版）[M]. 北京：人民教育出版社，2000：5-7.

[4] [美]彼得·圣吉. 第五项修炼——学习型组织的艺术与务实[M]. 郭进隆译. 上海：上海三联书店，1998：59.

[5] 中华人民共和国教育部. 普通高中课程方案（实验）[M]. 北京：人民教育出版社，2003：1.

[6] 朱慕菊，高中教育的发展趋势[J]. 网络科技时代，2008：1.

[7] 地理课程标准研制组. 高中地理课程标准解读[M]. 南京：江苏教育出版社，2003：10.

[8] 林智中. 寻找平衡点——香港地理课程发展的经验[J]. 地理教育，2006（6）.

论张相文编撰的中小学地理教科书[①]

张相文，1866年出生，江苏泗阳人，是我国近代著名的地理学家、教育家，中国近代地学的奠基人。据张相文自述，1901年编撰出版我国第一套近代地理《本国中等地理教科书》，影响巨大，这个成就也被后人多次提及。这是张相文编撰的第一套书，于他个人是个学术成长的奠基石，于中国则代表近代地理教科书编写的发端。有关张相文所处晚清社会大变革的时代背景，他对我国近代地理学发展的贡献，以及所编地理教科书对于清末国民地理教育、学校教科书编写方面的宏观意义，已有多人讨论（艾素珍，1999；邹振环，2000；于波，2011 等），本文不再赘述。下面仅从地理教科书编写的角度讨论张相文所编中小学地理教科书的特点及所反映的时代特征。

据文献记载，张相文在1901—1908年编撰出版了中小学用《初等地理教科书》（1902年）、《本国中等地理教科书》三卷、《蒙学中国地理教科书》《蒙学外国地理教科书》《初等本国地理教科书》《初等地理教科书》（1906年）、《新撰地文学》。笔者未能见到1902年（有说1901年）编辑、由南洋公学印行的《初等地理教科书》3卷（有说2册），也没有找到相关的文字资料。本文使用的《初等地理教科书》（1906年），为单册书，内分三卷，同样由南洋公学印行，但未注明是已有教科书的再版或重印。未见资料提及这两套初等地理教科书的关系。本文认为，1906年版《初等地理教科书》可能是1902年教科书的再版或重印，理由有三：其一，1906年版教科书注明是“南洋公学师范院编译本”，而南洋公学师范院1903年就已停办，不可能在1906年仍在编辑出版教科书。其二，我国近代地理教科书发展之初，编写的方式主要是翻译、编译和借鉴国外地理教科书。该书标明是“编译”，也符合当时的背景。其三，1906年版教科书的风格十分独特，与清政府学堂章程的规定相差甚远。也有人认为，《蒙学中国地理教科书》《蒙学外国地理教科书》即为1902年版的改版，但无法证实。本文仅对笔者可以见到的五套中小学用地理教科书进行讨论，即《本国中等地理教科书》三卷（其中两卷是增订本）、《蒙学中国地理教科书》《蒙学外国地理

---

① 原载《首都师范大学学报》（社会科学版）2014年第2期。

本文系2010年度国家社科基金重大项目“中国百年教科书整理与研究”（课题批准号：10&ZD095，首席专家：徐岩）的研究成果之一。

教科书》《初等地理教科书》和《新撰地文学》。

一、编写依据

《本国中等地理教科书》（南洋公学）出版于 1901 年，当时新式学校教育的各种章程均没有出现，所以该套教科书没有官方章程作为依据。教科书的编写主要受当时国外，特别是日本地理教科书的影响。

《蒙学中国地理教科书》（上海文明书局）1903 年 8 月初版（未见），目前见到的是 1905 年 12 月第 16 版和 1909 年第 26 版。后者标明“学部审定”，但有“学部审定”字样是从哪个版本开始的，因无足够资料无法判定。将两本教科书进行比较发现，除了个别用词、顺序修改外，框架、内容基本一样。据此推测，该本教科书从初版到第 26 版，没有结构框架和内容的重大修改。《蒙学外国地理教科书》（上海文明书局）1903 年 6 月初版，同年 12 月出修正版。

从教科书的书名和第 1 版的出版时间（1903 年）看，该套教科书可能是为配合《钦定蒙学堂章程》编写的。1902 年清政府颁布《钦定蒙学堂章程》。该章程规定了一门叫《舆地》的课程，第一年教授初步的地球行星知识，主要是看图；第二年讲授地球上洲岛方位及各洲国名；第三年讲授各省府厅州县名目方位；第四年讲授各省名山大川、方位情状，同时介绍一些地图知识。章程还规定了蒙学堂课程十二日一周时刻表，其中第二、四、六、八、十、十二日均有舆地课。[1]400 该套书与章程之间存在基本的联系。《蒙学外国地理教科书》的章序如下：地球之运行、地面之水陆、亚洲、亚洲属岛、欧洲、北美洲、南美洲、非洲、澳洲，如放在第一、二年使用，可以满足《钦定蒙学堂章程》的基本要求。《蒙学中国地理教科书》的章序如下：世界大势、中国大势、大山、大水、区域、天气、地势、人口、人种、宗教、交通、产业、商埠、本部各省、东三省、新疆、藩属。《蒙学中国地理教科书》的内容也基本符合《钦定蒙学堂章程》对后两年课程的要求。不过在地图知识方面，书中虽有地图，但均无“介绍地图知识”的内容，这点与章程的要求并不相符。

《钦定蒙学堂章程》未实行。1903 年清政府又颁布《奏定初等小学堂章程》，这个章程取消蒙学，规定地理课的要义为：“使知今日中国疆域之大略，五洲之简图，以养成其爱国之心，兼破其乡曲僻陋之见。尤当先讲乡土有关系之地理，以养成其爱乡土之心，先自学校附近指示其方向子午、步数多少、道里远近，次及于附近之先贤祠墓、近处山水，间亦带领小学生寻访古迹为之解说，俾其因故事而记地理，兼及居民之职业、贫富之原因、舟车之交通、物产之生殖，并使认识地图，渐次由近及远，令其凑合本版分合地图尤善。”章程对地理课程的内容也有一些规定，如第一年和第二年“讲乡土之道里建置、附近之山水以及本地先贤之祠庙遗迹等类”；第三年“讲本县本府本省之地理山水、中国地理之大概”；第四年“讲中国地理幅员大势及名山大川之梗概”；第五年“讲中国幅员与外国毗连之大概名山大川都会之位置”等，规定的地理课程每星期教授时刻均为每周 1 个钟点。[1]420-424

因蒙学被取消，《蒙学中国地理教科书》虽取蒙学之名，从其后来大量发行看，实际上可能用于初等小学堂。1905 年出版的第 16 版教科书在《奏定初等小学堂章程》之后出版，但与该章程对地理教学内容和顺序的规定差别较大，仅在“讲中国地理幅员大势及名山大川之梗概”这个内容上有较多的体现，仅能完成《奏定初等小学堂章程》规定的部分要求，需与其他教科书配合使用。

《初等地理教科书》由南洋公学师范院编译，1906 年 5 月初版发行。该书出版于 1906 年，理应遵循学堂章程的规定编写，但该教科书的内容与规定相差甚远。《奏定初等小学堂章程》规定的内容基本还属于我国古代传统的舆地范围，而《初等地理教科书》的内容与“舆地”的概念完全不同。

《新撰地文学》用于中等学校，于 1908 年出版，也应按照章程要求编写。1903 年清政府颁布的《奏定中学堂章程》规定：“地理先讲地理总论，次及中国地理……次讲外国地理……次讲地文学，使知地球与天体之关系，并地球结构及水陆气象之要略（外国谓云霜雪雷电等物为气象）”“其讲地文，须就中国之事实教之”。[1]510 在时间的安排上，地文学是在中学第五年教授，每周 2 课时。此时，学生已经学完地理总论、中国地理和外国地理的内容。《新撰地文学》“例言”中写明：“奏定章程讲，地文须就中国事实教之。是书瑾遵此旨。搜罗新闻杂志名人游记及游踪所至，得于耳目所亲接者，撮其精要，举为证例。其为中国所无，或调查未晰，而于地文有切要之关系者乃兼及于他国。”在编写的分量上，“篇帙分配亦期与时间相合”，这里的“时间”应指章程规定的教学时间。该书考虑到学生的接受能力，“例言”中的第一条就提及“教材选择，务使浅深相当”。因章程对地文学的内容并无具体要求，编者多借鉴国外地文学教科书，“是书参酌东西各大家学说，及已译善本，博采旁搜，凡数十种”，[2]例言同时也融入作者对地文学的研究结果。

除了清政府颁布的各类学堂章程，另一个可能作为编写依据的是《京师大学堂编书处章程》。1904 年，京师大学堂发表编书处章程，规定了编纂教科书的宗旨、方法等。其中对地理课本的要求为“拟区分行省、府、厅、州、县。凡经纬度数、山川形势、户口丁漕、驿传道路、关权税款、物产工艺，备载大略。”[3]357 该章程的编纂宗旨为：端正学术，不堕畸邪；归于有用，无取泛滥；取酌年限，合于程途；博采群言，标注来历。[3]358 未见文字资料说明张相文是否参照《京师大学堂编书处章程》，但从各个版本教科书的选择和编写手法看，教科书也确实在努力做到“简而不紊”、内容丰富且尽量切合学生年龄，在“端正学术，不堕畸邪；归于有用”等方面明显合乎编书处章程的要求。所以也不排除作者确实注意到了编书处章程的宗旨。

二、教科书的内容特点

（一）对我国传统地理学内容的继承与改进

张相文的四套地理教科书从内容上可分为两类。一类以中国传统地理学舆地或地志式的内容为主，包括《本国中等地理教科书》《蒙学中国地理教科书》和《蒙学外国地理教科书》；另一类以西方近代地理科学的内容为主，包括《新撰地文学》和《初等地理教科书》。

以中国传统地理学内容为主的教科书，采用“总论-分区”的内容结构。总论部分包括世界和中国地理概况。《蒙学中国地理教科书》虽然以中国地理为主题，但在讲中国地理之前，也先概述世界大势，包括地形、西半球、东半球。中国总论部分占有较多的篇幅，内容依次为位置、山脉、河流、地段（大区的划分）、天气、地势、人口、种族、宗教、交通通信、农业、工业、商埠。《蒙学外国地理教科书》中对世界概况的介绍包括两部分。一是地球运动的知识，含地球自转和地球公转；二是世界大洲大洋的分布概况。《本国中等地理教科书》上卷的前半部分为世界概论知识。主要知识点如下：地球形状、地球运动、四季、昼夜、经纬线、五带、生物、风、雨、五大洲、五大洋、民品、民种、语言、文字、宗教、政体、亚洲位置及境界、亚洲海湾、亚洲地势、亚洲大水、亚洲诸国位置。中卷为中国基本地理情况，按部门叙述，包括山脉、河流、湖泊、海域、关塞、交通、电线等。

在分区地理知识部分，《蒙学中国地理教科书》的中国地理分区基本按省描述，除 22 个省之外，还有 3 个藩属，共 25 个分区。对分区的描述包括位置、范围、地势、河流、气候、物产、省会等内容，有些地区的描述内容还包括当地居民特点。《蒙学外国地理教科书》的世界分区包括了几乎所有的大洲（无南极洲）、66 个国家和地区（这里“某部分”也归为“地区”）。大洲总论部分比较简单，若单从字数看，有时还不及对一个国家的介绍。对国家和地区的介绍，内容大体一致，主要是位置、范围、地形、河流、都城、物产、商贸等，具体到每个国家和地区内容会有差别。

《本国中等地理教科书》的下卷讲述中国分区地理。编排的方式是每个省和地区各自独立一章，章内描述该省或地区的区划、都会及物产。每章的课数不等，各章之间的课数也不等。在省区出现的顺序上，所见版本从直隶省开始，然后是江苏等南方七省，再是山东等北方四省，接四川等西南五省，再接盛京等东北三省，最后是新疆等四个地区。下卷最后两章为“土司”和“户口”，算是全套书的压轴内容。

在区域内容的选择和使用上，以事实类知识为主。例如，《蒙学中国地理教科书》对直隶省的描述：“在本部之东北隅，为本国京城所在，故称为畿辅。东界渤海盛京，西界山西，北界蒙古，南界山东河南。地势西北山，甚硗瘠，东南为平原，土性肥沃，农产颇富。其省垣曰保定，市街繁盛，为通山西河南之要路。”[4]15-16《本国中等地理教科书》对直隶省的描述（片段）如下：“直隶省古为燕地，东西相距约一千一百二十里，南北约千六百里。东界盛京，西界山西，北出长城连内蒙古，南界山东，西南界河南，东南界海。其地势则阴山之脉蜿蜒于西北，东南则平原广阔，众流灌纡，颇擅输輓之利，辖府十，直隶州五，散州十二，县百有二，厅四，保定府为省城，旧则总督驻焉。”[5]1-3

张相文编写地理教科书力求“简而不紊”[3]编辑大意，且依学生年龄详略不同，并偶有成因的提及，同我国古代地理书籍相比，确实条理清晰，便于学生学习，但总体上还是追求记述全面、完整，“进步中难掩‘舆地’痕迹”[6]，这与区域地理内容的特点有关，更与当时人们对地理教学的理解有关。

（二）率先传播系统的西方近代地理科学知识

《新撰地文学》参照西方近代地文学体系编撰，其内容结构为五大核心主题：星界，主要介绍地球的成因、地球的形状、地球的运动、经纬度、地球磁场等知识；陆界，主要介绍陆地的组成和陆地的变化；水界，主要介绍海水、河湖、泉水等水体；气界，主要介绍大气的基本知识、气候、气流、大气水分、气象等；生物界，主要介绍生物的变迁、人类的进化和人种分布。这是当时西方地文学比较成熟的分类体系。在内容的选择上，则具有明显的自然科学的特点，即注意对成因的阐述和证例的使用。例如，对地球为何是椭圆状，《新撰地文学》写道：“地形之为球体，固无疑义矣。然自近世科学进步，又知地球非浑圆，实椭圆者，盖地球本为液体凝成，初极软弱，因随太阳旋转，当于赤道之地，速力大而凝力厚，遂使中衡凸起，两端凹下，呈扁平之状，试以胶泥之球贯轴以速转之，而其理自显然矣。”下面给出了若干证例。[2]10 尽管受当时人们认识水平限制，书中有解释错误或不够科学之处，但给当时的国人展示了一种完全不同于地志式教科书的地理科学表述方式。《初等地理教科书》与传统中国地志式教科书相比，没有具体的区划和地名等事实性地理知识，以讲述地理原理为主，例如，这段课文：“勤学曰，天下物产之不同，盖由于土性乎？其父曰，土性居其半，天气居其半。凡物之宜于热地者，移之寒地则不生；物之宜于寒地者，移之热地则不旺矣。”[7]中卷6 与《新撰地文学》相比，又多了人文地理的知识，且均属启蒙阶段，非常浅显。

（三）注重联系实际

张相文强调编写地理教科书要“以本国为宗”，在可能之处，都给出中国的实例。作者在《新撰地文学》的“例言”中对此有专门的说明：“现行地文学，皆译自东西。故许多详于欧美、日本。而于本国反略。是编搜罗新闻、杂志、名人游记及游踪所至，得于耳目所亲接者，撮其精要，举为证例。一以本国为宗，其为中国所无，或调查未晰。而于地文有切要之关系者，乃兼及于他国。”[2]例言这在以翻译或编译国外地理教科书为主的年代，也是一种将国外先进地理科学内容本土化的做法。注重地理知识的实用性是张相文选择地理教科书内容的另一重要原则。《新撰地文学》一书的“例言”也对此明确说明：“是书……尤时时注意实用，如防霜、避电、培植森林、改良土壤等法，备举其要，以为实地应用之资”。[2]例言

厚今薄古也是注重联系实际的表现。张相文在《本国中等地理教科书》的“凡例”中说明：“中国舆地诸书多偏于考古而略于知今，州郡沿革，形势变迁，非不燦然具备，然衹足以供读史者考古之资，而实不适于用。”所以编一套课本“以知今为本”。但教科书中也出现了古代地名等地理知识，他进一步解释，“教科之书，本无取于考古，而如江苏称吴，浙江称越之类，官私文牍，往往沿用，故是编于各省一一标明，亦以便于知今而已，非以考古也。”[7]凡例此话表达了“古为今用”的意图，同时也凸显作者将地理看做是“实用”知识的思想。

联系实际还表现在地理教科书将自然与人文地理知识融合在一起。这在以普通自然地理学内容为主题的《新撰地文学》中有体现，在《初等地理教科书》中更为突出。因凡儿童所能到处，既能看到自然景观，也能看到人类活动，将所见地理事物和现象，不论自然还是人文，融合在一起讲，贴近学生生活，是一种最自然的方式，便于学生理解。例如，在讲到湖泊时，作者写道：“且天下有咸湖焉，湖中水带盐质，可晒为盐，子亦闻之否耶？”“勤学曰，咸湖若何？师曰，凡咸湖多在大陆之中，与大海懸隔不相流通，其水为日光所蒸化气而去，所带盐质遗沉湖底，近湖之民乃取以曬盐，因而为利。”[7]下卷 3-4 这里既讲述了咸湖形成的自然过程，又涉及盐业这个人类活动现象。

有关地理教科书的实用性和“以本国为宗”是作者的一贯思想，在他的第一套地理教科书《本国中等地理教科书》的“凡例”中已有类似的阐述。

（四）从中学生的角度给出学习方法

张相文在《新撰地文学》的“绪论”中写道：“地文学者，地理学之精髓也。……然其研究之方法，又无待求诸高远也，即旅行野外、静居一室、俯察仰观，无在不可以资实验且苟明其原理定则，而于身所未至之地，亦可以触类旁通，得其所以致然之故。”[2]1 有学者评论，此番论述虽失之简单，但通过观察、实验，上升到一般原理并推而广之，这种西方经验科学阶段普遍应用的科学方法在这里得到了充分的体现。[9]44 若考虑该书的阅读对象是刚刚开始系统学习地文学的中学生，这种方法可以用于他们的学习，倒是很恰当，并无“失之简单”之感。

除以上四点外，张相文在编撰地理教科书时，还十分注重情感的教育，他在《蒙学中国地理教科书》的“编辑大意”中写道：“吾国民知有家产，不知有国产，固由于国体之

致然，亦坐其素不稔夫内国之公产业耳，兹编于户口之蕃耗，物产之良否，与夫山河之美，人物之秀，制造之工，苟内国所可宝贵者，必郑重为之讲说，庶公产业之可宝，饫闻于幼时，以起其他年重爱国之想”“英法俄德，据我要港，饰言租借，实同侵割大陆之陵替，于兹为已极谁非地主，忍此蒙羞作者不尽丧亡之痛，读者俱有恢复之责，感愤往事，努力方来，是在吾党。”[10]编辑大意作者的一片爱国之心跃然纸上。当然，由于时代的局限，张相文在教科书中也传播了当时西方的地理环境决定论的思想，片面夸大了地理环境对人种思想方面的影响。当时模仿或翻译西方的地理教科书不少都有类似的内容，这是人们对地理科学认识时代局限性的表现。

三、地理教科书编写技术上的特点

（一）分课编写

据笔者所见资料，张相文开清末国人分课编写教科书之先。张相文的第一套地理教科书出版之前或同年也有地理教科书出版，这些书分两类，一类是翻译或编译国外地理教科书，如英国人傅兰雅 1883 年编写出版的《地理须知》和 1897 年出版的《地志须知》，两本书均以“章”为体例。一类是国人自编地理教科书，如张士瀛 1875 年由李光明庄出版《地球韵言》，以“卷”为体例；叶澜 1901 年由李光明庄出版《天文地理歌略》，为四字歌谣体；王亨统 1901 年山东官印书局出版《地理问答》则是问答方式，以“章”为体例。这些地理教科书，除《天文地理歌略》外，虽都已有内容的分主题编写，但都没有使用“课”体例的。笔者所能看到的同年出版的其他学科教科书，也未见有使用“课”体例的。而张相文所编《本国中等地理教科书》《蒙学中国地理教科书》《蒙学外国地理教科书》《初等地理教科书》均为“卷-课”或“章-课”体例。作者将课文划分为若干小的单元，每个单元的长度大致相等，称其为“课”。究其原因，有人认为，戊戌维新时期梁启超就曾指出：“西人学堂悉有专书，岁为一编，月为一卷，日为一课，小学有小学之课，中学有中学之课，专门之学各有其专门之课”，而知识分类和体例改良是新式教本与传统的最大不同，这已经成为晚清很多学者的共识。[11]这套地理教科书的分课体例也是应运而生①。一般来说，地理教科书中的“章”更多地与知识内容体系关系密切，“课”则更多地与教学时段对应。当时的教科书未见“章”下面继续划分为“节”的做法，因此一章的内容往往较多，按“课”划分后，每课的内容则较少，便于教师和学生在一个固定的时间段学完。《本国中等地理教科书》虽在《钦定学堂章程》和《奏定学堂章程》颁布之前编写出版，但编者

① 可能是笔者所见资料有限，未见当时翻译的地理教科书有采用“课”结构的。

已经考虑到采用方便课堂教学使用的“课”结构，就当时我国地理教育从古代向近现代迈进的背景来说是一个进步。推测受张相文的影响，清末不少其他作者编写的地理教科书也使用了“课”的方式。在笔者看到的近 70 本地理教科书（含蒙学）中，有近 80%的教科书采用了“课”。不过“课”本身也有缺陷，如因“课”的划分更重字数多少，所以有同一主题会分为若干课讲解的现象，使内容稍显破碎。“课”的划分方法没有流行很长时间，进入民国后，地理教科书使用“课”的比例逐渐缩小，在笔者可以看到的民国 400 多本地理教科书中，仍旧使用“课”的仅占不到 20%。

张相文在自己编撰的《新撰地文学》中也没有继续使用“课”。因未见文献记载，推测与张相文在地理学方面的研究不断深入有关。张相文编撰《本国中等地理教科书》时，还是个普通教员，兼任地理、历史和文学的课程，《本国中等地理教科书》是他集学日本教科书体会和自己钻研地理所得的第一本著述。当时，他主要是从一个教员的角度思考编写教科书的问题，所以率先在近代地理教科书中使用了“课”的体例。到 1908 年编撰《新撰地文学》时，张相文已在地理学的研究上积累了更多的体会和成果，同时，地文学又与我国传统的舆地学完全不同，是一门来自国外的新学问。在这样的背景下，张相文没有再使用“课”的方式，使这本书得以比较完整地体现西方地文学的学科体系结构。此外，使用《新撰地文学》的学生年龄较大，可能也是张相文考虑的一个因素。

（二）游记式的教科书设计

笔者见到的四套地理教科书中，《初等地理教科书》的编写风格与其他教科书完全不同，可以算是独树一帜。教科书仍采用“课”的形式，但在知识的呈现方式上则采用游记的形式，这在清末地理教科书中很少见。张相文设置了一个野外游历的学习情境：名为勤学的儿童与其父、其兄先是在家附近散步，后是远行他乡。父子或兄弟两人边走边聊，“就目前所见随处指点”，依次涉及了河水流向、作物种植与土壤和气候的关系、地形的作用、城镇及乡村、交通道路、人的生活与河流、沙漠、河堤、河口和三角洲的形成、湖、泽、盐湖、平原及高原、县、州、厅、府、省城、京城、京城内机构、会同馆、公使馆、世界上分国概况、海口、商埠、军港、海、洋、群、海湾、半岛、火山、地球、经纬线和经纬网等知识。张相文在该书的编写凡例中说明：儿童学习地理应该“由近及远”，即从身边的地理事物学起。[6]凡例这种结构没有按照地理科学顺序，没有分门别类系统地讲述，而是边走边看边讲，走到哪讲到哪，看到什么学什么。貌似乡土地理，却又不涉及具体的地域。这种写法甚至都不易给出目录，所以这本教科书的目录只有课的编号，而没有课的主题，也许正是内容特点所致。

游记的体例易于使课文的表达方式通俗易懂。因为设置的情境正是一个初学地理的童子游历的过程，自然对话多使用日常生活用语，并使用了一些比喻。例如，在勤学的父亲为他解释水流现象时，就使用了当时生活中常见的“檐溜”的现象：“且汝不见檐际之溜乎，时而大雨倾盆，其水必由瓦楞而归于溜筒而入阳沟。此皆由高趋下，自然之理也”，[7]中卷 2 并附一张插图说明。在讲到沙漠时，课文为：“勤学乃悟大抵近水之乡，厥土泥涂，无所为旱沙也。惟道上尘埃随风飞扬，约略似之耳。勤学因浅悟深，由近及远，乃与其兄欣然而归。学问因之大进。”[6]中卷 18 语言类似讲故事，易于引起儿童的兴趣。

本教科书的游记体例又与同时代其他游记体教科书有所不同。同时代管圻编纂的初等小学用《中国地理新教科书》，其体例也类似游记，主要表现在两课之间的衔接。例如，在讲完京城讲天津时，作者使用了这样的开场白：“从京师乘火车而东南行达天津府治也”；[12]3 从天津转至讲大沽口则有：“乘火车覆东南行至于塘沽……”[12]4 的写法。这是一种客观的写法。《初等地理教科书》则带有很强的主体色彩，将读者——学童勤学融入教科书的情境中，仅看一课便能分出二者的不同：“昔有童子名勤学，聪明，善读书。尝从其父游于河干，俯视水流汩汩，无一息停者，勤学问其父曰水之流也亦有说乎，其父曰，水性避高而趋下，故观水之流，知上流地势必高于下流”。[7]中卷 1

对张相文编撰的地理教科书，后人评价颇多，但未见对这本教科书的评价。该书特点鲜明，生动活泼，颇具初等地理教学的特色，或因与学堂章程的规定不符，或过于依赖乡土地理的实践，未能在当时产生较大影响。其后代张天麟在《张相文对中国地理学发展所作的贡献》一文中写道：“《初等地理教科书》，即蒙学，张相文设计一个小儿名为勤学，随父亲游历山川城郭、海内海外，小儿见疑启问，父亲随问随答。一问一答的形式，使读者学到了地理知识。后这种形式被许多科普作家所采用”，[13]85-86 说明该书在社会文化传播的其他方面可能起到了更大的影响。

（三）比较丰富的地理图像

张相文曾称自己所编的地理教科书，既区别于传统的考据家所讲之地理，也区别于当时流行的“苦难记忆”的“问答之书’和“歌括之篇”。他认为自己所编的“地理科之书，每附有闲情画片，博儿童之兴味，即以引起其脑力之记念。”所附精良的图本，“与书辅行”，“凡山水市港，形势区域，朗若列眉”。[10]编辑大意 可见在我国清末近代地理教科书兴起之初，编者就已十分重视地理图像的使用。

在张相文的这五套书中，共使用地理图像 230 张，其中地图 37 张、地理示意图 48 张、统计图 3 张，其余为地理景观照片、素描图或实物图等。这些图像与课文关系密切，有利于学生理解比较抽象的地理概念，或者为学生补充地理事物的直观信息。在《初等地理教科书》中，图像甚至用来替代文字教授常用的地理概念。该书的上卷包括了 30 个作者认为常用的地理词汇：如指南针、山、陵、林、冈、沙漠、坂、山麓等，其中前 11 课的地理词汇均只用素描图解释，后来的地理词汇才增加了文字解释。

从褚亚平先生地理教材三系统理论①看，张相文编写的地理教科书已经有了比较丰富的地理图像系统，图像的种类和使用与今天相差不多，只是因为技术发展的程度不同，在图像特别是地理照片的质量上还不是很理想。

（四）“提问”的设计

清末时期的地理教科书，还处于只考虑教科书内容的阶段，对教科书编写如何与学生学习活动联系起来，是后来的教科书编者才逐步意识到的事情。在这种历史背景下，张相文《蒙学中国地理教科书》和《蒙学外国地理教科书》出现了“提问”的设计，这一点值得关注②。两本教科书“提问”的设计形式一致。提问放在每课之后，问题的数量各课不一样，大多数课后有一到两个问题，也有个别课有三问。提问形式很简单，直接写明“问……”。例如：《蒙学中国地理教科书》第一章第一课“世界大势”后有两个提问：“问世界如何？问古时各国，何以不相往来？”[10]1 这课的课文只有30个字，相比而言，提问的内容就很多了。《蒙学外国地理教科书》中的问题比较多，例如，第六章“北美洲”第三十课“总论”课后有如下提问：“问北美洲有何大山？有何大河？何处去亚洲为近？”[13]21 虽问题的答案绝大部分可从课文中直接获得，属复习性质的简单提问，但在中小学地理教科书编写技术上已是一进步。

张相文编撰的地理教科书不仅在学校地理教科书的历史上具有重要的意义，而且在引入西方地文学体系，促进我国近代地理学发展方面上也有不可忽视的历史贡献。今天的形势已完全不同，小学已不开设地理课，中学地理教科书也早已定位在普及教育，但张相文及其地理教科书编撰仍给我们以启示，优秀的地理教科书一定要能及时反映时代进步，密切联系中国现实，而且对某一历史阶段的地理教育来说具有创新和引领价值，能弃简单模仿，敢开风气之先，这样的教科书才能在我国乃至世界地理教育发展中留下深刻足迹。

参考文献

[1] 舒新城. 中国近代教育史资料（中册）[M]. 北京：人民教育出版社，1961.

[2] 张相文. 新撰地文学[M]. 上海：上海文明书局，1908.

[3] 张相文. 蒙学中国地理教科书（第26版）[M]. 上海：上海文明书局，1909.

[4] 张相文. 本国中等地理教科书增订版（下卷）[M]. 上海：上海南洋公学，1902.

[5] 吴海涛. 清末地理教科书：进步中难掩“舆地”痕迹[N]. 中华读书报，2012-12-19（14）.

---

① 参见褚亚平、林培英撰写的《学校地理课本系统的大结构模式及一体化原理》，刊于《北京师范学院学报》（自然科学版）1991年第1期。

② 清末另一位学者经家龄编写的《高等小学地理教科书》亦有提问，但该书无出版日期。从与之配套的讲授本出版日期看，应不晚于1906年，与《蒙学中国地理教科书》同期。但当时大部分地理教科书都没有“提问”的设计。

[6] 张相文. 初等地理教科书[M]. 上海：南洋公学师范院，1906.

[7] 张相文. 本国中等地理教科书上卷[M]. 上海：上海南洋公学，1901.

[8] 于波. 张相文与近代中国地学兴起[M]. 昆明：云南大学出版社，2011.

[9] 张相文. 蒙学中国地理教科书（第16版）[M]. 上海：上海文明书局，1905.

[10] 毕苑. “蒙学教科书”：第一部中国近代教科书[N]. 中华读书报，2009-05-13.

[11] 管圻. 中国地理新教科书（上册再版）[M]. 上海：上海乐群书局，1907.

[12] 张天麟. 张相文对中国地理学发展所作的贡献[A]. 张亚修. 张相文：中国近代地理学奠基人[C]. 北京：中国文史出版社，2008.

[13] 张相文. 蒙学外国地理教科书[M]. 上海：上海文明书局，1903.

我国清末中小学地理教科书内容结构研究①

学校教科书的内容结构反映教科书编者对该课程内容体系的基本认识，也反映教科书编者对学科教学基本原理和学科教学方法的理解和接受程度。在我国基础教育教师仍以教科书为最重要教学用书的背景下，教科书的内容结构有可能影响学生对该学科的认识以及相关认知结构的形成。因此在教科书的研究中，内容结构一直是研究者和使用者关注的焦点。本研究是国家社科基金重大项目“中国百年教科书整理与研究”子课题地理教科书研究的部分内容，目的是对清末中小学地理教科书内容结构问题进行探讨，为研究我国地理教科书的继承和发展提供历史基础。

清末是具有近代意义的地理教科书开始大规模出现的时期，[1]本研究以人民教育出版社现存版本为主要研究素材，选择其中 19 套保存完整且具有代表性的教科书进行重点分析。分析时以各套地理教科书的目录为基本研究对象，同时参考作者的编纂说明。

研究的视角来自当代学者提出的问题。1998 年，褚亚平等学者曾在《地理学科教育学》一书中系统讨论过中学地理课程结构和教科书内容结构的问题，涉及系统地理与区域地理组合、世界地理与中国地理安排的先后顺序、系统地理内部材料的组织安排、区域地理内部材料的组织安排、区域地理的分区等方面。书中详细分析了当时存在的各种不同意见和做法[2]，实际上是提出了研究学校地理教科书内容结构的视角，即从课程主题之间的各种排列关系入手。本文将从这个视角切入，通过对清末地理教科书内容结构的研究，试图找到当今地理教科书内容结构及争议问题形成的根源，并获得对当今地理教科书编写的启示。

① 合作者：饶悦榕，原载《地理教学》2014 年第 8 期。

基金项目：本文系 2010 年度国家社科基金重大项目“中国百年教科书整理与研究”（课题批准号：10 & ZD095，首席专家：徐岩）的研究成果之一。

一、清末中小学地理教科书内容结构分析

1. 中国地理与世界地理之间的排列关系

中国地理与世界地理的内容，是小学和中学教科书的基本内容。在笔者研究的教科书中，有 6 套同时包括了中国地理与世界地理的内容，其中童世高编《小学地理教科书》将世界地理排在中国地理前面，[3]其余 5 套均为中国地理在前、世界地理在后，可见当时“先中国、后世界”是比较普遍的结构，这与今天大部分义务教育阶段地理教科书“先世界，后中国”的编排正好相反。从教科书目录看，童氏的教科书体系比较完整，分地理基础知识、世界地理、中国地理三大部分。在排列上，从全球自然地理陆界、水界进入讲述世界大洲、大洋，似乎更顺理成章。其他教科书，除有一套资料不够详细外，中学的两套均以世界地理为主，中国地理都只有一章，作为世界区域的一部分放在“总论”之后、“世界地理”之前。小学的两套教科书《最新初等小学地理教科书》[4]和《最新高等小学地理教科书》[5]则没有总论，直接是“先中国，后世界”。

2. “中国地理”内部各主题之间的排列关系

分析中国区域地理的内容结构，可以从三个层面入手。第一个层面是中国地理总论与分区之间的关系；第二个层面是分区方法和各区之间的关系；第三个层面是区域内部诸要素的关系。本文主要研究前两个层面。

在重点分析的 10 套含有中国地理的教科书中，有 7 套区分出总论和分区，有 2 套仅有分区无总论，另有 1 套仅有总论无分区。总论与分论的关系可分为两种。第一种是“总论-分区”，即“总-分”的方式，教科书的前若干单元介绍中国地理的概况，后面再介绍分区地理。采用这种排列方法的有《初等小学中国地理教科书》《本国地理教科书》《中国地理学教科书》。

第二种是“总论-分区-总论”，即“总-分-总”的方式，教科书的前若干单元和最后几个单元介绍中国地理概况，中间则为分区内容。采用这种排列方法的有小学用《简明中国地理教科书》《绘图中国白话地理》《最新高等小学地理教科书》《中国地舆志略》。此外，大部分教科书的分论内容分量要远远大于总论，表明分区地理在当时地理教科书中更加重要。

在分区的方法和区域的排列组合的研究方面，本文先对有分区的 9 套地理教科书的分区及区域排列情况做了梳理。仅从教科书目录看，我们可以将教科书中中国地理分区方法分为以下几类：

第一类是直接讲分省地理，如《绘图中国白话地理》[6]《最新高等小学地理教科书》。这两套书省区的先后顺序基本一致，都是从东北三省开始，先讲北方各省，然后是南方各省，最后是西南、西北各区和蒙古。

第二类是“大片+省”的划分方法。如《简明中国地理教科书》《中国地理学教科书》《中国地舆志略》。三套书虽然大的结构相同，但“大片”的划分各有思路。《简明中国地理教科书》除了京师外，按“本部”、边界地区和外国租借地划分中国区域；[7]《中国地理学教科书》的划分可以归纳为大江流域、关东三省、西域、外藩部落。[8]《中国地舆志略》的内容结构层次稍多，第一层分为中国北境、中国中境、中国南境和海滨疆域；中国北、中、南境的标题下又分别划分出黄河上游境域、黄河中游境域、黄河下游及白河流域；扬子上游境域、扬子中游境域、扬子下游境域；西江上游各省、西江中游下游流域、滨海境域，这为第二层；第三层才是各省地理。海滨疆域下则直接是沿海滨域。各大片的顺序均是自北向南讲述。[9]第三类是在目录上将省、市并列编排，无明显层次，如《初等小学中国地理新教科书》《最新初等小学地理教科书》和《本国地理教科书》。但若仔细分析，也可发现其中是有设计的。如《初等小学中国地理新教科书》[10]《初等地理教科书》[11]和《最新初等小学地理教科书》[12]基本的排序都是大致沿海一线、南方一片和北方一片。各片及内部省、市的编排则难以归纳出某种顺序，似乎比较随意。

总之，清末地理教科书中中国地理分区内容结构的编排并无明显的规则，有简单分省的结构，有“大片-省市”的结构，也有省、市并列的结构。但各套地理教科书也有比较一致的地方，一是都有分省地理；二是大部分取自北向南、从沿海向内陆、从“本部”向“外藩”的顺序。

3. “世界地理”内部各主题之间的排列关系

清末地理教科书中世界地理的内容较中国地理要少。对有 6 套含有世界地理内容的教科书进行分析，也仅涉及世界地理总论与分区之间的关系和分区方法及各区之间的排列关系两个方面。6 套含有世界地理的教科书均可分出总论和分区两部分，但排列的方式略有不同。其中 5 套采用的是“总-分”的结构，另外一套采用的是“分-总”的结构。同中国地理相比，世界地理教科书不同版本之间的差别不大。

世界地理的分区也比中国地理清晰，大都是“大洲-国家”的结构，还没有出现“地区”的层次。在大洲的先后顺序上，均以中国所在的亚洲开始，排在最后的大洲或是美洲，或是大洋洲，无大的差别。世界地理的教科书大多有大洲总论，这样的编排弥补了世界总论的不足，也便于学生掌握大洲的特点。

4. “系统地理”教科书主题的排列关系

系统地理包括数理地理、自然地理和人文地理（政治地理）三大部分。在清末的中小学地理教科书中，系统地理有两种不同的安排。一种是与区域地理安排在同一套书中，作为其中的一部分，如童氏的《小学地理教科书》，系统地理就是其中的第一章；[3]再如《绘图中国白话地理》，第一册和第二册的前一章为系统地理。[14]另一种是独立的系统地理教科书，如张国维的《高等小学地理教科书》、张相文的《新撰地文学》等。在有系统地理的教科书中，主题的编排方法基本上都是“数理地理—自然地理—人文地理（政治地理）”，但并非每种地理教科书都安排有三个主题。比较特殊的是张相文编《初等地理教科书》，全书虽然以讲授自然地理和人文地理为主，但因教科书编写以“出游”为体例，致全书并无明显的学科系统结构。[6]总体来看，系统地理主题的排列比较一致，这与我国近代地理学体系主要借鉴国外有关。此外，当时有不只一本独立的地文学，但没有见到独立的人文地理或政治地理教科书，综合主题中的数理地理和自然地理内容也多于人文地理，反映了近代地理学发展的阶段性特点。

二、清末地理教科书内容结构特点和启示

1. 中西合璧，有明显的从古代向近代转变的特征

引入西方近代地理学科体系的划分和日本地理教科书的内容结构是清末地理教科书编撰中比较普遍的现象。清末是我国从封闭走向开放，为国家富强倡导学习西方的时代。1900 年之前，我国已经开始翻译或编译地理教科书，如南洋公学翻译了《蒙学课本》，被视为晚清最早由国人自编的新式教科书。“虽名为‘自编’，实际上‘大半译自西书，略加点窜’”，“内容涉及天文、地理、生理、卫生、饮食等各个方面。”[11]但当时很多西方的科学技术及教科书编撰成果都是“转道”日本由留日中国学生引进的，因此有学者认为，近代中国实施新式教育，是在日本及其他国家影响下进行的，“特别是中小学教科书的编辑，得益于日本之处颇多。”[12]地理教科书的编撰也不例外。反映在教科书的内容结构上，首先体现出西方近代地理学科体系的划分。除了区域地理划分为乡土地理、中国地理和世界地理外，还增加了一般地理学的基础知识，采用的体系大致为数理地理（天文、地球运动等）、地文学（自然地理）和政治地理（人文地理）。“数理、自然、政治是 19 世纪初期西方地理学著作中最常见的三分法，中国地理教科书编纂者，根据本国地理的叙述要求，略作变通，在各本中都隐约可见此种分类痕迹。”[13]在地文学的教科书中，其内容分类也是当时西方近代地文学的通用分类，大致为地质、地貌、水、大气、生物等。虽然教科书之

间会有差别，但大体上是一致的。日本地理教科书的影响，还反映在地理教科书的框架结构上，有研究认为，日本地理教科书“提供了比较完整的、成熟的框架结构和表述方法，也就是一般所说的教科书编写体例。这种体例与中国传统的地志完全不同……”[14]西方及日本对中国的影响已有很多著述，本文略加引述，是为了说明有关清末地理教科书内容结构的形成主要并非中国人的原创，而是国外已有内容结构的引进和改造所成。

2. 遵循学堂章程，但也有独立体系，呈现多样化的局面

依据学堂章程设计教科书的内容结构，也是清末许多地理教科书内容结构方面的共性。1903 年，清政府颁布《奏定初等小学堂章程》《奏定高等小学堂章程》和《奏定中学堂章程》。这些章程规定地理为全国中小学的必修课，并且对中小学地理教育的要义、内容、课时分配等做出了明确的规定。例如，《奏定初等小学堂章程》规定，初等小学五年均开设地理课，其内容为：第一、二学年讲授乡土之道里建置、附近之山水以及本地先贤之祠庙遗迹等；第三年讲授本县本府本省之地理山水、中国地理之大概；第四年讲授中国地理幅员大势及名山大川之梗概；第五年讲授中国幅员与外国毗连之大概名山大川都会之位置。在该章程的指导下编写的初等小学地理教材分为两大类：一类为各地方自行编制的乡土教材，供初等小学的第一、二学年使用，内容主要包括本土的先贤祠墓、近处山水、物产交通等；另一类为各印书馆、学堂等编制的讲述中国地理的教材，供初等小学第三、四、五学年使用。也有初等小学地理教科书编有世界地理内容，如商务印书馆编译所编纂的《最新初等小学地理教科书》第四卷为世界地理。[4]《奏定高等小学堂章程》规定在四年中讲授中国地理和外国地理之大要。在此背景下编撰的小学地理教科书，从第一年到第五年，其内容结构可大致描述为“乡土地理—地理基础—中国地理—世界地理。”高等小学的教科书有些增加了地球基本知识内容，如姚明辉编《本国地理教科书》，第一章为“地球”，其下内容依次为“地球的形状”“地球运动”“方位”“经纬线（度）”“四季”“昼夜”“五带”“大洲”“大洋”。[15]《奏定中学堂章程》规定：第一年讲地理总论及亚洲总论和中国地理；第二年讲中国地理；第三、四年讲外国地理；第五年授地文学。据此编撰的中学地理教科书明显地分为了地文学、中国地理、世界地理三个部分。地文学教科书则包括地球星学、水圈、陆圈、大气圈、岩石圈、生物圈这几方面内容。例如，屠寄编的《中国地理学教科书》“凡例”说明：“钦定中学堂章程五年卒业，因普通科学授业时间之配置，地理学一科，五年内得授业四百时间，就中一半属本国地理部授业之时间，一半属外国地理部授课之时间，此编即依此规定。”[16]从学堂章程规定和教科书与学堂章程的联系上，当时中学地理教科书的内容结构可大致描述为“中国地理—世界地理—地文学”。

学堂章程虽然是教科书的编写指南，但不同版本的教科书在内容的选择和切入角上也各有不同，故在内容结构上有一定的差别，形成了多种内容结构共存的局面。地理基础知

识和地文学教科书的内容结构比较相近。世界地理分区部分大都按照“洲-国家”的结构编撰。但区域地理总论与分论的关系上以及中国地理分区的排列上，教科书之间差异则明显增大。在总论与分论的关系上，存在“总-分-总”“总-分”“分-总”，甚至只有总论和只有分论的结构；在分区的内容结构上，存在中国地理分省、大片-省、无规则排列等多种结构。在中国地理与世界地理的关系上，大部分是“先中国，后世界”，但也有“先世界，后中国”的结构。这种现象除了与借鉴国外教科书结构有关外，也与我国自己的近代地理教科书发展刚刚起步、尚无理论研究和充分的实践有关，内容结构的设置因此难免存在“无序”现象。不过从另外一个角度看，当时地理教科书的内容结构还可以算得上是多样化，这是值得肯定的。

3. 教科书内容结构努力体现学生认知规律

清末地理教科书的编纂还没有明确的心理学理论基础，但在借鉴国外教科书内容结构和来自教学的实践经验共同作用下，当时的地理教科书仍表现出体现学生认知规律的努力。从小学到中学，当时地理教科书的内容结构有“螺旋式上升”的现象：中国地理和世界地理重复出现，逐渐加深；系统地理部分则从作为区域地理教科书的一部分逐渐上升到独立的地文学，体现了对学生认知规律的关注。前述内容结构上“似乎没有‘章法’”的《初等地理教科书》，其实采用的是更接近儿童学习地理的游记式结构，也体现了对学生认知规律的运用。

通过以上研究发现，100 多年前近代中小学地理教科书刚刚问世时，当代地理教科书内容结构设置遇到的各种主题排列问题大都已经随教科书出现。现在有些内容结构发生了明显的变化，如中国地理和世界地理的关系，清末时，区域地理“先中国，后世界”是比较普遍的结构；如今，绝大部分区域地理教科书都是采用“先世界，后中国”的编排。这种变化除了国人对世界认识的程度发生变化外，也与对学生学习地理心理、学习地理规律和教学适宜性的研究不断深入有关。在当时的背景下，教科书编撰者无疑是会把本国的事情作为重中之重。而现在很多人是从学生学习的角度考虑，认为先从世界地理学起更易于学生接受。在区域地理分区的方法和分区顺序上，因最新地理课程标准的颁布也有了显著的变化。有些内容结构则变化不大，如中国地理总论与分区部分的组合，现在的地理教科书多数仍采用“总-分-总”的结构。

对清末地理教科书内容结构梳理获得的另一点启示是，清末地理教科书的多样化有其特殊的历史背景，未必是理想状态，在地理教科书编写理论和技术都更为先进的今天，教科书的数量大大减少，其内容结构设置无序的现象也有了根本的改变，但我们要面对另外一个更有意义的问题，即如何保持不同版本地理教科书内容结构的多样化和不断吸收更先进的经验来保持地理教科书的活力。在这方面，100 年前的地理教科书，也有今天可以借鉴的地方。

参考文献

[1] 邹振环. 晚清西方地理学在中国[M]. 上海：上海古籍出版社，2000：407-414.

[2] 褚亚平，等. 地理学科教育学[M]. 北京：首都师范大学出版社，1998：104-110.

[3] 童世高. 小学地理教科书[M]. 上海：昌明公司，1907："目录".

[4] 商务印书馆编译所. 最新初等小学地理教科书（一）[M]. 上海：商务印书馆，1906："目录".

[5] 谢洪赉. 最新高等小学地理教科书（一）[M]. 上海：商务印书馆，1906："目录".

[6] （作者不详）. 绘图中国白话地理（第一册）[M]. 上海：彪蒙书室，1905："目录".

[7] 谢观. 简明中国地理教科书（上册）[M]. 上海：商务印书馆，1911："目录".

[8] 屠寄. 中国地理学教科书[M]. 上海：商务印书馆，1909："目录".

[9] 徐汇. 中国地舆志略 [M]. 上海：土山湾印书馆，1906："目录".

[10] 管圻. 初等小学中国地理新教科书（上册）[M]. 上海：乐群书局，1907："目录".

[11] 张相文. 初等地理教科书[M]. 上海：南洋公学师范院，1906.

[12] 欣玉. "得尺得寸，为早年一溉之计"——南洋公学译书院的翻译出版活动[J]. 重庆工商大学学报（社会科学版），2012，29（4）：106-110.

[13] 徐冰. 中国近代教科书与日本[J]. 日本学刊，1998（5）：108-115.

[14] 倪文君. 近代学科形成过程中的晚清地理教科书述论[J]. 华东师范大学学报（哲学社会科学版），2006（5）：112-117.

[15] 姚明辉. 本国地理教科书（卷一）[M]. （出版地不详）澄衷学堂，1906："目录".

[16] 屠寄. 中国地理学教科书[M]. 上海：商务印书馆，1909："凡例".

探讨中学地理教学的“图层方法”①

地理信息系统不仅是我国高中地理教学的内容，也可以作为教学的辅助工具。目前地理教师利用地理信息系统辅助教学的还不多见，主要原因在于地理信息技术是一门需要足够的硬件和软件的“高技术”，在这方面，我国中学的条件还不能满足技术应用的需要。但是地理信息系统并不仅仅是“技术”，它已经从“技术”发展到“科学”，其中一些基本的技术和思想，在没有“高技术”的条件下也可以运用到中学地理教学中，为打开地理教学新思路做出贡献。“图层”就是这样一种技术。

2003 年，笔者从美国国家地理教育网站上看到一篇地理课堂教学的教案，标题是《区域图层——低技术含量的地理信息系统》。②方案中安排中学生通过使用地理信息系统中的图层技术探究一个地理区域的自然特征，但学生使用的是透明胶片而非计算机的地理信息系统软件。这篇教学设计给予笔者最初的启发：用“低技术”地理信息系统教学，除了可以达到直观、形象了解该技术特征外，还可以渗透该技术内含的地理思想。在以后的若干年内，笔者不断与大学同事、师范生和中学地理教师交流这种想法。2004 年准备申请高中地理教材编写立项时，根据这种思考设计了农业区位因素章节（见林培英、杨国栋等著《高中地理教科书的文本比较研究与编写实践》）；2006 年作者参与北京郊区初中地理教师培训项目，当地中学教师利用类似的方法设计并实施了一节公开课（见本文“背景资料 1”）；2008 年笔者主持教育部师范司高中新课程远程研修项目，参与课程开发的优秀高中地理教师又设计实施了类似的研究课例（见本文“背景资料 2”）。此外，从其他渠道也了解到有类似研究课或复习课的存在，例如，利用图层叠加技术复习区域地理知识[1]。基于上述中学地理教师的实践和作者多年的思考，本文探讨了“图层”概念和技术在中学地理教学中的应用。

① 原载《课程・教材・教法》2014 年第 8 期，人大复印资料《中学历史、地理教与学》2014 年第 11 期全文转载。

② 作者 2003 年在美国国家地理教育网站上看到由 Gary E. Miller 提供的 *Regional Layers: Low-Tech Geographic Information Systems* 一文（http://education.nationalgeographic.com/archive/xpeditions/lessons/05/g912/gis.html? ar_a=1），翻译后发布在作者的博客上：http://eblog.cersp.com/userlog/99/archives/2005/406.shtml。

一、基本概念

1. 图层

“图层”，简单地说就是层状信息。在使用广泛的图像处理软件 Photoshop 中，“图层”是一个基本技术，人们用它来分别处理图像上的不同内容，每次处理的内容就构成一个“图层”，最后将不同的图层叠加成目标图像。甚至在传统的手工制作中，也能看到“图层”的影子。例如，立体画的制作，人们在不同的硬纸片上分别画上云、山、树、人等图形并剪裁下来，再将这些图形按某种前后顺序垂直粘贴在底板上，从正面看，就是一幅有层次的立体画。

在地理信息系统中，“图层”即“描述不同地理要素的专题层次”，“不同要素的地理空间数据也常常分别地加以组织，形成同一区域的多重图层或专题数据层次……”[2]地理图层是地理信息系统数据存储和表现形式。

在与地理有关的实际应用中，“图层”中的“图”是指专题地图，“层”是指在某一特定框架下相互关联的若干幅专题地图，其中基本地图呈现主题框架，如某一区域的轮廓图；其他则为可供选择叠加的数据图层。某一类数据可以在底图上独立显示，也可以叠加在一起构成新的地图，例如，道路、河流、建筑、行政区域划分、表面海拔高度等，都可以构成专题图层。在电子地图的使用中，用户可以选择在某城市的地图上单独显示大型购物中心，这里大型购物中心的分布图就是一个“图层”。

“图层”的使用可以是基于计算机的，也可以是非计算机技术的，如使用透明材料绘制地图图层再进行人工叠加。在地理课上，一些简易地理教具的制作也应用了“图层”的原理，例如，使用玻璃片制作的等高线地形图模型，每张玻璃片就可以理解为一个“图层”。不论是计算机处理的“图层”还是用普通材料绘制的图层，基本的要求是“透明”。

总之，“图层”有以下几个重要特点：信息呈层状显示；每层的空白处是透明的；多层信息组合起来形成新的俯视图。假如我们用橡皮泥制作了一个地层模型，从侧面看确实是层状的，但不能说它是“图层”，而玻璃片制作的等高线地形模型就可以这样说。上述三个特点都具备，相关事物才具有“图层”的意义。

2. 作为教学方法的“图层方法”

当人们用“图层”技术进行地理专题教学而非单纯呈现叠加后的信息分布时，就会形成一种由技术扩展开来的教学方法，可以称其为“图层方法”。“图层方法”是利用地理信息系统图层的概念和技术来开展地理教学的方法。与讲授法等涵盖面很广的方法比较，它多限定在某些特定内容上；同“情境教学”“探究教学”等一般教学方法比较，它是一种地理特色教学方法。“图层方法”中的“图”目前仅指地理要素分布图，“图层”指用于同一主题学习的若干张透明要素分布图，这些图的比例尺相同，呈现的地理要素不同；一般来说，每一张图仅表示一种地理要素。“图层方法”主要由图层的建立和利用图层讨论地理主题两个核心部分构成。“图层方法”并不依赖特定的教学仪器设备。

“图层方法”的名称似乎有些过于具体和依赖技术。在实际课例中，一些教师也并没有直接使用“图层”的概念，而是根据课堂教学的活动设计，将自己使用的方法定义为“情境教学法”“任务驱动法”甚至是“探究法”。我们也可以将“图层”技术的运用定义为“多因素分析法”或“综合分析法”，这种命名较之“情境教学法”等方法更接近该方法的本质。但上述方法的名称都过于上位和宽泛，模糊了图层利用本身的地理特点，所以本文选择使用“图层方法”一词，突出其方法与地理教学内容的融合。

二、“图层方法”的使用

为了读者阅读方便，本文提供两个背景资料，呈现我国初中和高中两节利用“图层”上课的缩略过程。

背景资料 1　澳大利亚的养羊业分布

来源于 2006 年首都师范大学与北京顺义区合作进行的初中地理教师研修项目，由顺义三中李学会老师设计并授课。

课前教师将全班学生分成了水源组、气候组和地形组三个小组搜集资料。

课上教师先介绍养羊需要的基本条件。

学生以小组为单位，模拟澳大利亚的牧场主，找到单一要素下最好的牧场场址。

小组讨论结束后，每个小组派代表介绍他们选择的牧场以及做出选择的理由。三个小组选择的理想范围自然是不一样的。

教师要求学生进行第二次分组讨论，内容是根据其他小组的汇报，是否需要修改本组的选择。

全班进行第二次讨论，水源组的学生改变了自己的选择，其他两个组没有变动。

教师引导学生关注三个组选择重合的区域，结合澳大利亚养羊业的实际情况进行总结归纳，并补充学生没有注意到的因素。

教学过程中，教师使用 PPT 地图来展示各组学生的选择。

背景资料 2　棉花生产布局影响因素分析

来源于 2008 年教育部师范司组织的高中地理新课程远程培训开发的课例，由北京四中安迎老师设计并授课。

教师提出要研究的问题：“中国哪些地方适合种棉花？”

引导学生关注解决这个问题的前提——棉花生长需要的自然条件：光照、热量、降水和地形。教师使用 PPT 分别呈现这四个条件的具体数值。

教师分发学习用品和资料：中国地图、PPT 呈现的四份资料、空白投影片、水彩笔。

布置任务：能不能利用这些资料，非常准确地把中国适合种棉花的地方画出来？

学生分组操作。

完成绘图后，教师展示各组的结果并对此展开讨论。

教师提出新的问题：是不是真的只有这些地方在种棉花？

教师提供我国实际产棉区，和学生一起分析为什么与刚才绘制的理想分布图有差异，引出灌溉、科学技术、市场等非自然因素，并得出结论：自然条件只是棉花种植的一部分因素，它还会受到一些其他条件的影响。

给出概念：农业区位选择。

结合前面提及的美国教案，三个课例有一些共性的东西可以作为“图层方法”的组成成分。

1. 提出问题或布置学习任务

“图层方法”本质上属于任务驱动类的方法，所以教师为学生设计的问题属于加里·鲍里奇问题分类中的“开放性问题”和“复杂问题”[3]。若以学习任务的方式呈现主题，该任务也会具有较大的综合性和探究价值，需要较长的时间完成。例如，美国的教学设计中，特定的学习任务几乎贯穿整个教学时间 3～4 个小时；我国中学地理课一般时长为 45 分钟，“澳大利亚”一课养羊业分布的内容用时约 37 分钟，“农业区位”一课我国棉花生产布局用时约 25 分钟。

2. 建立图层

建立图层是“图层方法”的特色部分。在典型的课例中，图层一般由学生自己建立而非使用现成的，这是“图层方法”与常规地图使用的区别。建立图层不仅仅是为了获取“叠加”需要的材料，其本身就是一个学习过程。学生在制作图层的过程中，会不断学习、熟悉、领会有关地图和地理专题要素分布的知识，并增长绘图的技能，也期望有激发学生兴趣的作用。

学生建立的图层均为草图或示意图，图层的精准和美观并不重要。学生可以采取各种可能的绘图方法，教师也可以采用不同的展示方式。在我们所给的课例中，学生有两种绘图方式，一种是在纸质的专题地图上用彩笔描画出专题要素的分布范围，另一种是将透明胶片覆盖在纸质地图上描绘。教师也有两种展示方式，一种是直接将学生绘制好的透明胶片放到投影台上展示，另一种是根据学生在纸质地图上的描绘，当堂描绘在 PPT 底图上进行展示。

利用地理信息系统软件建立图层，属于“高技术”应用，在技术层面上更接近“图层方法”的本源，但“建立图层”内涵的教育意义与学生手工绘图就有了根本的不同。采用何种方式，除了条件制约外，还要看教学的目的。目前来看，我国绝大部分学校还不具备“高技术”建立图层的条件。对地理信息系统感兴趣且有开发能力的地理教师，可以利用选修课或活动课的形式让学生建立图层。

3. 图层叠加

图层叠加是这种方法的另一特色部分。“叠加”本身很简单，如果使用地理信息系统就是点一下鼠标的事，手工叠加也并不费事。但作为一种教学方法中的“叠加”，它是与建立图层相对的学习过程。图层建立是个将学习对象分解的过程，“叠加”则是将分解后的要素再综合的过程。因此，为什么叠加、将哪些图层叠加就是需要围绕教学目标精心设计的环节。大部分教学中的“叠加”是将若干张透明材料绘制的示意图叠置在一起，但也有教师将学生绘制出的不同示意图直接转绘到同一张地图底图上，虽无“叠加”的动作，却仍有“叠加”含义。

4. 结果讨论

如同任何活动式的教学方法，最后都有讨论的环节，“图层方法”的运用也是如此。结果的讨论要依据教学目标并联系学生已有的地理知识基础，并由讨论归纳出学生应该了解的新的地理知识。

三、“图层方法”研究的意义

1. “图层方法”与地理学本质的联系

“图层”并不仅仅是技术领域的专用概念。早在 1927 年，德国地理学家阿尔夫雷德·赫特纳就在他的《地理学：它的历史、性质与方法》一书中对地理学的研究领域做了如下形象的描述，他使用地理要素层状分布和叠加作用的说法，其中已包含现今“图层”概念的全部特点：

可以把地理学的内容设想为一个填满了的空间，它的底面是地表，而其中各种自然界和它们的各种不同的现象群成层状迭置起来。……当人们在这个空间以外从旁把目光自下向上扫视时，就会依次看到每一个范畴的现象分布；使这种做法遍及整个地球，那就是一般地理学的考察。如果从上向下看……我们设想目光能够透过这些层次，就可以同时看到所有的现象；这是属于特殊地理学即地志学和景观学的考察。[4]

赫特纳用形象的说法描述了地理学的两大研究领域，读起来更像是人类看待我们生存世界的两个不同视角。系统地理的研究者关注地球表层某一要素，研究它的变化、影响和地区分布，视角是“自下而上”的，分别看到构成层状体系的每一个要素；区域地理的研究者关注地球表层要素复合体的现象和地区分布，视角是“自上而下”的，看到的是各个层状要素重叠以后构成的区域，所有要素都以某种联系共同存在于一个水平平面上。后来的美国地理学家哈特向将这种说法做了进一步的概括：

如果我们把地理要素的变化看作仿佛是包含在与地球表面相平行的面上的，那么所有这些要素合起来，就在地球表面上空的不同高度上形成一系列表面。在系统地理学的任何一个部分，人们把单层表面上有一切变化与其他诸要素表面上的变化可能有的关系联系起来研究。然而在区域地理学中，我们却垂直通过所有各层表面了解下一个有限部分，以求理解一个地区中这些表面的特点的总合。[5]

哈特向重申赫特纳的观点时明确使用了“系统地理学”和“区域地理学”的分类，并突出了地理要素分布的“平行面”特点。为了更清楚地表明赫特纳和哈特向对系统地理与区域地理图层关系的描述，本文借用图 1 将其可视化。在图 1 中，*R*～SR 为系统地理研究的各个地理要素，*E* 图为 *R*～SR 叠加后形成的综合图形，可以理解为区域地理关注的部分。“图层方法”的内涵是基于上述两种地理学视角的，是这种视角融合的最直接体现。因此，在教学中，“图层方法”的认识论意义和方法论意义要大于其单纯工具的意义。

当然，地理学研究中的系统地理与区域地理交叉的视角具有很强的专业性，中学地理教学没有必要将它们全部教给中学生（地理视角也不是直接教授出来的），本文考虑到中学地理课程特点中的“复杂性”和“区域性”正是来源于这两个视角，作为教师，如果选择“图层方法”进行地理教学，理解二者之间的关系是必要的。

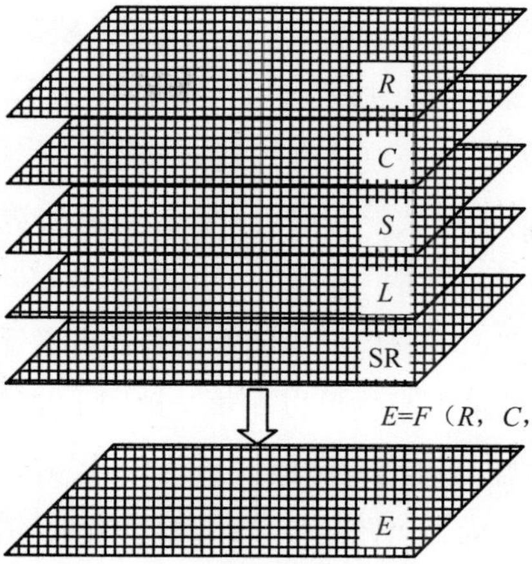

图 1　图层叠加示意[6]

2.“图层方法”的地理教学方法论意义

“图层方法”在分析综合方面具有优势。分析综合是地理教学的基本方法，用来帮助学生体验由简单到复杂、由单一到综合的认识过程。任何地理学习对象都是综合的，将其分解开来不过是为了认识和理解的方便。例如学习影响气候的主要因素，往往会把一个气候现象的产生分解成纬度、海陆位置、地形地势、大气环流形式、洋流、人类活动等单一的因素讲解；学习一个国家或地区，实际也是将它“分解”成位置、地形、气候、河流、城市、工农业生产、人口等多个特征处理。地理学习“分解”的过程一般是由地理教科书和地理教师完成，且有一定的规律，以避免学习抓不住头绪的困境。但“分解”很多时候并不是地理教学最终目标所在，例如，学习农业区位的知识，教学的目的不是主要让学生知道气候对农业有什么影响、土壤对农业有什么影响等，严格地说，这些是“农学”的知识而非地理学的知识。地理教学希望学生能够理解为什么这块地方人们在种植某种作物，这就比理解单一因素与农业的关系更接近“地理”。更理想地，是让学生理解为什么这个地区不仅有农业，还有其他人类活动形式存在，这比理解为什么这个地区有某种农业类型又接近了“地理”的实质。“国家”和“地区”的学习也是如此。就知识来说，教学的最终目标不是让学生记住一个国家的某一特征，而是形成有关这个国家的整体印象，这就是“综合”。“综合”的过程即使不用“图层”技术也会是一个隐性“叠加”的过程，例如，如果教师以“分解”为前提问学生，这个地区的气候适宜，为什么不种植某种作物？教师就是在准备在“气候”因素上再叠加第二个因素，依此类推，直到回答完全部“为什么不种”的问题。这种分析综合可以不依赖技术，如使用由文字和线条构成的示意图或关系图。这种方式比较简单，但有些过于表面，且无法表现要素之间的关系。“图层方法”的原理也是先分解后还原，其优势是直观、形象，可用来弥补关系图的不足，更方便地完成前述逐步接近地理本质的学习过程。其中的道理就在于“图层方法”实际上是把一般只在概念、想象中的内容，变成了可操作的对象——一张张可用于叠加的图层，使得比较“虚化”的地理要素有了物化的“替身”，这无疑会搭建从具体到抽象的桥梁。从这个角度看，貌似专业性很强的“图层”概念，在作为地理教学方法后，会起到使教学“通俗易懂”的效果。

在地理事物分布关系的学习方面，“图层方法”可以用来拓展一些传统教学内容的教学意义，如地理事物分布关系的学习。不同地理事物空间分布的关系是中学地理教学中的基本内容，只要不过于复杂，不同的地理事物可以在单一地图上呈现，学生通过静态观察来理解它们之间的相互关系，如山脉与河流流向的关系。“图层方法”则可以将这种常规的读图分析变成动态的探究性学习。因为“图层”可以灵活叠加，教师就有可能为学生创建一个“如果……会……”的探究情境，学生也可以根据自己的设问选择叠加的图层和数量，再通过观察结果回答自己的问题。“图层方法”实现这一过程的原理，是先将传统地图册上的既定内容转化成“未知”的内容。

在地理数字的应用上，“图层方法”利用了地理数字的工具性，为学习附加了量化特征。如“背景资料 1”和“背景资料 2”所示，学生在建立图层的时候，都多少要涉及量化的指标，如降水量、积温等；在分析叠加结果时，也会用到量化的指标。教学的目的并非是让学生记住这些地理数据，而是为他们提供学习使用地理数据的机会，客观上也使地理教学“自然科学”的属性有所体现。

上述意义更多体现的是“图层方法”的技术性。如果有需求且具备了条件，教师也可调动“图层方法”的地理性来帮助学生更好地建立地理概念和丰富教学内容。例如，“图层方法”涉及的“区域地理”内涵。从前述两个课例看，在使用“图层”学习的过程中，学生操作的“区域”范围是在不断变化的，有形态（区域结构）的变化，也有面积大小的变化，直观地反映出多因素对区域边界形成和区域范围的影响，如叠加的因素数量不同，最终可选择的范围大小也会不同。对于区域范围无法变化的学习对象，如国家或地区的学习，因素的不断叠加会改变区域的总体特征，如果再有其他技术配合，可以发现景观上的变化，从中可以了解和理解区域地理事物丰富性程度的变化。

在不同的教学目标达成过程中，“图层”的应用也会因教学目标不同而有一些技术上的细微差别。在地理原理性知识学习的过程中，主要取“图层”中重合的部分，在被叠加之后，具体因素就会自动“消失”在叠加区域内，这时建立的“图层”，多用封闭式曲线表示地理要素。在区域丰富性的呈现上，则主要取“图层”中的非重合部分的“合成”，一如使用电子地图上的查询功能“多项目查询”后的结果。

3. 丰富中学地理教学方法体系

教学理论来源于教学实践。不断尝试新的想法，发现、总结、提升中学地理教师的教学实践，形成独特性较强的地理教学方法，可以丰富中学地理教学方法体系，进而丰富中学地理教育的理论。

综上所述，“图层”可以直观、形象地揭示地理学研究的视角，不仅是地理信息系统这种高技术的基础构成，也可以通过“低技术”方式用于中学地理教学。“图层方法”在初中和高中均有使用，但目前尚属具有地理特色的“小众”教学方法，可供感兴趣的地理教师选择使用。

参考文献

[1] 肖云好. 基于图层叠加的区域地理复习模式[J]. 地理教学，2010（10）：54-55.

[2] 刘南，刘仁义. 地理信息系统[M]. 北京：高等教育出版社，2002：11.

[3] 鲍里奇. 有效教学方法（第四版）[M]. 南京：江苏教育出版社，2002：211-214.

[4] A. 赫特纳. 地理学：它的历史、性质与方法（中译本）[M]. 北京：商务印书馆，1927：145-146.

[5] R. 哈特向. 地理学的性质（中译本）[M]. 北京：商务印书馆，2012：507.

[6] 华一新，赵军喜，张毅. 地理信息系统原理[M]. 北京：科学出版社，2012：163.

论中学地理课程性质中的学科属性①

摘　要：明确中学地理课程的性质，不仅是地理教育理论研究中要做的基础工作，更是有助于教师从整体上把握地理课程及其在中学课程体系中的位置，并据此选择自己的教学方法。研究地理课程性质是一种对“什么样课程”的追问，也是“破茧”的探索。受地理学性质多样化的影响，目前我国内地中学地理课程性质和其学科属性是多元的，尚不存在清晰的统一内涵，由此带来地理课程性质确定中理论与现实的冲突。梳理这些问题的表现和影响因素，将有助于理解中学地理课程现状和未来可能的发展。

关键词：中学　地理　课程性质　学科属性

一

义务教育地理课程标准实验稿已完成第一轮修订，修订过程中进一步明确了义务教育阶段地理课程的性质。普通高中地理课程标准也将开始修订，明确课程性质也会是其中的基础工作之一。目前存在的问题是，因地理教育界对中学地理课程性质的专门研究极少，在对地理课程性质的理解和表述方面存在一些不够明晰的地方，导致一些中学地理教师也不清楚自己在教授什么样的课程。本文试图对此进行探讨。

课程性质即课程的本质属性，主要是关于“这是一门什么样的课程”的问题。目前中学课程性质的表述形式并不一致。以 2011 年颁布的义务教育部分初中课程标准为例，大部分课程的课程性质兼顾了义务教育培养人的总目标和课程内容的学科特点。例如，历史课程的性质具有“思想性”“基础性”“人文性”和“综合性”，物理课程和化学课程的性质表述使用了“基础”“实验”“联系生活实际”等概念，体育课程的性质具有“基础性”“实践性”“健身性”“综合性”。有些课程性质主要关注课程内容的性质。例如，英语课程的性质为“工具性”和“人文性”，音乐课程具有“人文性”“审美性”“实践性”等性质，

---

① 原载《课程·教材·教法》2015 年第 6 期。

美术课程的性质为“视觉性”“实践性”“人文性”“愉悦性”，艺术课程的性质为“人文性”“综合性”“创造性”“愉悦性”“经典性”等。也有个别课程性质仅突出课程的教育属性，如数学课程的性质定义为“基础性”“普及性”“发展性”，它们与数学本身并无显性的联系。一门课程的性质一般包含若干个方面，研究的角度也因此而多样，从课程内容、课程形态、课程实施、课程在教育体系中的位置等角度都可以对课程性质进行研究。本文仅从学科属性的角度讨论中学地理课程的性质。

为了理解上的一致，先对文中用到的科学、学科、课程、地理等基本概念进行简要说明。“科学”一词译自英文“science”。我国清末民初从西方引入“科学”概念时，该词主要指对自然的认识，与“自然科学”“理科”同义。现今“科学”概念的使用已经泛化。按照汉语词典的解释，“科学”是指反映自然、社会、思维等的客观规律的分科知识体系。除“自然科学”外，对社会现象的研究被称为“社会科学”，对人精神世界的研究亦被称为“人文科学”。“学科”则是指科学大类下的不同分支，如物理学、化学、地理学等，其中地理学又可分为自然地理学科、人文地理学科等。在大学，“学科”更多地与科学分类联系，如在教育部的学科分类中，“地理科学”是一级学科。所以，有时人们也会用“地理学科”作为“地理科学学科”的简称。在日常使用中，“地理科学”又会被简化为“地理学”。在中学，人们习惯用“学科”一词来区分不同性质内容的课，如地理学科、语文学科，一方面体现了教学内容与科学分类之间的关系，另一方面也有传承人类已有科学知识体系的含义。“课程”则是一个教育活动中常用的基本概念，有广义和狭义之分。狭义的课程仅指课的安排和教育内容，广义的课程还包括教育过程和教育评价。课程与科学、学科概念的不同，在于它是教育领域的专有概念，不论是狭义还是广义，“课程”的概念均是建立在“教与学”基础之上的，而“科学”和“学科”仅表明了知识的内容和体系。在谈及中学开设的科目时，“学科”与“课程”基本同义。本文认为，“学科”往往同类别明显、体系严密的专业内容联系在一起，而“课程”一词较之“学科”更符合中学教育的性质。所以本文在谈论中学地理课时使用“课程”而非“学科”一词。“地理”一词也会有两种理解，一个是指现有的中学课程名称，即“地理课”，另一个是指一组知识，即地理科学知识。这两个含义也容易在确定课程性质时混用而产生歧义。

二

中学地理课程内容的性质是地理课程区别于中学其他课程的本质属性，本文称其为地理课程的地理学属性或学科属性。在已有的地理教育研究文献中，很少有人撰文直接讨论地理课程的性质；在政府颁布的地理课程标准和地理教学大纲中，从 1923 年颁布独立的地理课程标准始，到 1980 年颁布的地理教学大纲试行草案，这其间的 16 个地理课程标准或地理教学大纲，也均没有对地理课程本身的描述。直到1986年，才第一次在地理教学大纲中描述了地理学和中学地理课程的定义、作用。这些内容出现在该版大纲的“前言”中：

地理学是研究人类生存的地理环境，以及人类与地理环境关系的一门学科。这门学科阐明了地理事物和地理现象的分布规律、世界和中国各地区地区与特征和区域差异。地理学与人类的生活和生产有着密切的关系。它在实现我国社会主义现代化建设中具有重要的作用。

地理课是中学必修的一门基础课程。学生学好地理课，可为进一步学习文化科学知识，参加社会主义现代化建设，打下必要的基础。[1]1

这段文字没有出现“性质”一词，只给出了地理课程的性质：“中学必修的一门基础课程”。因没有提及地理学的性质，所以课程性质中也没有提及内容的学科属性。1988—2000年的各版地理教学大纲均延续了类似的表述方法。

2001年颁布的《全日制义务教育地理课程标准（实验稿）》，首次提出“课程性质”一词，具体描述如下：

地理学是研究地理环境以及人类活动与地理环境相互关系的科学。它具有两个显著的特点：第一，综合性。地理环境由大气圈、水圈、岩石圈、生物圈及人类智慧圈等圈层所构成，是地球表层各种自然现象、人文现象有机组合而成的复杂系统。因此，地理学是一门兼有自然科学性质与社会科学性质的综合性科学。第二，地域性。地理学不仅研究地理事物的空间分布和空间结构，而且阐明地理事物的空间差异和空间联系，并致力于揭示地理事物的空间运动、空间变化的规律。地理学是一门既古老又年轻的科学，在现代科学体系中占有重要地位，并在解决当代人口、资源、环境和发展问题中具有重要作用。

地理课程是义务教育阶段学生认识地理环境、形成地理技能和可持续发展观念的一门必修课程，兼有社会学科和自然学科的性质。[2]1

这段文字点明了地理学的性质：“一门兼有自然科学性质与社会科学性质的综合性科学”，同时为地理课程性质补充了“兼有社会学科和自然学科的性质”这句话。至此，我们获得了第一个较为完整的地理课程性质的表述。这种表述突出了地理课程的内容属性，点明了中学地理课程的内容属性与地理学性质的关系。

2012年教育部颁布修订后的义务教育各科课程标准2011年版。此次修订带来的重要变化之一，是课程标准仅描述了中学课程的性质和特征，不再对其来源学科的性质和作用进行描述。学科性质会直接影响与之相关的基础教育课程的性质，但阐述二者之间的关系并非课程标准的职责。地理课程标准的修订也遵循此原则，将地理课的“课程性质”简明地表述为：“兼有自然学科和社会学科性质的基础课程”，并给出“区域性”“综合性”“思想性”“生活性”和“实践性”5个特征[3]1-2，细化了地理课程的内容属性与其他属性。

《高中地理课程标准（实验）》将高中地理课程性质定义为“高中地理课程与九年义务教育阶段课程相衔接，是高中阶段学生学习地球科学知识、认识人类活动与地理环境的关系、进一步掌握地理学习和地理研究方法、树立可持续发展观念的一门基础课程，跨‘人文与社会’和‘科学’两个学习领域。”[4]1-2 现有高中课程学科属性的定义与义务教育阶段地理课程定义无本质区别，最后落脚仍在“跨两个学习领域”上，只不过根据高中课程的整体设计，将“社会”扩充为“人文与社会”，“自然科学”改为“科学”。

将中学地理课程性质的学科属性描述为“兼有自然学科和社会学科性质”或“跨‘人文与社会’和‘科学’两个学习领域”，与课程实践形态是有一些冲突的。在实际学校课程的分类中，并不存在一个“兼有”或“跨领域”的类别。以高中为例，我国内地高中在高考备考阶段长期分文科、理科，即使未来文、理分科被取消，已经广泛存在于人们认识中的“文科”和“理科”的概念也会延续相当长的时间。而高中地理课在绝大部分情况下都会被认为属于“文科”，也就是说是在以地理课程内容属性中的“社会学科”部分为划分依据。换句话说，如果以地理课程内容属性中“自然学科”部分为依据，中学地理课程似乎又可以归属“理科”。我国大学地理科学专业就属于“理科”。与中学其他课程不同，地理课程与大学地理专业是分属于不同的科学分类的。这其中有个变化的过程。中学地理课程与大学地理专业的分科在早期是一致的。我国大学的地理学科，清末、民国时期也属文科，如清末，“地理”是文学科大学下设的一个“门”，名称是“中外地理学门”。[5]588 1913年公布大学令后，地理学仍设于“文科”之下。[5]652 1949年后，先是转归为“自然科学类”，后又几经变更，最终落脚在今天的“理学”门类。但中学的地理课程没有随之变化，从清末起至今一直属于“文科”，这就形成同样有跨学科领域的属性，在大学阶段人们更看重地理学科的理科属性，而在中学则更看重其文科属性。除了中学与大学地理课程的归属不同，不论被划分在“文科”还是“理科”，实践中被认可的中学课程内容性质也均与“兼有”或“跨领域”的课程性质表述不完全相符。这一点后面将有更多的讨论。

三

除了“兼有自然学科和社会学科性质”，中学地理课程内容还有一些其他常被提及的重要属性，如“综合性”“区（地）域性”“人地关系”“空间性”等。在教师提及中学地理课程的性质时，“区（地）域性”“综合性”等概念的出现要多于“兼有自然学科和社会学科性质”。上述学科属性是否有可能作为中学地理课程的本质属性还是仅仅作为课程内容的某些属性？这要看具体课程内容的选择和组合情况。仅就我国现有的中学地理课程看，这些属性作为地理课程内容的本质属性还有困难。其一，有的属性不具有排他性；如“综合性”，历史、体育、艺术等中学课程的性质表述中都有“综合性”；再如“空间性”，“空间”本是物质存在的一种客观形式，所以不仅是地理，数学、美术、历史等课程内容也都有很强的空间性。地理课程要将其作为本质属性，要看我们如何定义地理的“空间性”。其二，这些属性均难以统一在课程内容整体上。亦即不是所有的地理课程内容都同时具有上述特性。例如“区（地）域性”，属性本身的排他性很强，但这个排他性不仅相对于中学其他课程，也相对于地理课程的其他内容，因为现有地理课程中并非所有内容都具有明显的“区（地）域性”属性。即使是现已写入课程标准的“兼有”和“跨双领域”的性质，在解释现存地理课程内容属性时也有力不从心的时候。仍以高中为例，目前的地理课程共有 3 个必修模块和 7 个选修模块，这 10 个模块并不具有统一的地理内涵。例如，必修地理 1、选修 1《宇宙与地球》、选修 5《自然灾害与防治》以自然科学的属性为主；必修地理 2、选修 3《旅游地理》、选修 6《环境保护》均以社会学和人地关系的属性为主；必修地理 3、选修 4《城乡规划》以区域性和人地关系为主；选修 3《旅游地理》和选修 4《城乡规划》甚至被一些人认为主要不是地理学科的内容；选修 7《地理信息技术应用》则具有更特殊的技术特性。反过来说，目前高中地理的必修地理 1 不具有显著的区域性和“双领域”性质，而必修地理 2 则不具有自然科学属性和显著的区域性。“兼有”和“跨双领域”的真实含义并非是地理课程的每类内容都同时具有自然学科和社会学科的属性，而是说在地理课程中，有一些内容具有明显的自然科学的性质，另外一些内容则具有明显的社会科学的性质。

中学地理课程内容属性的多元化特点正是源于地理学性质的多元化。地理学家在界定地理学研究范围进而确定学科性质时也是颇费脑筋的。竺可桢先生在 1926 年发文指出：“地理学，并非政治、经济、宗教、教育各科综合之代名辞，乃独立之一科，有其特殊之范围、意义与观点。断不能与他科混为一谈。”[6]500 从这段话可以看出，竺可桢认为地理学具有综合性，这种综合性并非其他学科的机械混杂，而是有独立内涵。地理学的性质还与研究方法有关。他在同一篇文章中指出：“科学之所以为科学，并不在乎其内容事实如何，而在乎入手方法如何。”[6]501 这是从研究方法的角度区分不同科学分类。

1987 年，一直关注地理科学发展的钱学森先生在第二届全国天地生相互关系学术讨论会上提出，应该把“地理科学”这一古老的名词很好地用起来，提出：“地理科学”就是一门综合性的科学。[7]1991 年，他又专门谈到地理系统的复杂性，认为地理学是个“开放的复杂巨系统”，这种系统具有开放、子系统种类非常多等特征，从系统论的角度强化了地理学的复杂性和综合性。[8]

马蔼乃在钱学森科学体系划分的基础上，采用钱氏的“地理科学”概念，将地理科学定位在“自然科学与社会科学的‘桥梁科学’”[9]。“桥梁”是“起沟通作用”的意思。“桥梁”的含义更倾向于超越两个科学分类而形成新的门类。

从我国科学家对地理学属性的研究过程来看，从地理学到地理科学，从“自然科学与社会科学的汇合”到“自然科学与社会科学的‘桥梁’”，地理学本质属性表现出“复杂性”“综合性”“多样性”。而每一门学科都可以从某种角度认为自己是“复杂”的。马蔼乃甚至认为，比起社会现象、人体现象、人脑现象的复杂性，地理现象的复杂度相对较低。[9]68 地理学研究领域跨越自然科学和社会科学两个科学门类，可视为其复杂性的学科特点所在。

问题是这种“跨领域”的学科性质到底是什么？地理学家对地理学本身独特的“复杂”及其造成的这种学科定位困难一直都有强烈的意识。钱学森曾在 1991 年的讲话中引述黄秉维先生的话并加以解释：“他（指黄秉维——本文作者注）说：‘地理学太乱了，有各式各样的说法。’这是什么道理呢？我看就是这个道理，搞地理的人确实处在一个很困难的位置上，要处理的对象是一个‘开放的复杂巨系统’，而又没有一个现成的研究开放的复杂巨系统的方法，结果就搞成这么一个状态，也就是分成小块，一块一块地分。” 同时，钱学森也指出了这个“复杂性和综合性”对地理学应用的影响：“很多人不知道地理工作人员除在中小学教地理课程的基本工作而外，还有什么专业。这固然一部分由于地理科学本身的性质是综合性的，不易看出它的用处何在。”钱学森提议要“建设有中国特色的社会主义需要有一个新的科学技术大部门。这不是一个小的学科，而是一个大的科学部门，即地理科学。它跟自然科学、社会科学是并行的，所以是一个大部门。”[8]到目前为止，这种试图明晰地理学科独立属性、建设与自然科学和社会科学并行的大地理学的努力暂时还未获得实质性的进展。我国地理学家对地理学科性质多元化的现状，也有从动态的角度去理解和接受的。吴传钧先生曾在一次探讨会上发言，承认“全世界没有一个统一的地理学。有人说地理学家能干的领域就是地理学”[10]就是这种视角的表现。

国外地理学家对地理学性质的看法也是多样的。美国地理学家威廉·帕蒂森 1964 年发表的《地理学的四个传统》一文将地理学研究的传统归纳为“空间传统”“地域研究传统”“人地关系传统”和“地球科学传统”，认为以往的“每一个定义都阐释了地理学的一些事实”。但“每一个定义也都存在片面性”。“四种传统虽然在逻辑上各自独立，但它们共同作用。可以说地理学同时追求四种传统。”[11]130-131 另一位美国地理学家普雷斯顿·詹姆斯于 1972 年撰写《地理学思想史》一书回顾地理学的传统，也表达了同样的观点：“事实上，每一种说法既是创新，又是传统；每一种说法都表达了地理学作为一门学科的整个概念的一个侧面，但合起来它们又并不构成所有可能的部件或观点。”[12]467-468 帕蒂森和詹姆斯的观念既可以理解为对地理学理论发展现状的无奈，也可以理解为一种学科发展和动态的观念和实用的价值观。

当人们倾向于从地理学发展的角度看待中学地理课程的性质时，便是给中学地理课程也同样赋予了多元的属性。在这种多元化下，中学地理课程成为一个名副其实的“综合课程”，它的内容不易具有明晰的统一内涵，而是一种不同属性内容的组合，在某种程度上，其综合性甚至超过被公认为是综合课程的“科学”课和“历史与社会”课。由于地理学自身发展的局限，当我们直接照搬地理学体系设置中学地理课程时，地理学自身的缺陷会自动进入中学地理课程，带来对课程内容性质认识上以及教学实践中的困惑。我们试图使中学地理课程体现科学门类之间的综合性，这可能在无意中抬高了地理课程的层次，处理不当，对一定学段的学生来说，反而有可能为课程增加不必要的复杂性，使得人们的期待难以实现。

四

研究一门课程的性质，类似于对事物的终极追问。但与人们对宇宙、对人生的终极追问不同，中学课程完全是个人为设置的事物，课程本身和课程性质均具有相对性。当我们从地理科学知识的角度而非传统地理课程体系的角度来观察时就会发现，同样的知识会随着所属课程的不同而呈现出不同的属性。在我国基础教育现阶段，绝大多数地区的学校会单独开设名为“地理”的课，内容大多按照地理学科体系来组织。因此，前面提到的各种地理学科属性一般是指这种地理课程的内容属性。但即使是独立设置的“地理”课程，也可以有其他存在的方式，如我国香港地区的议题式地理课程。议题式地理课程比较适合环境问题的主题，因此有可能使课程具有“人地关系”的统一内涵而表现出“人地关系”的本质属性。近几年，北京有些中学启动初中两年、高中四年的“二四学制”课程实验，对中学六年课程进行整体优化设计，其中一个做法就是将历史、地理、政治改造为研究型课程，由“学生选取教材中感兴趣的课题进行探究，学校会举行开题论证、中期汇报、课题结题等，引导学生研究、完成一项社科类课题，并最终形成一篇有价值的论文。”[13]这种地理课程的内容可以被重新组合而具有社会学的性质或人地关系的性质。

人们也可以根据培养目标的需要重组地理科学知识而形成不同性质的课程。例如，如果为学生开设一门地球科学课程，会使课程内容具有统一的自然科学内涵并体现地理学家所说的“地球科学”性质；如果为学生开设一门环境保护类课程，也会使课程内容因关注现存的环境问题而具有统一的社会学性质。随着高中课程多样化程度的提高，中学也许会出现各种相对独立的选修课，例如，天文学类的课、地质学类的课、地名学的课，地域文化类的课，这些课都会具有地理学科的某个特性但又不必冠以“地理”的“头衔”。甚至仅对目前高中选修课进行形式上的改造，按领域而不是按课程名称划分选修课，地理的选修模块更名为“某某选修课”，地理课程性质以及设课实践中存在的一些困惑和矛盾也会自动消失。

地理科学知识还会以其他形态存在于中学课程体系中。在我国有的省份开设的《科学》和《历史与社会》课程中，前者包括了有关地球和自然环境要素的内容，后者则包括区域的内容，这些知识被泛称“地理”。但因处在不同的课程中，这些“地理”内容更多地表现为所在课程名称的属性。在《科学》或以前存在过的《自然》课程中，“地理”内容的“科学”属性更突出；在《历史与社会》中，区域地理知识虽然属于典型的地理学科内容，但因是社会学科的一部分，又受初中学生年龄的限制，其主要作用一是作为一种人类活动的社会现象；二是提供理解社会现象和社会问题的背景，其地理学科意义上的“区域性”特点仅表现在“分区”和“分布”这两个最基本的概念上。因此，在《科学》和《历史与社会》的课程背景下，课程为学生提供的更多的是自然科学的视角和社会学的视角。

综上所述，目前我国内地中学地理课程性质和其学科属性是多元的。研究地理课程性质的是一种对“什么样课程”的追问，也是“破茧”的探索。我们需要搞清楚有关中学地理课程性质的现状和困惑是如何形成的，也需要打开思路，不必将自己局限在传统地理课程设置形成的学科性质上。此外，中学地理课程性质的不同方面是相互影响、相互制约的，仅研究地理课程的学科属性还不能构成对地理课程性质的完整理解，如中学课程性质中的基础性，将有助于理解地理学科属性在中学地理课程中的存在方式，这是需要另文研究的话题了。

参考文献

[1] 中华人民共和国国家教育委员会. 全日制中学地理教学大纲[M]. 北京：人民教育出版社，1986.

[2] 中华人民共和国教育部. 全日制义务教育地理课程标准：实验稿[M]. 北京：北京师范大学出版社，2001.

[3] 中华人民共和国教育部. 全日制义务教育地理课程标准：2011 年版[M]. 北京：北京师范大学出版集团/北京师范大学出版社，2012.

[4] 中华人民共和国教育部. 普通高中地理课程标准：实验[M]. 北京：人民教育出版社，2013.

[5] 舒新城. 中国近代教育史资料：中册[M]. 北京：人民教育出版社，1961.

[6] 竺可桢. 何谓地理学[M]//竺可桢全集第一卷. 上海：上海科技教育出版社，2004.

[7] 钱学森. 发展地理科学的建议（在第二届全国天地生相互关系学术讨论会上的发言）[J]. 大自然探索，1987，6（19）.

[8] 钱学森. 谈地理科学的内容及研究方法（在 1991 年 4 月 6 日中国地理学会“地理科学”讨论会上的发言）[J]. 地理学报，1991，46（3）.

[9] 马蔼乃. 地理科学导论：自然科学与社会科学的“桥梁科学”[M]. 北京：高等教育出版社，2005.

[10] 吴传钧. 地理学的发展——在义务教育地理教育改革研讨会上的讲话[J]. 课程教材教法，1993（2）.

[11] 蔡运龙，[美]Bill Wyckoff. 地理学思想经典解读[M]. 北京：商务印书馆，2011.

[12] [美]普雷斯顿·詹姆斯，等. 地理学思想史[M]. 李旭旦，译. 北京：商务印书馆，1982.

[13] 罗德宏. 多所中学名校改革学制课程　探索创新人才培养新模式　“初中两年　高中四年”悄然流行[N]. 北京晨报，2012-05-24（B11）.

漫谈基础教育课程中地学知识的“有用”①

本文的地学知识泛指存在于基础教育各阶段、各课程中的有关地球和地球表面宏观自然现象，如地形、河流、土壤、植被等的知识。这些知识在小学阶段和个别地区的初中，主要安排在《科学》课中；在大部分初中和高中，则是安排在《地理》课中。安排在《科学》课中的地球和地球表面的自然知识也被泛称“自然地理”知识，但二者还是有所不同的，所以本文使用“地学”而非“自然地理”的概念。

学校的课程历来都是由课程开发者和教师共同建立的。他们依据文化传统和人类经验为学生建立起一套普适性较强的课程来传授地学知识，并相信这些知识对学生有用，人类社会的不断进步和发展也间接地、模糊地证明在学校里教授的这些地学知识有用。但具体哪些知识有用，有什么用仍是个仁者见仁、智者见智的问题，个性化很强，具有相对性。

理论上，课程中的地学知识首先应该对学生个人的生存和生活有用。但地学知识同其他科学课程的知识有些不同，它对个人生活的影响要与个人生活或活动的区域联系在一起。生活或活动在农村，特别是山区和自然灾害频发地区的人们，气象、地形、河流、植被等自然知识可以帮助他们更好地掌握野外生存方法，避免受到可能发生的自然灾害的伤害，例如，在那个曾被广泛流传的故事中，一个在外旅游的英国女孩，在巨大海啸来临之际，利用学校所学的海啸知识，挽救了自己和其他游人的生命。如果生活在城市，特别是大城市里，地学知识对生活的直接帮助相对有限。在信息技术不够发达的年代，天气的知识可以帮助人们合理地安排活动。但在今天，人们已经可以随时方便地获得任何地点的实时天气状况，不用说城市里，就是农村，传统的观云测雨也不是必用的方法了。像“钩钩云，雨淋淋”“早霞不出门，晚霞行千里”这样的天气谚语正在成为我国传统文化的一个组成部分，而不再具有很强的实用价值。所以，在当今时代，地学知识针对日常生活的实用价值并不会占主要地位。

有人会根据地学知识能否用于控制或改造自然对象来判断是否有用，通俗地讲就是看能否用在利用自然、改造自然的生产活动中。例如，“地球运动”的知识，有人认为我们

---

① 原载《中国教师》2015 年第 6 期。原题为：基础教育课程中“有用”的地学知识。

是否了解地球的运动，并不影响太阳东升西落，更不能改变它，所以这个知识没什么用。而其他地学的知识就比较有用了，学习了岩石、矿物知识可以帮助找矿，学习了地形知识可以帮助水库选址，学习了气象知识可以进行天气预报，学习了土壤知识有助于改善农业生产。这是在实际教学中教师通常喜欢用的说法，找矿、选址等实例也就成了显示地学知识有用的证据。但是学生将来会去找矿、选址、预报天气吗？如果不从事这样的行业，这些知识有什么用呢？所以，这类的“有用”主要是指地学知识在生产活动中的用处，是讲地学本身的实用价值，而非对学生有什么用处。学生要成为这些行业的专家，仅拥有在中学学到的地学知识是远远不够的，我们不宜把地学知识对生产活动的“有用”与对学生的“有用”混同起来。义务教育阶段和普通高中阶段必修课程不是从将来的行业需求选择地学知识的，我们更关注对那些将来不从事相关行业的学生，这些地学知识有什么用。

一种知识除了对日常生活的实用价值，还会有丰富人的精神层面的价值。地学知识可以帮助人们了解自己生存的环境，是丰富个体精神世界的重要方面。我们常说一个人受教育程度高，整体素养水平也会高，其中少不了学校课程中地学知识的贡献。现在有些大型测试项目可以对学生的科学素养进行测试，地学知识也是其中的基本内容。但这样的测试也只能是将地学知识作为一个指标项目，得出某一群体学生在一般科学素养上的水平，还不能量化地分析地学知识对学生个人的作用。我们现在还只能通过一些间接的东西来获得有关地学知识对学习者素质形成有什么作用的看法，例如，人们对自己中小学学习的回忆。我国近代著名教育家蒋梦麟撰写的《西潮》一书中有这样的记述：“我在中西学堂里首先学到的一件不可思议的事是地圆学说，我一向认为地球是平的。后来先生又告诉我，闪电是阴电和阳电撞击的结果，并不是电神的镜子里发出来的闪光；雷的成因也相同，并非雷神击鼓所生。这简直使我目瞪口呆。从基本物理学我又学到雨是怎样形成的。巨龙在云端张口喷水成雨的观念只好放弃了。了解燃烧的原理之后，我更放弃了火神的观念。”蒋梦麟先生的回忆明确地说出地学以及其他科学知识改变了他的什么观念，是科学知识在精神层面上“有用”的经典例子。显然，在科学发展的不同阶段，学校科学教育带给学生的观念转变是不一样的。蒋梦麟先生求学的时代，西方科学刚刚开始进入我国，学生从自然科学的学习中接触到了全新的知识，才会产生那样的心灵震撼。在世界科学以及传播科学的技术发展到很高水平的今天，我们的科学教育、我们的地学教育还能产生“震撼”学生心灵的效果吗？或者什么样的内容和方法才能产生这样的效果？例如，初中地理课程的设计者把已是常识的地球形状的知识更换为“了解人类认识地球形状的过程”。这是一个有关地球形状认识史的内容，我们是否还能期待教学产生使学生“目瞪口呆”的效果：“哦，原来过去的人以为地球是平的？”再如板块构造学说的教学，能否产生“哦，原来地球表面不是死板一块”的“震撼”？其他如九大行星家族变身八大行星，这在天文史上也算是一件大事，学生是否感到“惊奇”？我们设想，如果这些知识能使学生形成了诸如“世界上的事物都是在变化中、运动中的，人对地球的认识也是在不断变化中的”等观念，这种“有用”的效果也足以使我们满足了。遗憾的是，我们平时能无意中听到的多是“我地理高考考得不错啊，考了多少多少分”，“我中学地理成绩不错，但一毕业就都忘光了”，“我只是毕业后工作出了趟差，才搞清楚了……”期待以后也能听到有人回忆，说当年中学学到的地学知识改变了他们曾有的什么观念。

最近在网上看到一篇文章，题目是《为什么穷国多位于热带？》，作者卢国斌上中学地理课时曾问过地理教师一个问题：“热带地区日照时间长、降水比温度充沛，植物繁茂，有些在温带只能收获一季的作物，在热带甚至能收获三季。有如此得天独厚的自然环境，为什么大多数穷国还都在热带地区呢？”一个气候知识的学习能够让学生产生联想并提出如此深刻的问题，可以说这个气候知识是有用的，它引发了学生对某些人类活动的思考，而人地观正是地学教育的终极目标。

地学知识的“有用”不仅表现在引发个人内心世界的变化和对问题的深度思考上，也会外在于在人类交往的活动中，如对自然界的解释，这是在向其他人传递或与他人交流自己拥有的地学知识。最常见的就是对旅游地自然景观的描述和成因介绍。在地学知识不很普及的年代，出去旅游，最常听到的是导游用当地传说、神话来解释山水的形态和形成。现在这种状况已经大为改观，著名的自然景点都有了科学成因的介绍，导游也不再只是讲传说和神话了。在导游职业之外，其他人拥有的地学知识也可以通过解释自然现象的方式向别人展示它的“有用”。这里顺便说一句，目前地球上已经几乎没有“纯自然”的地方，人类的足迹遍布地球上的山山水水，人类活动已经成为很多自然现象形成或演化的重要因素之一。我们在大自然的躯体上刻上了自己活动的印记，包括人类活动的物理影响，也包括人类文明的发展通过想象、传说、故事等形式附加在自然山水上。如果认为因为有了科学的解释就该取消一切非科学成因的讲解，这就没有必要了。这些有关山水的神话、传说都是当地文化的一部分，与科学的解释完全可以并存。再者，如果游玩变成了单纯的地质、地貌课，岂不了无生趣？教学也是一样，如果教师将历史长河附加在自然身上的文化剥离，只剩下赤裸裸的“科学”，大自然本身使学生形成美感的机会也会悄悄溜走。地学知识使我们求得真相，但不是让我们“排除异己”。

教师自会有看待这个问题的角度。在一些非正式调查中，我们间接了解到中学地理教师对地学知识“有什么用”的看法。问题源于高中自然地理部分内容较多、难度较大，假设可以删去一部分的话，删哪个主题更好。没有一个主题被认为可以删去，理由几乎都是：删了这部分，后面什么什么地方就没法讲了。表面上看，地理教师是在从建立完整的知识体系的角度谈论某个地学知识的“有用”，这可能是出于职业习惯。我们也可以将其理解为，某个知识对学生学习其他知识有用，所以不能删去，这是在知识的自身循环内谈论“有用”。如果沿着这个思路，我们就进入科学知识之间的相互“有用”的范围。这种知识之间的联系，经常出现在地学的教学中，例如，高中地理教师常会提及学生数学和物理知识对学生理解地球运动、大气运动、洋流等知识的重要性，也会用一些数学公式、科学实验来帮助教学。地理教师常会开玩笑说他们在帮助数学、物理老师上课。从学科性质来看，地学知识应该位于更综合的水平，是数学、物理、化学等科学基础知识的应用平台。在地学知识与其他科学知识的关系上，我们会说学生的数学、物理、化学等知识对学习地学知识是有用的，但我们很少去说学习地学知识对学习数学、物理、化学等知识有用，尽管不是一点用处没有。这是知识特点不同带来的“基础性”不同。

了解地学知识对学生当下和今后的作用，是我们不断评估地学教育价值的重要基础。但如前所述，实际中知识的“有用”与否具有相对性。目前很多教师在探讨核心概念教学，也可以理解为是在平衡教育者与学习者之间对“有用”的认识差异。一般来说，科学概念的内涵越小，普遍性越强，“无用”的风险就越小。在这些核心概念的基础上，可以发散出无数“有用”的可能。从科学教育的角度看，目前中学地学中科学概念的教学还不够充分，包括概念的选用和概念教学的科学方法，这会影响到地学教学在生活层面和精神层面的实用价值，期望有所改善。

从历史文献看课程设计者对高中地理核心素养的认识①

摘 要：核心素养研究是新一轮地理课程改革的重点内容，是对“培养什么人，怎么培养人”的深入思考。本文对我国历史不同时期的地理课程标准或地理教学大纲进行分析研究，试图反推出当时地理课程编制者对地理核心素养的认识，主要包括：爱国、具有国际视野、对人地关系具有基本的认识、具有实践的意识和基本能力、具有基本的学习能力、具有良好的品质、拥有地理基础知识。

关键词：地理核心素养　高中地理　地理课程目标

在《教育部关于全面深化课程改革　落实立德树人根本任务的意见》中，强调深化课程改革、落实立德树人根本任务的重大意义。将研究制订学生发展核心素养体系和学业质量标准作为课程改革的主要环节，各学科应依据学生发展核心素养体系，明确本学科的育人目标和任务。[1] 政府颁布的课程标准或教学大纲是权威文献，是国家对地理课程的基本规范，是学生学习地理课程必须达到的基本要求，可以反映所处时代的主要教育思潮和教师行为导向。回顾我国自有近现代中学地理课程以来地理课程关注学生哪些方面，可以从中推断不同时期地理课程设计者对于学生地理素养的看法和要求，为今后学生地理核心素养的制定提供参考。

一、研究资料的选取

本研究使用的文献是1929—2000年各个版本高中地理课程标准或地理教学大纲。1929年我国颁布第一个独立的高中地理课程标准；2000年版则是我国此次课程改革开始前的最后一版地理教学大纲，前后共颁布了12个版本。其中1941年、1956年和1963年各版的课程标准或教学大纲是初、高中合一的，本文仅选取其中有关高中地理的内容。由于文章

① 合作者：唐群（第一作者），原载《中学地理教学参考》，2015年第7期。

篇幅关系，本文每10年取一个版本的地理课程标准或地理教学大纲作为研究样本。

在研究中我们注意到，1929—2000年的地理课程标准及地理教学大纲均没有出现“素养”的概念，所以无法直接归纳历史上地理课程设计者对学生地理素养的说法。根据课程标准或教学大纲制定的一般原理，课程目标或目的可以直接体现课程设置者对学生某一方面素养培养的认识和要求。故本研究选择各个版本课程标准和教学大纲中的“目标”“目的”“要求”等部分内容进行研究，从中反推历史上的地理课程设计者对高中学生地理素养的认识和期望。

二、核心概念的提取

在分析地理课程标准或教学大纲时，笔者采用的方法是核心概念提取。在提取和归纳核心概念时，采用分层的方法，先对每个版本的标准或大纲的相关内容进行分析、归纳，再将12个版本提取出的内容进行比较，获得共性较大的一些词语用于推断地理核心素养的内容。为了理解方便，本研究在分析、归纳时采用合并同类项的方法，将表述有异但实质相同的内容用当代常用的概念涵盖，例如，用“人地关系”涵盖“所受地理环境支配”“环境与人生之相互关系”“资源观”“人口观”“环境观”等表述；用“明了国情”涵盖“了解我国物产及蕴藏详细分布情形”“了解中国在自然条件和经济发展方面的区域差异”等要求；用“实践”涵盖“行”“能推衍而实行之”“培养其利用自然之能力”“如何加以开发改进”等要求，也可以把“技术”的内容放在这个概念下；用“品质”涵盖“积极性”“果断性”“坚忍性”“决心”等情感态度价值观方面的内容。受到字数限制，不能在文中将12个版本的词汇提取过程一一展示，这里仅以1932年和1990年的文献为例（表1）。

表1　1932年和1990年高中地理标准与学生地理素养有关的关键词

年份	目的、目标、要求等	重要词汇
1932	目标： （壹）使学生明了本国及世界各区域自然地理与人文地理之现象及其关系。 （贰）使学生明了总理实业计划、国防形势及本国在世界上所处之地位。 （叁）使学生明了世界各国之地位及因地理之关系而形成现在之国际间形势。 （肆）使学生明了本国地位及国际形势以养成其爱护并发展民族利益之观念	国情、国际视野、人地关系、爱国
1990	目的： 中学地理的教学目的，是在小学地理教学的基础上，使学生获得比较系统的地理基础知识和基本技能，并积极发展学生的地理思维能力和智力，培养他们学习地理的兴趣、爱好和独立吸取地理新知识的能力。 中学地理教学应使学生进一步受到爱国主义、国际主义、辩证唯物主义、历史唯物主义的思想政治教育以及有关的国情、国策教育，还要对学生进行科学的资源观、人口观和环境观的教育。此外，还应结合乡土地理的教学，对学生进行热爱家乡的教育，使他们树立把祖国建设成为社会主义现代化国家的雄心壮志。	国际视野、人地关系、实践、爱国、知识、兴趣、技能、能力、世界观、政策、热爱家乡、变化、精神

年份	目的、目标、要求等	重要词汇
1990	教学任务： 高级中学阶段，是使学生比较系统地获得有关人类赖以生存的地理环境，以及有关人类与地理环境关系的基础知识和基本原理：了解不同地区应如何合理利用自然和保护环境，协调好人类与环境的关系；学会运用地理数据，地理事实材料、图表、地图去阐述问题和分析问题	

资料来源：课程教材研究所：《20 世纪中国中小学课程标准·教学大纲汇编（地理卷）》，第 67 页和第 316 页。

三、提取和归纳结果

通过分析、归纳和提取，我们发现，在 2000 年以前的 12 个版本高中地理课程标准和地理教学大纲中，虽然在不同时期对学生的地理学习提出了不同的要求，但其中也存在诸多共同之处。本次研究共计提取与素养有关的关键词 24 个，其中出现次数较多的关键词有：国情、国际视野、爱国、实践、人地关系、能力、知识、兴趣。由此，我们可以初步判断出比较重要的培养目标和要求有：明了国情、爱国、国际视野、人地关系、实践、学习兴趣、学习能力、地理基础知识（表 2）。

表 2　不同高中地理标准或大纲中与学生地理素养有关的关键词

年份	重要词汇
1929	国情、国际视野、人地关系、实践、品质、能力、态度、责任、兴趣、精神、解释、评判
1932	国情、国际视野、人地关系、爱国
1936	国情、国际视野、人地关系、实践、爱国、区域性
1940	国情、国际视野、人地关系、实践、爱国、志趣、能力
1941	国情、国际视野、人地关系、实践、爱国、兴趣、能力
1948	国情、国际视野、实践、爱国
1956	国情、国际视野、人地关系、实践、爱国、技能、品质、知识、世界观、政治、尊重、观察、描述、评价
1963	国情、国际视野、人地关系、实践、爱国、知识
1986	国际视野、人地关系、实践、爱国、知识、兴趣、技能、能力、世界观、政治、热爱家乡
1990	国际视野、人地关系、实践、爱国、知识、兴趣、技能、能力、世界观、政策、热爱家乡、变化、精神
1996	国情、人地关系、实践、爱国、知识、能力、判断、评价、社会责任感、区域性
2000	国情、人地关系、实践、爱国、知识、能力、判断、评价、社会责任感

根据上述重要概念反推课程设计者可能期望的地理核心素养，大致可以概括为：具有基本的国情知识、爱国、具有国际视野、对人地关系具有基本的认识、具有实践的意识和基本能力、具有基本的学习能力、具有地理学习的兴趣、拥有地理基础知识。其中将“国

情”和“地理基础知识”分开，是考虑在课程标准和教学大纲中，基础知识更多的是指地理系统知识，而国情是指了解我国的地理状况作为理解其他事物的背景。在进行这个研究时，我们感到从“明了国情”和“具有国际视野”的角度谈地理素养，比只谈具有“地理基础知识”内涵更丰富。

综上所述，我们可以初步认为这个时期地理课程设计者期望的地理核心素养内容主要包括：明了国情、爱国主义、国际视野、人地关系、地理实践能力、地理学习能力、地理学习的兴趣和地理基础知识。如果将这些看似零散的内容按照各自的近似的内涵分类，大致可以分为地理环境认知、地理价值观和态度以及地理学习与实践能力 3 个方面。

四、本次研究的初步思考

通过本次研究，我们发现，地理课程培养目标的继承性还是比较明显的。如果不考虑具有时代特点的表述方式，历史时期强调的核心目标仍然是当今教育中的核心内容。

从课程目标反推地理核心素养，也发现现在地理教师一般认为很重要的“空间性”“区域性”则较少出现在历史上的课程标准和教学大纲的目标中。不仅如此，在课程标准和教学大纲目标中出现“区域”一词时，大多作为学生地理学习的背景，以让学生了解该区域的自然或人文概况为目的，很少强调学生要理解区域之间的相互联系。1949 年以前的高中开设中国地理和世界地理的课程，内容有很强的区域特点，但当时的课程目标中教少出现“区域”的概念，反映了当时课程设计者对学生地理素养的认识，也可以帮助当今地理核心素养研究进行反省。

另一个需要我们思考的是“国情”“国际视野”“爱国”等核心内容。因为 1949 年以前的高中有中国地理和世界地理的内容，所以“国情”“国际视野”“爱国”等核心概念出现的频率很高。1949 年以后，区域地理逐渐转到初中开设，高中以系统地理为主，在这种状况下，是否或者如何将上述情感方面的素养纳入高中学生地理核心素养的范畴，还值得研究。

此外，历史课程目标中有“明了自然环境背景”的重要内容，借鉴这个思路，在地理核心素养的培养中，可以用类似的提法代替“掌握系统的地理知识”，以突出地理知识在学生生活中的意义，同时融入人地关系、热爱国家和乡土的情感。

高中学生的地理核心素养是为了明确高中学生在毕业时应具备的关键能力、知识技能及态度情感，但它的内容并非只单独考虑高中教育阶段的事情。因此，确定核心素养时，历史的考量仅是基础研究的一个部分，还要考虑当代学生成长发展的一般规律，从学生终身发展和社会未来发展的角度深入考虑地理核心素养的内容和特性。同时，地理核心素养的培养还涉及地理教师、家长、学生本人以及不同职业对于地理核心素养的看法，在地理核心素养的确定过程中，不应忽视不同社会群体的意见。

参考文献

[1] 教育部关于全面深化改革 落实立德树人根本任务的意见（教基二〔2014〕4 号）[Z].2014.

[2] 课程教材研究所. 20 世纪中国中小学课程标准·教学大纲汇编：地理卷[M]. 北京：人民教育出版社，2001.

教学经验分析视角下的地理教师培训课程①

摘 要：教学经验分析是一种适合成人学习的方法和过程。目前地理教师职后培训课程中已带有明显的教学经验分析的特点，但存在以地理教师群体经验为主，对学习者个体经验运用不足；以隐性、零散使用为主，显性化和系统性不足；仅作为众多培训方法中的一种，特点的重要性不够突出；没有凸显对学习者反思的作用等问题。“以教学经验分析为核心线索”的课程设想，试图将学习者的教学经验系统地贯穿到整个培训过程，使在职培训课程更具成人教育的特点和个体专业发展的针对性。

关键词：教学经验分析　地理教师　培训课程

教师在职培训（亦称职后培训，也含“研修”）是教师专业发展的基本途径。我国每年由各个部门组织的教师在职培训名目繁多。本文关注的是地理教师在职培训中的非校本、非学位类培训课程，课程目的为提升地理教师的教学或作为培训者的能力，这里简称为“能力型”课程，现在绝大多数教师在职培训课程都是“能力型”。“能力型”课程针对的是这样一个教师群体：有教学经验且未脱产，迫切需要提升自己的教学认识、教学理论和教学能力，以改善自己的课堂教学或兼职培训者工作为目标。笔者根据对我国地理教师在职培训课程现状的了解和多年主持这类课程的经验，认为“能力型”课程有明显的“教学经验分析”的特点，并认为如果能做系统的思考和提升，有可能形成“以教学经验分析为核心线索”的地理教师在职培训课程（以下简称“经验分析课程”），从而使学习者的教学经验在培训中得到更充分、更系统的运用，也使得在职培训课程更具成人教育的特点和个体专业发展的针对性。

一、“经验分析”的理论与实践

“经验分析”有两种含义。一是指利用地理教师个体和群体已有教学经验对地理教学

① 原载《地理教育》2015年第9期。

的相关问题进行分析，这是方法层面的含义；二是指对地理教师个体和地理教师群体已有教学经验进行分析，这是过程层面的含义。

教学经验可以是学习者从多次教学实践中得到的教学知识或教学技能，也可以是学习者的教学经历，多以教学设计或教学实录、教学总结等形式呈现。“经验分析”是成人学习的特有方法之一。叶澜等研究教师专业发展问题时曾引用诺尔斯（Knowles M.）的研究结果。诺尔斯认为，根据成人学习的特点，为他们提供的课程需要遵循以下原则：将成人对学习的需要和兴趣作为组成学习活动的出发点；以生活场景为基本单位；成人教育的核心方法是经验分析；让教师也参与到探究过程中来；根据学习者的风格、时间、地点和速度的差异提供最适宜的教育。[1]我们注意到，目前这些原则还不能同时用于所有教师在职培训课程。其中“以生活场景为基本单位”的学习仅适合校本培训；“根据学习者的风格、时间、地点和速度的差异提供最适宜的教育”，虽然在理论上已有强大的网络及移动技术的支持，但实际用于教师在职培训课程的成功范例还不多。系统地关照“成人对学习的需要和兴趣”，则主要体现在课程的选择性上。目前已有少数地区进行了由学习者自选培训课程的试验①，也有集中培训项目在设置必修模块的同时，设置了一些选修模块，但普遍实行“菜单”式课程还需要较长的时间。而“成人教育的核心方法是经验分析”和“让教师也参与到探究过程中来”则是目前可以普遍应用的原则。

“联系实际”一直为我国教师在职课程设置的基本原则。在培训组织者颁布的各种规定中，都强调课程要联系中学教学实际。例如，教育部于2012年制定的《“国培计划”课程标准（试行）》“使用指南”中，各种培训项目，包括示范性短期集中培训项目、中西部短期集中培训项目、中西部置换脱产研修项目，其课程目标都包含有“研究（教育教学实际）问题”“提升经验”等方面；在课程设置方面，要求“注重设置实践类课程，短期集中培训项目实践类课程原则上应达到30%以上，置换脱产研修项目实践类课程原则上应达到40%以上”。[2]在每年的培训计划申报中，“国培计划”对授课者组成中一线教师（教研员）的比例也有明确的要求，一般要达到50%左右。笔者主持的大多数培训课程，中学地理教师（教研员）在培训者团队中的比例都高于教育部的标准。在组织方式上，以中学教师经验为基础的案例教学也是各类培训课程的普遍方法。

由中学优秀教师和教研员作为培训者以及联系学习者自身经验的培训方法也为大多数学习者所接受。正如国培班学员所表达的：“优秀教师的讲座非常切合中学实际，常引起我的共鸣与认同。”“希望通过教学的理论研究和实践探索唤醒沉睡的潜能、激活封存的记忆、开启幽闭的心智、放飞囚禁的情愫。”“别人的东西永远是别人的，只有自己切身体会出来的东西才是自己的。”“反思是教师的一块‘自留地’。如果一个教师仅仅满足于获

① 参见《办中小学教师满意的培训——2013年“国培计划”综述》一文，刊于《中小学教师培训》2013年第10期。

得经验而不对经验进行深入的思考，那他就不可能在原有的基础上再有发展。”“中学教师作为培训者”“联系实际”“案例教学”都包含了教学经验分析的内容。“教学经验分析”有助于学习者已有经验的“唤醒”“激活”“放飞”和“反思”。

二、经验分析在培训课程中的表现

获取已有教学经验是课程设计的准备工作之一。教师群体的学习经验主要由培训者准备，而学习者“已有教学经验”就只能由学习者提供了。目前不少培训者都会要求学习者事先提供教学课例，这些教学课例就是教学经验的载体。请学习者事先提供教学经验，需要他们将经验用文字表达出来，这也督促学习者去思考和表达自己的教学经验，这一点不少中学地理教师还不太擅长。

在学习者提供自己的经验材料后，培训者再根据课程的程序对材料进行进一步分类并安排在不同环节中使用。

“教学经验”在培训中的作用大致可分为：作为分析的对象、作为分析的工具、作为真实教学情境的替代物。教学经验作为分析的对象很好理解，讲座中的举例、案例分析中的课例都是将教学经验作为分析的对象使用。一般培训课程的教学经验分析中，地理教师群体经验应用较多，分析学习者的经验所占分量相对较少。主要由大学教授、研究人员进行的专题讲座，如果涉及中学地理教学经验，大都是群体经验；案例分析中群体经验也占多数。群体经验带有普遍意义，不仅能传递培训者希望传递的教学思想和教学知识，也能拓展学习者的视野，但群体经验分析不能代替学习者个体经验的分析。

作为分析方法的一种，经验分析是运用已有的经验对某个地理教学事物进行判断，确定其价值、方法的可行性和可能的效果。作为分析方法的经验分析可能少有人提及，但培训中也是存在的。我们看下面“国培计划”课程的场景：

【场景 1】

来自××省的地理教研员围绕“课堂观察”为高中地理班学员带来了一场精彩报告。报告中，该教研员具体阐述了关于课堂观察的传统理论，并且与学员们热烈讨论了弗兰德斯互动分析理论在正式课堂观察中的实际运用。高中地理班学员都是各个学校有着多年教学经验的骨干教师，他们对这一主题有着深刻、各异的看法，因此整个报告的交流性非常强。

这个场景可以反映两个经验分析特点。首先，在讲座类课上，学习者对培训者言语的理解、对某一个观点的判断，大多数时候是基于个人教学经验的。当讲授的内容与学习者已有经验高度切合时，会出现较为活跃的互动场面。其次，当培训者是中学地理教师或地理教研员时，他们对地理教学现象和教学问题的分析，实际上也在使用自己的教学经验。

【场景 2】

某日下午，某教授组织国培地理班学员观看了一节自然地理教学的课堂实录并进行了热烈的讨论。一学习者结合自己的教学情况对这节课进行了分析，并提出改进意见：（1）在课例老师“导入”的基础上，先交待清楚气温的概念，并结合实例说明气温是变化的（日变化、年变化）；（2）用一壶水水温的变化为例说明物体温度及温度的变化决定于该物体热量的收入与支出的差及其变化，气温也不例外；（3）提出探究问题；（4）给学生提供支持探究的图表及文字资料；（5）表达探究结果；（6）成果巩固（训练）。

很显然，在场景 2 学习者分析课例时，他主要是在运用自己的教学经验。“先交待气温的概念”“用一壶水水温比喻”、授课的环节和顺序等，都带有鲜明的个体经验特点。

场景 3 则融合了作为分析对象的学习者经验和作为分析方法的经验工具。

【场景 3】

来自某省的老师首先发言，就地球的结构这一部分内容阐述了自己在实际教学中所使用的教学方法，与学员们共同分享了教学设计，并简洁清晰地展示了授课过程，同时也提出了自己的观点和一些在教学中遇到的实际问题供学员们一起交流讨论。来自其他地区的学员通过自己在教学中的经验，给该老师提出了几点建议并阐述了自己对此部分教学内容设计的安排等。

教学经验利用的另一个作用是为学习者提供替代性经验。学习者教龄越短、自己的教学经历越少，获得替代性经验的可能性越大；学习者之间、个体经验与群体经验之间的差距越大，获得替代性经验的可能性越大。这里的替代性经验是指案例中的地理教学情境为学习者带来的替代性体验。还有一种发生在培训教学与中学教学之间的特殊的替代性体验，即参与培训学习的过程本身使他们对某种教学思想或方法产生顿悟，或体验了一种新的教学方法，而这种方法是可以迁移到自己中学地理课堂上的。

教学经验分析在地理教师在职培训课程中的目的当是强化学习者对自己教学经验的反思和提升。培训是否促成这种重要的反思和提升，可以从学习者的反馈中看出。我们分析了以往学习者提交的个人小结，从培训课程经验分析与个体经验反思的关系上，大致可以分为三类：谈培训但不谈个人经验、谈个体经验不谈培训、谈培训经验分析带来的个人经验反思。

第一类的例子：

现将本次学习的体会总结如下：（1）（略）。（2）倡导交互学习，让学习过程自主化。新课标要求：要根据学生的心理发展规律，联系实际安排教学内容，引导学生从现实生活的经历与体验出发，激发学生对地理问题的兴趣、培养地理学习能力，鼓励积极探究，使学生了解地理知识的功能与价值，形成主动学习的态度。做到能让学生观察的，让学生观察；能让学生思考的，让学生思考；能让学生表达的，让学生表达；能让学生作结论的，让学生作结论。从而改变“师讲生授”的传统方法，倡导交互式的学习方式。尊重学生，让学生参与活动，搜集材料，进行创造，在教学过程中，让学生成为学习的主人，使他们主动学习、乐于学习。（3）（略）。

第二类的例子：

由于自身理论的局限，教育教学中也存在着很多不足：（1）生活、工作出现倦怠；（2）教育教学理念没有从根本上改变；（3）教育平等观、教育发展观都还需进一步改变与提高。解决目前问题的方案：（1）多看有关业务方面的书籍和刊物；（2）课堂教学做到尊重学生，以学生为主体，充分启发和调动学生的积极性；（3）增强科研意识和科研能力，积极开展科研工作；（4）应用现代教育技术辅助课堂教学。

第三类的例子：

二十几年的教学经历，总觉得自己已经能够胜任高中地理教学，可是听了某位培训教师介绍的课例《我国的棉花应该种在哪里？》后，心里感触很多：以前讲解我国的棉花分布时，先是分析棉花种植的条件，然后让学生读图，找出我国的五大产棉区并加以记忆，这样的教法基本完成了教学目标要求。

可是课例中老师却是这样处理的：……（略）

这样的教学方法真新颖，令我大开眼界，我没想到人文地理竟然可以这样教？反思自己的教学方法，确实已经落伍了！

当然，该教师的教学设计并不完美，甚至有些细节值得商榷，比如……

下面这位学习者的总结也属于第三类，但角度比较独特。他用培训课程中教学经验分析的活动过程和学习者的感受来验证他本人在中学进行“生本教育”的实验，也使培训中的经验分析与个体经验很好地融合：

……等老师从教学的各个方面介绍了他们的经验，我受到了很大的启发，对我校的生本教育进行了验证。某教授组织的案例教学观看后的讨论很受学员的欢迎，这也是对生本教育的再次验证。……

在以上三类培训体会中，第三类对自身教学经验反思效果有比较明确的表达，而从另外两类总结中，我们无法清楚地了解培训对学习者的已有经验产生了什么确实的影响。

三、“经验分析课程”的意义和框架

从已有培训经验看，教学经验分析不仅有重要价值而且有着广泛的实践基础，但目前培训课程中的经验分析存在以下几个问题：以地理教师群体经验为主，对学习者个体经验运用不足；以隐性、零散使用为主，显性化和系统性不足；教学经验分析是众多培训方法中的一种，其作为成人教育特点的重要性不够突出；教学经验分析对学习者反思自己经验的作用没有凸显。对已有的课程略加改造，建构“经验分析课程”，在培训的全过程中系统贯穿地理教师教学经验分析，从理论上将有助于上述问题的解决。课程框架基于教学经验在课程中存在的三个阶段：起点、过程和终点，如图 1 所示。

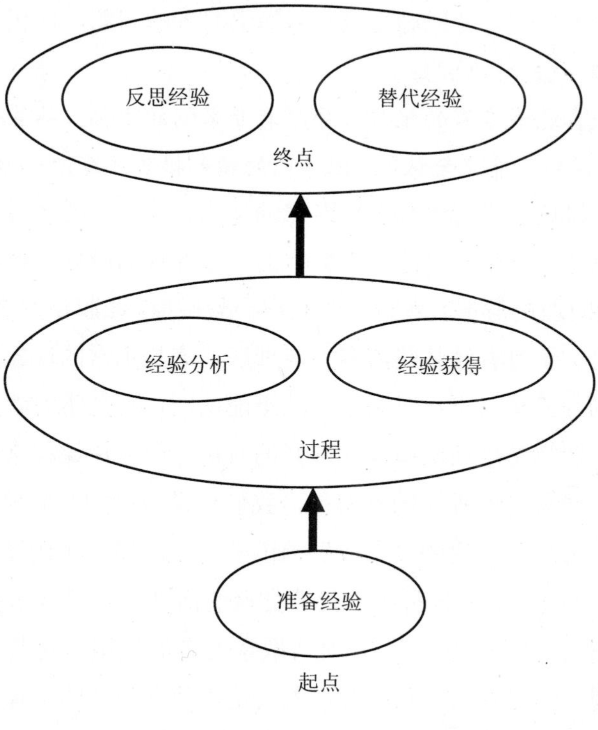

图 1　“经验分析课程”框架

“经验分析课程”把“教学经验分析”从众多培训方法中提出来，将其作为培训课程的核心线索，围绕这个线索系统地设计课程目标和课程内容，并以此作为检验学习者学习成果的基础。这个课程框架特别强调学习者自身教学经验在培训课程系统中的地位和使用，尝试将学习者已有经验从隐性利用转变到显性利用，由零散利用转变到系统利用，由无意识利用转变到有意识利用。这种侧重点的转变，会使培训内容与学习者的个体教学经验深度结合，有利于学习者将自己的教学经验显性化，并有意识地用自己的教学经验去分析和理解地理教学现象和问题，从而促进对个体教学经验的反思。

课程的起点仍旧是学习者“已有教学经验”的准备。“起点”里的“经验”是指学习者个体经验而非地理教师群体的经验。

“经验分析课程”是从“经验分析”的角度建立课程框架，由“经验分析”串联起各个学习活动，所以框架中的“过程”主要关注“教学经验”在课程过程中的使用而非教学活动的形式。“教学经验”的三个主要作用在图 1 中被合并为两个过程要素：“经验分析”和“经验获得”。培训的常见活动，如讲座、案例分析、课例观摩、学员交流、现场上课等，均可构成“经验分析课程”的活动形式。因为每种教学活动的性质和功能不同，教学经验分析在其中所处的位置也不同。例如，理论的讲座进行经验分析就相对少一些。在以往的课程中，为了使理论讲座能够联系学习者的实际，我们曾“强制”要求授课者留出至少 20 分钟的时间用于与学习者现场交流，回答学习者的问题，但仍存有改进的空间。下面是一位学习者对理论讲座的感想：

培训期间，我认真聆听专家的报告，分享着专家们的幸福。尽管他们的有些观点我还不能完全理解，或者说法不能完全认同，但他们的精彩报告不断激起我内心的感应和反思。

仅从字面上看，讲座让学习者分享了专家的幸福，说明讲授者对自己事业的热情和探索精神使听者受到感染。这是一个隐性教育目的。显性目的应该是授课专家来分享学习者的教学经验，用他们的理论与学习者自己的教学经验碰撞，激起学习者对已有经验的反思，而不是“灌输”理论。学习者对某些内容不能理解，这是正常的现象，可能源于授课者的理论没有与学习者的经验对接上；对某些说法不能认同，则是学习者运用经验进行分析的结果。这些生成的东西都是培训课程深入展开的时机，但以往课程常常捕捉不到这些重要的反馈信息。在“经验分析课程”的框架下，我们将学习者的经验放在头等重要的位置，就会在设计课程时，为这些重要的“生成”预留空间。例如，在选择学习活动时，要控制“讲座”活动的数量，增加案例分析和学习者交流的活动；尽量要求授课者在讲座中联系学习者的个体经验进行“经验分析”；及时听取学习者的反馈，对其中比较重要的“不理解”和“不认同”围绕学习者的经验展开深入讨论，使学习者的个体经验有计划地外显在全部学习活动中。

“经验分析课程”的终点是要求学习者呈现反思和提升已有经验的成果。获得替代性经验的学习者也需要将这种新经验明确地表达出来。前面提到以往培训总结中存在学习者对个体教学经验反思和提升不够的现象，也与课程设计时未将“经验分析”置于“课程主要线索”的位置，也就没有对学习者提出明确的要求有关。

参考文献

[1] 叶澜，等. 教师角色与教师发展新探究[M]. 北京：教育科学出版社，2001：270-271.

[2] 中华人民共和国教育部. “国培计划”课程标准（试行）[M]. 北京：高等教育出版社，2012：Ⅰ-Ⅱ.

漫谈高中地理核心素养的提出[①]

摘　要：确定高中地理核心素养是正在进行的高中地理课程标准修订工作的重要内容；高中地理核心素养的提出以落实教育部“立德树人”根本任务为背景，与我国学生发展核心素养框架的深入研究并行开展；到目前为止确定的高中地理核心素养——“人地协调观”“综合思维”“区域认知”“地理实践力”，均直接源于我国长期以来对高中地理课程学科属性的共识。

关键词：素养　核心素养　地理核心素养

2014 年，教育部发布《关于全面深化课程改革　落实立德树人根本任务的意见》（教基二〔2014〕4 号）（以下简称《意见》），其中，“关键领域和主要环节改革”的第一条就是“研究制订学生发展核心素养体系和学业质量标准”，在此基础上构建学科核心素养，依据核心素养体系完善中小学各科课程标准、确立学业质量标准和修订教科书。目前，由北京师范大学林崇德教授牵头的我国学生发展核心素养（以下简称“共同核心素养”）体系和高中各门课程的学科核心素养框架已经初步形成，“核心素养”也正逐渐成为基础教育领域的热门话题。社会上的相关群体，如教育理论工作者、教研员、高中教师，甚至一些初中教师，都开始关注自己所在学科核心素养的研究进展，并对此发表个人的看法，参与社会性讨论。本文将围绕素养的本质和地理学科核心素养的提出过程，从几个角度漫谈一下我们的认识。

1. 从小事看人的素养表现

早年，一位学者在一次环境教育研讨会上谈他在瑞典遇到的一桩“小事”：一次，他和中国同事开车到某个机构办事，同事进去后他坐在车里等候。因为办事不需很长时间，他就没有关闭汽车的发动机。这时，一位瑞典老太太过来请他关掉发动机，说这样开着会污染空气。这位老太太的其他表现我们无法得知，单就这个表现，我们可以说她具有较高的环境素养，或更“高大上”一些，具有较好的文化素养。我们的根据是什么？综合来说，

① 合作者：张冬梅，原载《地理教育》2016 年第 3 期。

她能够在一个特定的情境下积极并有效地处理面对的环境问题。具体分析，首先，她知道什么样的行为会污染环境；其次，她愿意去劝说别人改善自己的行为使之对环境有利；再次，她敢于劝说；最后，这样的行为表现出她对自己家乡有感情。据此分析一个人具备的素养，会涉及素养的“构成要素”。这些构成要素的关系比较复杂。例如，在劝说者对环境知识的掌握方面，她也许受过足够的教育，知道汽车尾气的成分和污染环境的原理。或者她并不清楚这些原理，但知道这样做会污染环境。这些知识是她做出劝阻不当行为的基础，但掌握了相关知识并不一定能做出相应的行为。有些人很可能在填写测评题目时能做出正确的选择，但在现实生活中却常常不能对不当的行为有所意识或有即时的反应。更为重要的，知识的多少并不一定决定某个人是否愿意并敢于出面劝阻不当行为。没有后面这一条，她的知识再多也没用。所以，一个人的素养是一种知识、能力、价值观和情感在特定情境下的综合表现，而且因为是“表现”，“素养”的研究会特别关注人的行为、能力和情感。在基础教育领域，因为学校教育只是人生的一个阶段，我们谈论的是学生发展素养，是有阶段性的，不是一个人终结性的素养水平。但对素养的理解和评价原则大体一致。

2. 对核心素养的研究

我们用这个小故事解释我们对“素养”的理解。“素养”中最核心的部分就是“核心素养”。《意见》中提到学生发展核心素养体系要“明确学生应具备的适应终身发展和社会发展需要的必备品格和关键能力”。据此，我们可以认为教育部提出的“核心素养”，其本质是“必备品格和关键能力”。因为是“浓缩”到“必备”的水平，具体核心素养的量应很少，内涵应较小，外延则应较大，才能覆盖众多的素养。

核心素养的提出较早可追溯至 1979 年，英国继续教育学院在《选择的基础》中，第一次对英国职业教育中的关键能力（又称核心能力）做出了规定，引导人们习得一些可受用终身的素养。“关键能力”有 11 项，包括读写能力、数理能力、图表能力、问题解决、学习技巧、政治和经济读写能力、模仿技巧和自给自足、动手技巧、私人和道德规范、自然和技术环境。[1]早期核心素养的功能主要从属于经济发展，随着时代发展和社会进步，人们试图把社会、文化、环境、个人、政治等更多维度纳入核心素养框架，认为核心素养是促使公民行使权利的基础，是人们在工作、社区、国家、个人生活中承担各种角色并实施行动的关键。[2]在基础教育领域，21 世纪世界各国以及各种国际教育组织几乎都在试图回答到底培养什么样的人才能面对新世纪的挑战的问题。近年来，在一些国际组织的推动下，基于核心素养的课程设计已成为国际共识。

1997 年 12 月，经合组织启动了“素养的界定与遴选：理论和概念基础”项目。项目研制的核心素养总体参照框架为世界各国建立本土化核心素养体系提供了重要的参考模型。项目的整个研究思路是：确立核心素养的功能—分析社会的愿景和个人的生活需求—

研制核心素养的理论要素—形成一个核心素养体系—形成核心素养的概念参照框架图。其中最为核心的要素是三个：互动地使用工具、自主行动和在社会异质团体中互动。[3]

联合国教科文组织于 1996 年在“终身学习”思想指导下，“界定了 21 世纪社会公民必备的基本素质”，即终身学习的四大支柱，包括学会求知、学会做事、学会共处以及学会生存[4]。之后于 2003 年，又提出了学会改变的主张，并将其视为终身学习的第五支柱。这就构成了“终身学习五大支柱”。

2006 年，欧盟（EU）在教育与培训领域大力推进终身学习战略，并提出以“核心素养”取代传统的以“读、写、算”为核心的基本能力，作为总体教育目标与教育政策的参照框架，引发各成员国的课程变革。欧盟核心素养被定义为知识经济社会中每个人发展自我、融入社会及胜任工作所必需的一系列知识、技能和态度的集合。欧盟核心素养包括母语、外语、数学与科学技术素养、信息素养、学习能力、公民与社会素养、创业精神以及艺术素养共计 8 个领域，每个领域均从知识、技能和态度三个维度进行描述。[5]

以上是世界范围内核心素养研究较早的发展。据辛涛等的研究[6]，当前世界各国和地区的核心素养体系在教育教学实践领域的应用有三种模式。第一种模式是核心素养独立于课程体系之外，由专门的机构进行研制和开发，之后逐渐与课程和教学相融合的模式，代表者有美国、澳大利亚和我国台湾地区等。[7]第二种模式是在国家的课程体系当中规定了要培养学生哪些核心能力和素养，并指导课程的内容与设置，代表国家主要是芬兰。[8]第三种模式是学生的核心能力和素养没有单独的体系做出规定，但国家的课程体系当中的许多部分都体现了培养学生核心能力和素养的宗旨，代表国家主要是日本和韩国。[9]我国的现状靠近第二种模式，而之前的课程改革多少有些第三种模式的影子。

国内对核心素养比较系统的研究始于 2013 年。当年 5 月，教育部重大项目“我国基础教育和高等教育阶段学生核心素养研究”在北师大启动。该项目由林崇德牵头，目标是制定我国基础教育阶段和高等教育阶段学生核心素养的总体结构框架，并依据总体框架研制不同教育阶段学生核心素养的结构模型，进一步形成可操作、可测量、可评价的指标体系。[10]该项目到目前为止的重要研究成果是一个学生发展的核心素养框架，它包括三个方面：“第一，自主发展，即自主性，包括培养和发展身体、心理、学习等方面的素养；第二，社会参与，即社会性，包括处理好个体与群体、社会与国家等之间的关系；第三，文化素养，也就是工具性，包括掌握应用人类智慧文明的各种成果。”[11]

3. 地理核心素养的提出

在谈地理核心素养之前，先简要回顾一下地理课程标准与地理素养的提出。《基础教育课程改革纲要（试行）》曾对基础教育课程目标提出了要使学生“具有初步的创新精神、实践能力、科学和人文素养以及环境意识”的要求。根据基础教育改革的总体要求，地理课程标准也将对学生素养的培养纳入其中。《义务教育地理课程标准（实验稿）》的课程总目标规定：地理课程要“使学生具有初步的地理科学素养和人文素养”；[12]《普通高中地理课程标准（实验）》也在地理课程理念中提出要“培养现代公民必备的地理素养”，[13]并将其作为课程的第一条基本理念。由地理课程标准组撰写的《普通高中地理课程标准（实验）解读》（江苏教育出版社，2004 年），专门对地理素养进行了系统的论述，有兴趣的读者可去翻阅（参见该书第 30～34 页）。在地理课程标准的影响下，有研究者和地理教师陆续发表了一些解释和拓展地理素养的文章，但数量不多。

对我国基础教育和地理课程实践来说，“核心素养”的概念是全新的。地理学科核心素养的提出基于前述基础教育深化改革的大背景和统一部署，带有鲜明的国家意志。我国虽然已有了学生发展核心素养基本框架，但鉴于目前我们的学校课程体系是以学科分类为基础的，所以学生发展核心素养问题的讨论必须结合学科课程，这就出现了学科核心素养的概念，并由此产生了一些重要的关系，其中最重要的是学科核心素养与学生共同核心素养的关系。按照一般推理，学生共同核心素养体系与学科核心素养的关系有两种发展的路径。其一，先研究学生共同核心素养体系，再由各学科确定本学科对该体系的贡献进而确定学科核心素养；其二，先由各学科确定自己能培养的核心素养，再综合全部学科核心素养，归纳、提升、拓展形成共同核心素养。另外一个重要关系是学科核心素养和学科素养的关系。学科核心素养构建也可能从本学科素养研究成果直接进行归纳和提升，或者从目前课程标准中的“三维”目标综合归纳提出学科核心素养。

因为各种原因，教育部开始部署研究高中学科核心素养和修订高中课程标准时，已经没有充足的时间按照上述任何一种可能进行地理核心素养的建构。地理学科对学科素养的研究基础不足，也无法从地理素养中直接提升。所以实际上，目前高中地理核心素养的形成走的是另外一条路：直接从地理学科和地理课程性质中提升。这一点从目前已经基本确定的四个地理核心素养名称（人地协调观、综合思维、区域认知、地理实践力）中可以看出。这四个地理核心素养，是我国地理课程历史“继承与发展”过程的综合体现，其中涉及的“人地观”“综合性”和“区域性”都是长期在基础教育地理课程领域使用的概念。受过专业训练的中学地理教师，大都了解地理课程的这三个重要学科属性或特点。在这个背景下建构的高中地理核心素养给人以“水到渠成”的感觉。地理实践力的概念虽然是新的，提到如此的高度也是前所未有，但“实践”本身就是地理学科内在的东西，不仅在地理课程的历史上有过高度重视学生地理实践的时期，2010 年代初修订义务教育地理课程标准实验稿时，又特别增加了“实践性”作为义务教育地理课程的特点之一。因此可以认为，这次地理核心素养的确立基本上源于我国地理基础教育领域长期以来对中学地理课程学科性质和特点的共识。

学科核心素养指向更为综合、开放的地理课程和教学实践，提醒我们关注地理教育中学生发展中的“大问题”，关注学生知识基础、心理状况、实践能力等方面的综合作用。此外，由于地理核心素养的产生并非真正基于学生共同核心素养框架，我国地理学科的教学实践又日益“精细化”和“专业化”，我们还需要关注地理教育中学生共同核心素养和跨学科的教育要素。如果我们过于将自己局限在特殊的学科素养的圈子里思考问题，可能会事与愿违。此外，同其他基础教育的任何改革一样，教育的问题总是在继承和发展中不断得到解决的。虽然“核心素养”的概念是全新的，但其内涵和在地理教学中的实施方法是有长期实践基础的。课程改革十多年来形成的有助于学生综合发展的教学方法，可以继续发扬光大，为基于核心素养的地理课程发展继续做出贡献。

参考文献

[1] 关晶. 关键能力在英国职业教育中的演变[J]. 外国教育研究，2003（1）：32-35.

[2] Reid，A. Rethinking national curriculum collaboration：Towards an Anstralian curriculum[EB/OL]. http：//www.dest. gov. au/research/publications/national_curriculum/default. htm，2013-06-17.

[3] 张娜. DeSeCo 项目关于核心素养的研究及启示[J]. 教育科学研究，2013（10）：40.

[4] 联合国教科文组织. 教育——财富蕴藏其中[M]. 北京：教育科学出版社，1996.

[5] 刘新阳，裴新宁. 教育变革期的政策机遇与挑战——欧盟“核心素养”的实施与评价[J]. 全球教育展望，2014（4）：75-85.

[6] 辛涛，姜宇，王烨辉. 学生核心素养的课程体系建构[J]. 北京师范大学学报（社会科学版），2014（1）：7-11.

[7] 蔡清田. 台湾十二年国民基本教育课程改革的核心素养[J]. 上海教育科研，2015（4）：6.

[8] 王烨晖，辛涛. 国际学生核心素养构建模式的启示[J]. 中小学管理，2015（9）：12-14.

[9] 日本教育方法学会. 现代教育方法事典[M]. 东京：图书文化社，2004：299.

[10] 教育部重大委托项目“我国基础教育和高等教育阶段学生核心素养研究”在我校启动. http：//www.bnu. edu. cn/xzdt/51444. html，2013-5-17.

[11] 吴爽. 未来基础教育的顶层理念是强化学生的核心素养——访北京师范大学资深教授林崇德[J]. 教育家，2015（9）.

[12] 中华人民共和国教育部. 全日制义务教育地理课程标准（实验稿）[M]. 北京：北京师范大学出版社，2001：4.

[13] 中华人民共和国教育部. 普通高中地理课程标准（实验）[M]. 北京：人民教育出版社，2003：2.

对高中地理核心素养中“综合思维”的理解①②

摘　要：“综合思维”的本源是地理学和高中地理课程内容的性质。“要素综合”有不同的层次，依要素的复杂程度而异；“时空综合”强调地理事物的时间属性，也可视为要素综合的特例，“地方综合”落脚区域或地域整体特征，是“要素综合”与“时空综合”的地方表现。相关教学多为“综合分析”的过程，需要确定恰当的“综合”范围，处理好分析与综合、地理事物本身的复杂性与中学教学的适度性、思维的结构化与开放性等关系。

关键词：地理核心素养　综合思维　要素综合　时空综合　地方综合　高中

一

高中地理核心素养中的“综合思维”指人们具备全面、系统、动态地认识地理事物和现象的思维品质与能力。分析与综合是人的基本思维活动。高中地理课程标准修订将“综合思维”列为地理核心素养之一，是因为“综合性”是地理学研究公认的学科性质。“所谓的地理思维就是要看到整体的宏图，将不同的部分如何适当地组合在一起，而不是杂乱无章的琐碎内容。”[1]高中地理课程的内容主要源于地理学，其属性也具有明显的“综合性”，对学生综合思维的培养具有重要且独特的意义。

“综合思维”的表现可以概括为三个方面：“要素综合”“时空综合”和“地方综合”[2]这种划分借鉴了地理学研究成果。有文章总结，地理学综合研究包括“要素综合、过程综合、区域综合、专题综合”[3]；自然地理学则“通常从过程、类型与区域 3 个不同角度与层次来研究自然综合体”[4]。所以，“‘综合思维’看似一个比较跨学科的素养，但是‘要素综合、时空综合和地方综合’的内涵使其又很具有地理性。”[2] 换言之，作为地理核心素养的“综合思维”是具有明确地理视角的基本思维活动。本文的理解如下。

---

① 原载《地理教育》2017 年第 8 期和第 9 期。

② 更系统的解释请参阅高中地理课程标准修订版的解读。

1. 要素综合

要素综合指思考一个地理事象整体内的要素联系，如高中地理课程的经典内容——自然环境的整体性，是将自然环境作为一个整体，研究自然环境的五大要素——地形、气候、土壤、水文、植被，是如何相互作用构成自然环境整体的。这是一种宏观自然系统的要素综合。农业、工业、服务业等人类生产活动，也有其各自的要素综合，如土地、劳动力、资本、技术、管理等要素的联系。生产活动的“区位因素”与生产活动也可视为一个整体，各种“因素”则为其中的“要素”。这里就有了常用的“要素”和“因素”的转化。“要素”常指整体内部的主要元素，“因素”常指整体外部的影响因子。在综合思维的语境下，我们可以通过互动因素来判断整体，[5]72 打破人为设置的习惯界线，将那些有互动关系的因素均作为一个新的整体中的“要素”。例如，在地貌形成过程中，将地貌景观作为一个整体，它的要素主要指地貌构成要素；将景观的形成作为一个整体，其要素就变为组成物质、内力和外力。教学中还会有更为微观的内容，如“外力对地貌形成的影响”，这时教学关注的是不同外力对地貌的影响，“外力”这个要素就会被分解为更具体的要素。

要素综合会有不同层次。地理研究认为，“在地球表层系统中，自然要素和社会经济要素之间的相互作用关系——‘人-地’关系，是地球表层系统中的主要关系。”[6] “‘人’‘地’两组要素之间的关系，实际上就是社会和自然基础之间的关系。……最主要的是研究对象或研究对象中事物运动规律同时受到两大类性质因素的支配。”[7]还有人明确区分出综合研究的层次：“围绕物理、化学、生物这三个主导过程进行的自然地理的综合研究”“社会经济方面的综合”“自然科学与社会科学的综合”，三个综合的层次依次越来越高。[3]综合层次的不同是因为要素的复杂程度不同。一般认为，含有社会要素的综合要比单纯自然要素的综合难度大。据此，可将“综合思维”中的“要素综合”大致分为 3 个层次：位于最上层的是人-地两组要素的全面综合，综合程度高，也最为复杂；下面一层是自然要素组和社会要素组内的各自全面综合，其中社会要素综合更为复杂；最下面一层是少量要素的综合，如两两要素的综合，因涉及要素数量少，综合程度低，难度也较低。课程标准对核心素养水平的划分，大致基于此。但这也只是大致区分，实际教学中遇到的要素综合情况会更为多样。

2. 时空综合

因为地理事象本身空间属性突出，所以“时空综合”强调的是在空间属性上增加时间属性，动态思考地理事象的现状、形成和发展。很多时候，需要时间要素来帮助我们理解地理事象。一张没有标明拍摄时间的照片，其意义就会减弱很多，甚至可能无法理解。时间还使一些要素相互作用产生滞后的效果，如人类对自然破坏的后果，可能要到一段时间后才会显现。到过苏州的人，如慕名前往寒山寺，会发现完全没有“姑苏城外寒山寺，夜半钟声到客船”的意境，因为苏州的发展，新城区已经把寒山寺包围在城市中间。一座建筑放在不同空间结构中，会给人不同的感受，表面上看，这是空间变化的结果。但空间只是时间变化的一个瞬时存在，时间才是变化的根本原因。《未来简史》中有一个“草坪”的故事，一些西方国家居住的院子里会铺设草坪。这块草坪会引发人们哪些思考？我们可能会想到选择的草种是否能在此地生长良好、价格如何、是否容易管理等。如果套到综合思维的框架里，大概属于要素综合。作者提出的问题却是“为什么人们想要一块草坪？”他向读者介绍“草坪”的历史，说明因各种自然和经济条件限制，历史上只有贵族才能设置草坪，使得“草坪”在人们心目中成为政治权力、社会地位和经济实力的象征。这就是时间（历史）为一个现象赋予的特殊意义。[7]考虑时间因素，很多要素之间的关系就不再是简单的线段式因果关系。[5]83 意识到这一点，对高中生综合思维能力和品质的提升非常重要。

时空综合比较基础的表现，是能够直接理解地理事象的变化过程，如学生能够接受并理解时光对地球表面的刻画。较高水平的思维是能够联系地理事物的过去思考它的现在和未来，相信“地理事象是随时间变化的”，对接触到变化不感到困惑。在面对具体地理问题时也会有不同的角度。对地球科学（自然地理）的事象来说，演变的过程可能更有意义；对社会现象来说，过去、现在、未来三者的关系可能更有意义。以北京为例，北京的地质史有几十亿年，对远古时代汪洋大海的联想，于今天理解北京地表形态，意义不大，更有意义的是从海洋到今天地表形态的演变过程。北京作为一个城市存在，相比地质史就短很多。如果有意划定某个时代，时间还会更短。这时我们可能主要关注的就不是北京城市的变化过程，而是相对过去的某个时间节点，现在的北京是否有变化，为什么变化，即对历史发展的横截面对比，而非具体了解两个横截面之间是如何一步步变化的。

3. 地方综合

“地方”包括有明确界线的区域和界线模糊的地域，“地方综合”是指综合思考一个地域或区域内的各种地理要素是如何相互作用形成该地方的地理特征的，是传统地理学特别强调的研究方法。也有人认为，“区域地理的综合研究除了对系统内部的能流、物流、信息流进行系统分析，揭示地域本身的特点、功能和结构外，还必须考虑地域间的相互联系。”[4]本文理解其意思是，区域的综合包括对区域内要素的综合以及区域外要素的综合，这时，被研究区域外的其他区域是作为该区域的一个要素考虑的，所以也属于区域综合。如同要素综合，地方综合也需要先界定“整体”。在京津冀的范围内思考北京、天津、河北的联系，这时“整体”是京津冀，北京、天津、河北是分别作为“点”起作用的，可视为三个“要素”。

总体来说，综合思维的哲学基础是系统观。地理综合思维将地理事象作为一个整体去观察和思考。要素综合、时空综合与地域综合三者也是有联系和交叉的。如果把时间和空间也看作是要素，那么时空综合即为要素综合的一个特例；地方综合是要素综合的地域表现，在特定教学目标下，也可以是时空综合的产物；要素综合可表现为地方综合，也可表现为不以区域或地域问题为目标的综合。对宇宙环境、圈层结构、演化过程、大气的组成与分层等地球本体问题的思考；对某些自然现象形成过程的思考等，不一定有地理学意义上的地域或区域含义，或地域只是其要素之一，思考的结果并非落脚在“地方综合”。在具体思考一个地理事象时，三个角度往往是融合在一起的，不必刻意将它们分开。机械地理解和应用三个角度，反倒违背了“综合思维”的本质。

二

“综合思维”是个核心素养的名称，相关的思维过程则包括了“分析”。分析是与综合相反的思维活动，二者相互联系，构成人的基本思维活动的整体。教学活动中，教师进行自然环境整体性的教学，需要先将其分解成组成要素，指导学生分别认识，再综合起来。学生在学习之前可能已经接触了一些地理事象的整体，但多基于感性整体，形成的可能是直觉性综合，比较模糊。通过教师指导下的分析，学生才逐步进入有意识的综合过程。本文仅就思维的结构化与灵活性、综合与分析的转换简述两点个人的理解。

1. 思维的结构化与灵活性

从模糊整体到理性综合，是思维逐步结构化的过程，表现为能从多方面系统思考一个地理事象。由于地理事象的复杂和学生经验所限，不同学生在高中毕业时达到的结构化程度会有较大的差异。能从“自然要素”和“社会要素”的角度分析出不同要素，可视为一种基本的地理思维结构，是进一步综合分析的基础。高级一些的结构是在不同要素之间建立合理的关联，高中毕业时能达到这个层次就很好了。最高级的是面对具体问题时的“变形结构”，直至有独到的看法。使用思维导图、SOLO 等工具和方法，教师可以使学生外显自己的思维结构并对其进行评价。另外一种结构化思维表现为遵循特定的程序，如遵循“探究”的基本思路去解决问题。学生在操作时可外显自己思维的程序性结构。这一点课程标准并未有专门的要求。

结构化思维的教学一直为地理教师所重视，也积累了大量的实践经验。一个简单现象就可以说明：结构式板书。这种板书形式表现的是教师的思考和教学过程结构。其他做法包括大量地理联系图、结构图的使用。结构化思维使学生分析问题时知道从何入手。不过学生也会在学习和生活经验中形成自己的思维结构，不一定完全按照教师所教去思考。

综合思维的灵活性可表现为能够针对具体地理事象进行比较恰当的分析和综合，善于质疑和反思。这样的事例很多。在地理环境对人类文明起源影响的研究中，与东方四大文明古国有关的文明起源，有的学者称其为大河文明，有的学者则提出反证加以否定。王恩涌先生对此进行了进一步的查证和思考，认为：“文明起源关键是农业的丰收（即农业高产）。农业丰收说明该处地理条件有利于该种农作物的生产与发育，即是说地理条件与农作物二者形成一个最佳的组合。”[9]即某个地区的文明起源与该地某种特定农作物的关系是最直接的，地理环境好坏是针对农作物说的，而每个地方的环境与农作物的关系是不一样的，所以不是有大河或有高原的地方就一定能形成古代文明。这就为讨论“河流与古代文明起源”提供了一个新的思路。另一个更贴近中学生的例子是有关居住地与自然保护的关系。人类居住在大城市和居住在乡村，哪个更利于保护自然？从感觉上，在乡村生活似乎更环保。这是“乡村”与“自然”这两个概念表面联系的结果。如果从人口数量和生活方式对自然环境影响的角度，也许会得出相反的结论。事物之间的关系常常是互动的，也需要我们灵活思考。人们可能以为，拓宽大城市的道路可以缓解交通拥堵现象，但事实证明，道路拓宽后，带来的往往是车辆的增加，拥堵现象依然存在；同样的自然灾害，为什么在不同地方造成不同的后果？也是需要思考人类活动和这些灾难是如何相互作用的。大部分现实问题，都不是一个简单要素框架就可以回答的。灵活思考与经验关系密切。中学生对高中教学中的很多内容都不可能有所体验，让他们多听、多读，了解实际中人们是如何处理一个现实问题的，会为他们带来替代性体验，丰富他们的阅历，便于他们多角度灵活思考。让教学更有趣味，也会激发他们的潜能，多一些发散性思维。

2. 综合分析的分层与转换

综合分析的教学，是有一个确定的“整体”作为对象的。“整体”由有直接关系的多个要素组成，可以根据特定目的圈定综合分析的范围。综合分析教学，是始终将这个“整体”放在中心位置的。即使在分析的阶段，也需始终保持整体的观念，始终注意每个要素与整体的关系。例如，在城市空间结构的教学时，要综合分析的“整体”是城市空间结构，城市功能区可作为城市空间的组成成分。这时，教学不能停留在孤立熟悉每个功能区，而要进展到理解这些功能区是如何相互关联构成特定的城市空间结构的。但如果教师把功能区作为综合分析的“整体”，则要深入分析功能区的组成和功能，这时，某个功能区就成为一个独立的“整体”。在有关城市空间结构的教学中，“历史因素”是主要因素之一。为什么有些功能区分布在城市某个部位，答案常常是因为历史上就这样布局。但是历史上为什么这样布局，这应该是比“历史因素”更接近真相的地方，也许会更有意思。这时综合分析的对象就是两个“整体”了，一个是“今天的城市空间结构”，另一个是“城市空间结构”。明确综合分析的“整体”是什么，可以减少教学的混乱，使综合分析过程的复杂性适度。

“整体”的确定影响分析的方向和深度。教学中常用学生的家乡经济发展作为实例。当学生分析为什么自己家乡平坦的耕地不再种粮食，而改种某种我国可普遍栽培的花卉时，这时综合分析的“整体”是“家乡粮食生产改为花卉生产”而不是“家乡为什么能种这种花卉”；当学生家乡的自然环境并无大的改变，却在近些年发展出某种特色水果，这时综合分析的“整体”不是“家乡为什么发展特色水果”，而是“家乡为什么近些年特色水果发展迅速”。如果学生按照结构化的套路让各种因素同等重要，就无法聚焦事象的本质或真相。因为在这些例子中，宏观的位置、地形、气候类型可能不是重要原因，重点可能会落脚在诸如利润、政策等社会因素上。综合分析思维有主导要素法，也是地理教师常用的教学方法。确定“整体”便于确定主导要素。主导要素的获取也是要有分析过程的，要在必要细节的基础上提取。直接告知学生，就变成事实性知识的教学。但是，很显然，这种前期的分析过程，与分析主导要素对地理事象的影响，重要程度和深度是不一样的。这就是综合分析中的分层现象。找出多个要素的过程是第一级分层，主要用来判断哪个是主导要素。既然选择的花卉是全国普遍种植的，就不需要展开分析家乡所处的气候类型；既然家乡自然条件并没有大的变化，也可以不过细分析家乡的自然条件。这个阶段可能仅需要利用常识或已学基础知识进行并不复杂的推理。分析主导要素与地理事象的关系是第二级分层，这时要对相关要素与整体的关系进行比较深入的讨论，有时需要在一些细节上展开直至得出结论。例如，为了旅游业的种植，花卉花期的长短就十分重要，对花卉需要的具体的水热条件也可能需要展开讨论。在这种分层下，学生最终得出的综合分析结果，是直接针对特定事象“整体”的，这样可以减少不必要的层次关联，也避免出现不合基本逻辑的结论。

分析各种因素，逐步获取主导因素，就是一个不断综合的过程。同时，综合思维还包括思考要素之间的联系，如某些要素共同作用形成某种农业生产的类型和分布。这时需要理解什么是“共同作用”。如果分别讲气候、土壤这两种主要自然因素的影响，就可以明白一个地区的农业生产类型和分布，那我们是否还需要分析气候对土壤形成的影响？是不是只有把该区域所有自然要素之间的关系都分析了，才能得出该区农业生产的特征（综合的结论）？这里还是分析的“整体”范围和分层问题。一级要素之间的相互作用可以有不同的分析思路。一种分析将要素的特征视为确定的，关注的是不同要素的组合影响。理解这种关系的最直观、简明的方法是图层方法[10]，以自然要素对某个农作物分布的影响为例。每个要素的影响范围就是一个图层，每叠加上一层要素，这种作物的种植范围就会发生变化。还有一种分析不仅关注该要素是怎样发挥作用的，还会关注每个要素的特征是如何形成的，关注每个要素对其他要素特征形成的作用，类似先分析某个区域的自然环境整体性，再分析整体性下的某个要素与农业生产的关系。如果这个要素有了变化，分析变化后的农业生产，就必须从区域的整体性上重新分析。这两种分析或者视为面对不同的“整体”，或者视为不同的层次，不加区别地放在一起就容易让综合分析变得过度复杂，对高中学生也没有必要。

因为要素分析层次的存在，综合分析的过程就有个从分析到综合的转化节点：分析到什么层次可以向综合转化。过早的转化，学生对要素还没有足够的分析和理解，无法进行有效的综合思考，往往导致直接接受综合后的框架，机械记背结论。很多教师已经意识到，有时教学效果总不能令人满意，重要原因在于学生已有认知与目标之间存在较大甚至是巨大的差距，学生常常缺乏综合分析所必须的细节和常识，使得综合分析过程流于形式，有时也会因此弱化学习的兴趣。过晚的转化，对要素的分析时间过长，也容易喧宾夺主，让细枝末节的过度展开把学习搞得支离破碎，或者削弱应有的综合过程，或者偏离教学目标。

综合分析的过程是思维结构化的过程，结构化的程度和质量又会反过来影响后继的综合分析。学生的已有思维模式、生活经验和学习动机兴趣都会影响综合分析的质量。很多教师都在努力将具体事象和学生的已有思维模式作为教学起点，发现并弥补学生在必要基础知识，甚至常识方面的缺陷，采用归纳法引导正确思维结构的形成，用拓展的方法培养学生思维的灵活性。此外，关注学生基本的逻辑思维能力的培养，也有助于综合思维核心素养的养成。

参考文献

[1] [美]苏珊·汉森. 改变世界的十大地理思想[M]. 肖平，等译. 北京：商务印书馆，2009：2.

[2] 韦志榕. 与老师们谈谈地理核心素养[J]. 地理教育，2016，4.

[3] 杨勤业，李双成. 知识经济时代的地理综合研究[J]. 地理科学进展，1998，9.

[4] 郑度. 关于地理学的区域性和地域分异研究[J]. 地理研究，1998，3.

[5] [美]彼得·圣吉. 第五项修炼[M]. 上海：上海三联书店，1995.

[6] 陆大道. 中国地理学的发展与全球变化研究[J]. 地理学报，2011，2.

[7] 陆大道. 地理科学的价值与地理学者的情怀[J]. 地理学报，2015，10.

[8] [以]尤瓦尔·赫拉利. 未来简史：从智人到神人[M]. 林俊宏，译. 北京：中信出版社，2017.

[9] 王恩涌. 王恩涌文化地理随笔[M]. 北京：商务印书馆，2010：277.

[10] 林培英. 探讨中学地理教学的“图层方法”[J]. 课程·教材·教法，2014（8）.

《研学实践课：旅游资源开发与评价——以朝阳区“东岳庙”为例》观摩体会①

2017年9月22日，北京陈经纶中学特级教师赵卿为来自全国各地的教师展示了一次研学实践课（以下简称《东岳庙》）。这次观课活动颇有创意，我们观摩了从室内设计到校外实施再回到教室总结的完整过程。学生事先不知道上课的内容，也使我们看到了一次新内容学习的真实过程，体验了学生实地调查过程，也学习了应该如何组织这样的实践活动。尽管受观摩活动时间的限制，教学的每个环节都未能充分展开，但仍旧带给我们有别于常规观摩课的感想和体会。

《东岳庙》是“研学旅行”与基于课程标准的课堂教学的结合。“行”即“行动”“实践”。“旅”即“在外”，一般指远途。《东岳庙》没有真正的旅行，而是用校园周边景点微缩了旅行的场景。活动给我们的启示在于“因地制宜”去“行”。设计课时赵老师就说过，位于市中心的学校，要带全体学生去野外，即使在北京，也比较困难。但可以利用学校周边的资源，尽可能去开展实践教学。每位教师都可以用这种思路去发现、创造适合自己的外出实践形式，形成自己的案例。我们可能无法做到真正的“旅”，但可以做到真正的“行”。

“学”有“学什么”和“怎么学”的内涵。《东岳庙》的学习内容有三类。一是有关旅游资源开发的课本知识。这部分多是结构良好的知识，专业性强；二是现代技术知识，如地图慧工具的使用，主要用于定位和记录搜集到的空间资料，也是技能的学习，通用性强；三是体验类知识，学生会在这个过程中形成一些课堂和课本上无法得到的体验，如对调查过程的体验、对东岳庙真实环境的感受、对这个活动中产生的个人思考等，个性化强。这三类知识融合在统一的学习方式下，即“做中学”。旅行中的“学”也可以是学生跟随教师，边走边听讲的形式。“做中学”则特指学生以任务驱动的方式学习。赵老师为学生安排了东岳庙“素材的搜集、整理和设计过程”，探索东岳庙开发、保护的具体任务，学生在完成这个任务中学习。

“研”则表现为教学的开放性，不仅是课本知识的实际验证，还有不确定性结论的问

① 原载《中学地理教学参考》2017年第12期。

题，有活动中生成的问题，具有研究、探索的性质。这与学习对象是“真环境”“真问题”有直接关系。《东岳庙》中的“真问题”，包括东岳庙景点如何吸引更多游人、如何处理与周边社区环境的关系等真实的旅游问题，也包括随时处理在调查中遇到的即时问题。

归纳一下，《东岳庙》是一次使学生在校外真实环境中，用任务驱动的方式解决真实旅游地理问题的实践性学习活动，具有“问题解决”“真实情境”“行动中学”的特点。

从教学过程本质看，《东岳庙》也是一个师生互动推动教学的例子，充分反映了赵老师以学生为本、重能力培养的教学理念和民主、开放、平等的教学风格。学生在每个阶段，都能自主思考和表达，有机会去研究和交流自己感兴趣的内容，也有机会用自己的方式去学习，并获得有个人意义的学习成果。

“行”前的课上，赵老师先问是否有学生去过东岳庙，如去过有什么印象和感觉，这是在调动学生已有的知识和经验。因大部分学生没有去过，赵老师简单介绍了东岳庙的历史，使后面学生的理解和价值判断有了前提。学生分组抽签拿到调查的主题，制定各自的调查方案并现场与教师交流。这个过程充分利用了学生已有的思考方式和学习能力，也会暴露问题，教师据此给予引导、提示。这时我们知道了学生是怎样细化调查主题，怎样安排组员分工的。例如，每个组又都熟练地划分了小组，准备分头调查。这可能就是日常教学中教师分组方式潜移默化的影响。学生会在交流中提出教师意料之外的方案。对此，赵老师充分尊重学生，以协商的态度与学生交流。佛像组确定了要调查佛像的四组要素：大小和材质、排列、形态和样状、作用和意义。从老师的反应看，这显然有点出乎老师的意料，但赵老师仍尊重学生的意见，认为既然是小组协商确定的，一定有道理，结果等调查回来再看，并不强加自己的观点。

调查的过程由学生自主进行。学生在现场再次确定调查方案，并自行规定小组集合汇总的时间。学生会边调查边讨论遇到的问题，如看到放置佛像的房间有“破损”的地方，学生就开始议论应该如何保护这些佛像。3 个人的小组，出现了 3 种观点，各自都有理由。观摩者可以直接听到讨论的细节，了解学生是如何思考问题的。在调查中，学生会很自然地使用各种技术或方法。佛像组的学生遇到一些知识性问题，每次都会很自然地说出：上百度查一下。在仅靠现场调查无法解决佛像排列规律问题时，她们想到去请教在院子中遇到的道长。学生甚至并不机械地执行自己设计的调查方案。佛像组在教室中设计好要分为 3 个小组，到现场一看具体的佛像排列，就很自然地改为两个小组，每个小组都调查了全部 4 组要素。

现场调查结束后，学生回到教室，教师组织进行总结、提升，学生发表他们的调查结果和对问题的思考。我们听到了一些比较深刻的思考。例如，有小组提到东岳庙中各种植物的意义，谈到没有种植柳树是否与宗教有关；有小组甚至还谈到社会是否需要这样的景点；如果需要，是定位于道教文化还是民俗传统（现有一北京民俗展馆占了东岳庙的部分院落）。这些有关意义、价值的内容，很可能超出教师的预设。

不论在设计还是总结阶段，都可以听到学生发表个性鲜明的意见，赵老师并没有将它们一一拉到标准化的结论上。课后谈到对学生意见的包容，赵老师只说了一句：那是必须的。

教师让学生在学习活动中自然“暴露”自己已有的知识基础、思维习惯、行为习惯，教师因势利导，顺势而为，可视为“教学过程”的本质。地理实践将有力促进这种教学过程的形成。在“问题”“真实”“行动”的情境下，学生更有可能遇到单纯课本学习及教师预设之外的问题，也就更有机会暴露出自己真实的想法和做法，包括思维和行为上的漏洞，这就为教师提供了更多针对性教学的可能。《东岳庙》使我们感受到这一点。赵老师还将教学难点与实践方式联系起来，认为，这次课“难点是对东岳庙不熟悉，有诸多牵扯到道教文化内涵的内容，学生并不知晓，因此，突破此难点的办法是采用实践的方式”，这也是一个具有系统探索价值的教学思路。

赵老师在反思中提到了一个现象：教师无法现场跟踪每个小组，因此无法有效处理很多生成性问题。我认为这是“系统误差”，在单一任课教师指导的校外分组实践活动中不可避免。我的建议，一是改善“系统”，如增加辅助人员，可以是当地大学的学生志愿者，通过中学与大学的深度合作解决；或是名师工作室中的年轻教师，通过区域教师专业发展共同体解决；或者在条件具备时用语音和视频等远程通信技术满足现场指导的需求。二是转变思考方式，相信学生有能力通过商讨，或利用技术，如“百度”，自己解决遇到的大部分问题。此外，一些生成问题也可留待总结提升会上解决。